大数据与"智能+"产教融合丛书

IT 运维服务管理

王薇薇 李崇辉 刘 明 高 博 李 妍 李民嘉 刘文荟 编著

机械工业出版社

本书依据行业 IT 运维服务管理相关规范要求编写，在理清 IT 服务管理的发展沿革，辨明 IT 服务管理与其他类似管理领域的关系与差别的基础上，介绍与分析 IT 运维服务全生命周期管理方法（PDCA）、管理标准/规范、管理模式、管理支撑工具、管理对象以及基于流程的管理方法，从实践的角度介绍建设一套适合组织现状的 IT 服务管理体系的方法和步骤。

本书适合 IT 服务管理从业人员和 IT 部门管理者，以及具备一定技术基础、希望了解 IT 服务管理或准备向 IT 服务管理方向转型的技术人员。

图书在版编目（CIP）数据

IT 运维服务管理/王薇薇等编著. —北京：机械工业出版社，2020.10（2024.8 重印）

（大数据与"智能+"产教融合丛书）

ISBN 978-7-111-66727-8

Ⅰ. ①I… Ⅱ. ①王… Ⅲ. ①IT 产业-商业服务-运营管理 Ⅳ. ①F49

中国版本图书馆 CIP 数据核字（2020）第 189877 号

机械工业出版社（北京市百万庄大街 22 号　邮政编码 100037）
策划编辑：吕　潇　责任编辑：吕　潇　翟天睿
责任校对：张　力　封面设计：马精明
责任印制：郜　敏
北京富资园科技发展有限公司印刷
2024 年 8 月第 1 版第 7 次印刷
184mm×240mm · 12.25 印张 · 278 千字
标准书号：ISBN 978-7-111-66727-8
定价：59.00 元

电话服务　　　　　　　　　　　网络服务

客服电话：010-88361066　　　机　工　官　网：www.cmpbook.com
　　　　　010-88379833　　　机　工　官　博：weibo.com/cmp1952
　　　　　010-68326294　　　金　书　网：www.golden-book.com
封底无防伪标均为盗版　　　机工教育服务网：www.cmpedu.com

大数据与"智能+"产教融合丛书

编辑委员会

（按拼音排序）

总顾问：郭华东　谭建荣

主　任：韩亦舜

副主任：孙　雪　徐　亭　赵　强

委　员：薄智泉　卜　辉　陈晶磊　陈　军　陈新刚　杜晓梦
　　　　　高文宇　郭　炜　黄代恒　黄枝铜　李春光　李雨航
　　　　　刘川意　刘　猛　单　单　盛国军　田春华　王薇薇
　　　　　文　杰　吴垌沅　吴　建　杨　扬　曾　光　张鸿翔
　　　　　张文升　张粤磊　周明星

丛书序一

数字技术、数字产品和数字经济，是信息时代发展的前沿领域，不断迭代着数字时代的定义。数据是核心战略性资源，自然科学、工程技术和社科人文拥抱数据的力度，对于学科新的发展具有重要意义。同时，数字经济是数据的经济，既是各项高新技术发展的动力，又为传统产业转型提供了新的数据生产要素与数据生产力。

本系列图书从产教融合的角度出发，在整体架构上，涵盖了数据思维方式的拓展、大数据技术的认知、大数据技术高级应用、数据化应用场景、大数据行业应用、数据运维、数据创新体系七个方面。编写宗旨是搭建大数据的知识体系、传授大数据的专业技能，描述产业和教育相互促进过程中所面临的问题，并在一定程度上提供相应阶段的解决方案。本系列图书的内容规划、技术选型和教培转化由新型科研机构大数据基础设施研究中心牵头，而场景设计、案例提供和生产实践由一线企业专家与团队贡献，二者紧密合作，提供了一个可借鉴的尝试。

大数据领域的人才培养的一个重要方面，就是以产业实践为导向，以传播和教育为出口，最终服务于大数据产业与数字经济，为未来的行业人才树立技术观、行业观、产业观，对产业发展也将有所助益。

本系列图书适用于大数据技能型人才的培养，适合高校、职业学校、社会培训机构从事大数据研究和教学作为教材或参考书，对于从事大数据管理和应用的工作人员、企业信息化技术人员，也可作为重要参考。让我们一起努力，共同推进大数据技术的教学、普及和应用！

中国工程院院士　谭建荣
浙江大学教授

丛书序二

大数据的出现，给我们带来了巨大的想象空间：对科学研究界来说，大数据已成为继实验、理论和计算模式之后的数据密集型科学范式的典型代表，带来了科研方法论的变革，正在成为科学发现的新引擎；对产业界来说，在当今互联网、云计算、人工智能、大数据、区块链这些蓬勃发展的科技舞台中，主角是数据，数据作为新的生产资料，正在驱动整个产业数字化转型。正因如此，大数据已成为知识经济时代的战略高地，数据主权也已经成为继边防、海防、空防之后，另一个大国博弈的空间。

如何实现这些想象空间，需要构建众多大数据领域的基础设施支撑，小到科学大数据方面的国家重大基础设施，大到跨越国界的"数字丝路""数字地球"。今天，我们看到大数据基础设施研究中心已经把人才也纳入到基础设施的范围，本系列图书的组织出版，所提供的视角是有意义的。新兴的产业需要相应的人才培养体系与之相配合，人才培养体系的建立往往存在滞后性。因此尽可能缩窄产业人才需求和培养过程间的"缓冲带"，将教育链、人才链、产业链、创新链衔接好，就是"产教融合"理念提出的出发点和落脚点。可以说大数据基础设施研究中心为我国的大数据人工智能事业发展模式的实践，迈出了较为坚实的一步，这个模式意味着数字经济宏观的可行路径。

本系列图书以数据为基础，内容上涵盖了数据认知与思维、数据行业应用、数据技术生态等各个层面及其细分方向，是数十个代表了行业前沿和实践的产业团队的知识沉淀，特别是在作者遴选时，注重选择兼具产业界和学术界背景的行业专家牵头，力求让这套书成为中国大数据知识的一次汇总，这对于中国数据思维的传播、数据人才的培养来说，是一个全新的范本。

我也期待未来有更多产业界专家及团队，加入到本套丛书体系中来，并和这套丛书共同更新迭代，共同传播数据思维与知识，夯实我国的数据人才基础设施。

中国科学院院士
中国科学院遥感与数字地球研究所所长　　郭华东

前　言

当前，云计算、大数据、人工智能等 IT 迅猛发展，国家信息化建设逐渐深入，信息系统已成为企业核心竞争力的重要部分。因此，IT 运维作为信息系统稳定、安全、高效运行的保障，获得了越来越多的关注。随着微服务、容器等新型 IT 实践逐渐成熟，以及业务需求的快速变化，IT 运维也在不断探索着新模式、新实践。本书从理论结合实践的角度，对 IT 服务管理（ITSM）的概念、发展、服务标准、管理模式、方法、流程以及在组织中的作用进行阐述，并结合实际场景，对其主要服务管理内容和最佳实践进行讲解，以使读者能够理解本质，灵活运用。

我们编写本书的目的有三个：第一，推动企业 IT 管理的理念革命，使人们了解从传统的 IT 管理到 IT 服务管理转变的必要性和必然性，从而推动 IT 服务管理在国内的发展和应用；第二，为关注 ITSM 的人士提供一本基础的普及性中文读本，使人们了解 ITSM 和 ITIL 的核心思想、理念和方法，促进进一步的研究和发展；第三，为企业实施 IT 服务管理提供一个基本的思路和框架，帮助企业界人士了解 IT 服务管理实施的途径和方法。

目 录

丛书序一

丛书序二

前言

第1章　走进信息化管理 ··· 1
  1.1　信息化介绍 ·· 1
  1.2　企业信息化管理介绍 ··· 2
    1.2.1　管理 ·· 2
    1.2.2　信息化管理 ·· 5
    1.2.3　企业信息化管理 ··· 7

第2章　IT 治理与 IT 管理 ··· 9
  2.1　IT 治理 ··· 9
    2.1.1　什么是 IT 治理 ·· 9
    2.1.2　IT 治理的目标 ·· 10
    2.1.3　IT 治理的框架 ·· 10
    2.1.4　IT 治理模式机制 ··· 11
    2.1.5　IT 治理流程 ·· 13
    2.1.6　IT 治理与公司治理 ·· 13
  2.2　IT 治理相关标准 ··· 15
    2.2.1　ISO/IEC 38500 标准 ··· 15
    2.2.2　COBIT 标准 ·· 16
    2.2.3　ISO/IEC 38500 与 COBIT 的对比 ································· 17
  2.3　IT 管理 ··· 18
    2.3.1　什么是 IT 管理 ··· 18
    2.3.2　IT 管理的目的 ··· 18
  2.4　IT 治理与 IT 管理的关系 ·· 20

第3章 IT 服务与 IT 运维管理 22

3.1 IT 服务管理 22
3.1.1 什么是 IT 服务 22
3.1.2 什么是 IT 服务管理 23
3.1.3 IT 服务管理发展历程 24
3.1.4 IT 服务管理架构及原理 25
3.1.5 特点和价值 25

3.2 IT 运维服务与管理 26
3.2.1 什么是 IT 运维 27
3.2.2 IT 运维服务 28
3.2.3 IT 运维服务管理 28
3.2.4 IT 运维服务管理体系 29

第4章 IT 服务管理相关标准 34

4.1 质量保证体系 ISO 9001 介绍 34
4.1.1 标准简介 34
4.1.2 标准内容 34
4.1.3 标准认证 35

4.2 IT 服务管理标准（ISO/IEC 20000） 36
4.2.1 标准简介 36
4.2.2 标准内容 37
4.2.3 标准认证 38

4.3 IT 服务能力成熟度模型（GB 33136） 38
4.3.1 标准简介 38
4.3.2 标准内容 39
4.3.3 标准认证 42

4.4 IT 服务标准 46
4.4.1 ITSS 简介 46
4.4.2 ITSS 标准内容 47

4.5 信息安全管理标准（ISO/IEC 27001） 48
4.5.1 标准简介 48
4.5.2 标准内容 49
4.5.3 标准认证 50

4.6 信息安全管理标准（GB/T 22080） 50
4.6.1 标准简介 50
4.6.2 标准内容 51

4.6.3　标准认证 ·· 51
4.7　IT 服务管理相关标准对比分析 ·································· 52

第 5 章　IT 基础架构库 ·· 55
5.1　ITIL 的基本概念 ·· 55
　　5.1.1　ITIL 的发展历程 ·· 55
　　5.1.2　特点和价值 ·· 56
5.2　ITIL V1 及 V2 简介 ·· 57
5.3　ITIL V3 ·· 58
　　5.3.1　体系结构 ·· 58
　　5.3.2　服务战略 ·· 59
　　5.3.3　服务设计 ·· 62
　　5.3.4　服务转换 ·· 62
　　5.3.5　服务运营 ·· 62
　　5.3.6　持续改进 ·· 63
　　5.3.7　ITIL V3 与 ITIL V2 对比分析 ······························ 63
　　5.3.8　ITIL 与 ISO/IEC 20000 标准的关系 ······················· 64
5.4　ITIL V4 展望 ··· 65
5.5　资格认证 ··· 66

第 6 章　IT 运维服务管理流程 ····································· 68
6.1　服务战略 ·· 70
　　6.1.1　服务战略制定 ··· 71
　　6.1.2　服务战略执行 ··· 71
　　6.1.3　服务组合管理 ··· 72
　　6.1.4　IT 服务财务管理 ·· 73
　　6.1.5　需求管理 ·· 74
　　6.1.6　业务关系管理 ··· 75
6.2　服务设计 ·· 77
　　6.2.1　服务目录管理 ··· 77
　　6.2.2　服务级别管理 ··· 78
　　6.2.3　容量管理 ·· 80
　　6.2.4　可用性管理 ·· 84
　　6.2.5　连续性管理 ·· 87
　　6.2.6　信息安全管理 ··· 91
　　6.2.7　供应商管理 ·· 95
　　6.2.8　设计协调 ·· 97

6.3 服务转换 … 98
　6.3.1 服务转换简介 … 98
　6.3.2 服务转换规划与支持 … 98
　6.3.3 变更管理 … 100
　6.3.4 发布与部署管理 … 107
　6.3.5 服务验证与测试 … 111
　6.3.6 评估 … 114
　6.3.7 服务资产与配置管理 … 117
　6.3.8 知识管理 … 124
6.4 服务运营 … 127
　6.4.1 服务运营简介 … 127
　6.4.2 服务台 … 127
　6.4.3 监控管理 … 130
　6.4.4 事件管理 … 133
　6.4.5 请求履行与访问管理 … 138
　6.4.6 问题管理 … 140
6.5 持续服务改进 … 146
　6.5.1 改进目的与要求 … 147
　6.5.2 改进方法 … 147
　6.5.3 服务度量 … 149
　6.5.4 服务报告 … 152
　6.5.5 实践案例 … 152
6.6 IT 服务管理应用举例 … 153

第 7 章　IT 运维服务管理体系建设　**156**

7.1 筹备阶段 … 158
　7.1.1 筹备的目的 … 158
　7.1.2 筹备的主要内容 … 158
7.2 现状评估和差距分析阶段 … 161
　7.2.1 现状评估的目的 … 161
　7.2.2 现状评估的内容与方式 … 161
　7.2.3 调研的开展 … 162
　7.2.4 差距分析 … 166
　7.2.5 差距分析成果 … 169
7.3 体系建设方案制定阶段 … 170
　7.3.1 体系建设方案制定的目的 … 170

7.3.2 体系建设方案的制定方法 ………………………………… 171
7.3.3 体系建设方案成果 …………………………………………… 171
7.4 体系建设阶段 ………………………………………………………… 171
7.5 IT 运维服务管理体系优化 ………………………………………… 173

第8章 IT 运维服务外包 …………………………………………… 178
8.1 服务内容及标准 …………………………………………………… 179
8.1.1 明确服务内容及标准 ……………………………………… 179
8.1.2 签署服务级别协议 ………………………………………… 180
8.2 服务交付 …………………………………………………………… 180
8.3 服务评价 …………………………………………………………… 181
8.3.1 服务跟踪 …………………………………………………… 181
8.3.2 服务总结与报告 …………………………………………… 182

参考文献 ……………………………………………………………………… 184

第1章

走进信息化管理

1.1 信息化介绍

信息技术（Information Technology，IT）是主要用于管理和处理信息所采用的各种技术的总称。它主要是应用计算机科学和通信技术来设计、开发、安装和实施信息系统及应用软件。它也常被称为信息和通信技术（Information and Communication Technology，ICT）。主要包括传感技术、计算机与智能技术、通信技术和控制技术。

信息化是指将现实物理存在的事物，通过01二进制编码，再通过电子终端呈现。例如无纸化办公可以作为一个信息化的常用场景，大家使用Office办公套件完成文档、表格和幻灯片的编辑、存储和共享。

目前是信息技术高度发达和广泛应用的时代。计算机的出现和普及，使得"信息"对整个社会的影响逐步提高到一种非常重要的地位。信息量、信息传播和处理的速度以及应用信息的程度都以几何级数的方式在增长。信息技术的发展对人们学习知识、掌握知识、运用知识提出了新的挑战。由于计算机技术和网络技术的应用，人们的学习速度在不断加快，这就要求管理模式也要适应新的特点和新的模式。

下面简单回顾一下信息系统发展中的三个重要技术，即局域网、客户机/服务器和因特网。局域网使公司部门和项目小组成员共享信息成为可能，而且公司的高层管理人员可以借助特定工具评估每一个公司部门的业绩，有助于迅速掌握公司的运营情况并做出响应。随之出现了客户机/服务器模式，每一个部门乃至每一个项目组都可以使用自己的服务器管理本部门的业务，在公司内部形成了大量垂直分布的信息系统，系统之间需要网络连接起来，信息系统的复杂性进一步增加。而因特网技术的出现，以及电子商务的成熟，使得企业可以提供在线交易，这在拓宽公司经营渠道的同时，也使事情变得更为复杂。设想一下，你可能在中国北京通过一台PC提交一笔交易，而该交易会通过网络传送到位于美国纽约的网络服务器，网络服务器会进一步与位于德国柏林的应用服务器和数据库服务器通信以便完成这笔交易。每增加一个环节就会增大一些出问题的可能性，同时客户对于业务系统提出了更为苛刻的可用性条件，公司业务的全球化要求必须提供7×24小时的可用性。公司的典型IT系统构成中任何一个环节出现问题,都可能直接影响到公司的业务顺利进行,造成重大损失。如何管理并改善公司的IT系统,是当今企业面临的重重挑战。

1.2 企业信息化管理介绍

在信息化时代,企业信息化管理尤为重要,只有管理信息、及时掌握信息、正确地运用信息,才能使管理立于不败之地。下面在开始介绍本书主要内容前先对管理和信息化管理的相关知识进行介绍。

1.2.1 管理

管理是指一定组织中的管理者,通过实施计划、组织、领导、协调、控制等职能来协调他人的活动,使别人同自己一起实现既定目标的活动过程。近百年来,人们把研究管理活动所形成的管理基本原理和方法统称为管理学。作为一种知识体系,管理学是管理思想、管理原理、管理技能和管理方法的综合。管理学是为适应现代社会化大生产的需要产生的,它的目的是研究在现有的条件下,如何通过合理的组织和配置人、财、物等因素,提高生产力的水平。随着管理实践的发展,管理学不断充实其内容,成为指导人们开展各种管理活动,有效达到管理目的的指南。

1. 管理的意义

管理的意义在于更有效地开展活动、改善工作,更有效地满足客户需要、提高效率。

管理的任务是设计和维持一种环境,使在这一环境中工作的人们能够用尽可能少的支出实现既定的目标,或者以现有的资源实现最大的目标。细分为四种情况:产出不变,支出减少;支出不变,产出增多;支出减少,产出增多;支出增多,产出增加更多。这里的支出包括资金、人力、时间、物料、能源等的消耗。总之,管理基本的原则是"用力少、见功多",以越少的资源投入、耗费,取得越大的功业、效果。

2. 管理的要素与职能

管理有五个要素,主要如下:

1)管理主体:行驶管理的组织或个人,有政府部门和业务部门;
2)管理客体:管理主体所辖范围内的一切对象,包括人群、物质、资金、科技和信息五类,人群为基本;
3)管理目标:管理主体预期要达到的新境界,是管理活动的出发点和归宿点,要反映上级领导机关和下属人员的意志;
4)管理方法:管理主体对管理客体发生作用的途径和方式,包括行政方法、经济方法、法律方法和思想教育方法;
5)管理理论:指导管理的规范和理论。

3. 管理的发展历程

一般来说,管理学形成之前可分成两个阶段,即早期管理实践与管理思想阶段(从有了人类集体劳动开始到 18 世纪）和管理理论产生的萌芽阶段（从 18 世纪到 19 世纪末）。

管理学形成后又分为三个阶段，即古典管理理论阶段（从 20 世纪初到 20 世纪 30 年代行为科学学派出现前）、现代管理理论阶段（从 20 世纪 30 年代到 20 世纪 80 年代，主要指行为科学学派及管理理论丛林阶段）和当代管理理论阶段（从 20 世纪 80 年代至今）。

（1）经典（古典）管理理论：从 20 世纪初到 20 世纪 30 年代行为科学学派出现前　古典管理理论是管理理论最初的形成阶段，是指 19 世纪末 20 世纪初西方管理理论的总称。由科学管理之父泰罗（F. W. Taylor，1856—1915）的科学管理理论、管理理论之父法约尔（H. Fayol，1841—1925）的管理过程理论、组织理论之父马克斯·韦伯（M. Weber，1864—1920）的古典行政组织理论构成。厄威克和古立克系统整理了泰罗、法约尔、韦伯等人的管理理论，提出了适用于一切组织的八项管理组织原则和七种管理职能。首次将管理的重要性提到应有的地位，把管理看作任何有组织的社会必不可少的因素，是协调集体、努力达到目标、取得最大成效的过程。强调管理的科学性、精密性和严格性。在组织结构上强调上下严格的等级系统，视组织为一个封闭系统，组织职能的改善仅靠内部合理化，而很少考虑外部环境影响，忽视了人的心理因素。

古典管理理论也称为工厂管理理论，该理论基于科学管理，以生产管理为主，旨在提高工厂的生产效率。科学管理以经济人为对象，遵循效率至上的原则，强调工厂应该以制度管理来代替传统的经验管理，而工人则应当以科学的方法取代过去已经习惯了的工作方式。

随着统计方法、数量模型以及计算机的应用和普及，以生产为核心的管理理论开始向着管理科学的方向发展，产生了决策理论、运营管理、系统理论和控制理论。这些理论的形成，为管理学的发展打下了坚实的基础。决策理论与过程理论之间存在很多重合的观点，两者的结合又为组织决策提供了理论依据；运营管理把管理的内容从生产管理扩展到商业管理；而系统理论与控制理论作为分析工具促进了管理学的整体发展。

在把工人的个人效率转化为组织效率的过程中，法约尔的组织管理理论和韦伯的行政组织理论对科学管理理论进行了补充，从而形成了古典组织理论。

（2）现代管理理论：从 20 世纪 30 年代到 20 世纪 80 年代　现代管理理论是继科学管理理论、行为科学理论之后，西方管理理论和思想发展的第三阶段，特指第二次世界大战以后出现的一系列学派，这其中主要的代表学派有：管理过程学派、管理科学学派、社会系统学派、决策理论学派、系统理论学派、经验主义学派、经理角色学派和权变理论学派等。这些管理学派研究方法众多，管理理论不统一，各个学派都各有自己的代表人物，各有自己的用词意义，各有自己所主张的理论、概念和方法。与前阶段相比，这一阶段最大的特点就是学派林立，新的管理理论、思想、方法不断涌现。

（3）当代管理理论阶段：从 20 世纪 80 年代至今　进入 20 世纪 70 年代以后，由于国际环境的剧变，尤其是石油危机对国际环境产生了重要的影响。这时的管理理论以战略管理为主，研究企业组织与环境的关系，重点研究企业如何适应充满危机和动荡的环境的不断变化。20 世纪 80 年代末以来，信息化和全球化浪潮迅速席卷全球，顾客的个性化、消费的多元化决定了企业必须适应不断变化的消费者的需要，在全球市场上争得顾客的信任，才有生存和发展的可能。这一时代，管理理论研究主要针对学习型组织而展开，以《Z理论》《日本企业管理艺术》《公司文化》《成功之路》四部管理著作为标志。从经济的定性概念发展为定量分析，采用数理决策方法，并在各项管理中广泛采用电子计算机进行控制。研究重点由过去的以概念分析为主转向以实践为主，增加了研究成果的价值。

4. 主要管理学派介绍

（1）系统管理理论　系统管理理论（Application of System Management Theory）即把一般系统理论应用到组织管理之中，运用系统研究的方法，兼收并蓄各学派的优点，融为一体，建立通用的模式，以寻求普遍适用的模式和原则。系统管理理论是运用一般系统论和控制论的理论和方法，考察组织结构和管理职能，以系统解决管理问题的理论体系。系统管理理论是应用系统理论的范畴、原理，全面分析和研究企业和其他组织的管理活动和管理过程，重视对组织结构和模式的分析，并建立起系统模型以便于分析。这一理论是卡斯特（F. E. Kast）、罗森茨威克（J. E. Rosenzweig）和约翰逊（R. A. Johnson）等美国管理学家在一般系统管理理论的基础上发展起来的。

（2）权变理论　权变理论（Contingency Approach/Contingency Theory）又称为应变理论（Strain Theory）或权变管理理论（Contingency Theory of Management）

权变理论是指20世纪60年代末70年代初在经验主义学派基础上进一步发展起来的管理理论，是西方组织管理学中以具体情况及具体对策的应变思想为基础而形成的一种管理理论。进入20世纪70年代以来，权变理论在美国兴起，受到广泛的重视。权变理论的兴起有其深刻的历史背景，20世纪70年代的美国，社会不安，经济动荡，政治骚动，达到空前的程度，石油危机对西方社会产生了深远的影响，企业所处的环境很不稳定。但以往的管理理论，如科学管理理论、行为科学理论等，主要侧重于研究加强企业内部组织的管理，而且以往的管理理论大多都在追求普遍适用的、最合理的模式与原则，而这些管理理论在解决企业面临瞬息万变的外部环境时又显得无能为力。正是在这种情况下，人们不再相信管理会有一种最好的行事方式，而是必须随机制宜地处理管理问题，于是形成了一种管理取决于所处环境状况的理论，即权变理论，"权变"的意思就是权宜应变。

权变理论认为，每个组织的内在要素和外在环境条件都各不相同，因而在管理活动中不存在适用于所有情景的原则和方法，即在管理实践中要根据组织所处的环境和内部条件的发展变化随机应变，没有一成不变、普遍适用的管理方法。成功管理的关键在于对组织内外状况的充分了解和有效的应变策略。权变理论以系统观点为理论依据，从系统观点来考虑问题，权变理论的出现意味着管理理论向实用主义方向的发展又前进了一步。该学派是从系统观点来考察问题的，它的理论核心就是通过组织的各子系统内部和各子系统之间的相互联系，以及组织和它所处环境之间的联系来确定各种变数的关系类型和结构类型。它强调在管理中要根据组织所处的内外部条件随机应变，针对不同的具体条件寻求不同的最合适的管理模式、方案或方法，其代表人物有卢桑斯、菲德勒、豪斯等人。

（3）决策理论　决策理论学派（Decision Theory School）是在第二次世界大战之后发展起来的，以社会系统论为基础，吸收了行为科学和系统论的观点，运用电子计算机技术和统筹学的方法而诞生的一门新兴的管理学派。决策理论学派是以统计学和行为科学为基础的，主要代表人物有赫伯特·西蒙、詹姆斯·马奇，核心理论是赫伯特·西蒙提出的决策理论。

决策理论学派的主要理论：

1）管理就是决策。组织中经理人员的重要职能就是做决策，任何工作开始之前都要先做决策，制定计划就是决策，组织、领导和控制也都离不开决策。

2）系统阐述了决策原理。决策过程包括四个阶段，即搜集情况阶段、拟定计划阶段、选定计划阶段、评价计划阶段。这四个阶段中的每一个阶段本身都是一个复杂的决策过程。

3）在决策标准上，用"令人满意"的准则代替"最优化"准则。以往的管理学家往往把人看成是以"绝对的理性"为指导，按最优化准则行动的理性人。"管理人"假设代替"理性人"假设，"管理人"不考虑一切可能的复杂情况，只考虑与问题有关的情况，采用"令人满意"的决策准则，从而可以做出令人满意的决策。

4）一个组织的决策根据其活动是否反复出现可分为程序化决策和非程序化决策。经常性的活动决策应采取程序化以降低决策过程的成本，只有非经常性的活动才需要进行非程序化的决策。

1.2.2 信息化管理

1. 概念

信息化管理是以信息化带动工业化，实现企业管理现代化的过程，它是将现代信息技术与先进的管理理念相融合，转变企业生产方式、经营方式、业务流程、传统管理方式和组织方式，重新整合企业内外部资源，提高企业效率和效益，增强企业竞争力的过程。

2. 信息化所带来的收益

（1）改变获取方式 传统方式下，原始数据的获取靠的是企业员工肉眼观察、手工计数或使用仪器测量。在信息化环境下，可以利用传感设备全自动地获取所需的数据或信息。例如：用装有重量感应装置的货架自动测量存货数量、用自动监控装置代替值班人员等。利用自动传感设备具有高度自动化、准确性高、24小时不间断、数据可实时获取、不受恶劣环境影响等优点，为企业实施更有效的内部控制提供了基础。

（2）改变存储方式 存储介质由纸变为磁盘或光盘。与纸介质相比，磁介质或光介质具有存储密度大、擦写不留痕迹的特点，对内部控制的影响是双方面的。存储密度大使得企业可以集中保存数据和信息资源，便于对其加以保护，但一旦毁损或被盗将使企业遭受更大的损失。擦写不留痕迹使得数据被篡改的可能性增大，需要加强内部控制。

（3）提高处理效率 在信息化环境下，借助计算机的高速处理能力，能够使得信息处理的速度大为加快，效率大为提高。然而，这对内部控制的影响也是双方面的。一方面，信息处理效率的提高有利于企业实施更复杂更有效的控制措施和控制方法，提高内部控制的效率。另一方面，借助高速的信息处理能力，企业员工或管理当局造假的能力也相应提高，例如：利用随机数产生程序伪造应收款项或存货的金额、利用报表编制程序快速编制多份虚假财务报表等。这又要求企业加强内部控制。

（4）改变传递方式　信息化环境下的信息传递，改变了手工环境下的传票、报告、电话等方式，利用电缆、光缆、无线电波等以光速传递信息，而且传递的信息量远非传统方式可比，为企业加强内部控制提供了基础。但如果信息传递过程中受到了阻碍或破坏，也将给企业带来更大的损失。

（5）提高信息集成　在完善的企业信息系统的支持下，企业领导足不出户，就能够在计算机屏幕前对遍布世界的跨国公司了如指掌。轻点几下鼠标就能成交生意、调动资金、指挥员工。企业信息系统为企业加强内部控制提供了基础，同时也对企业的内部控制提出了更高的要求。

（6）提高信息价值　在信息时代，人们对信息资源的利用能力得到提高。人们已经认识到企业的数据和信息资源是企业最宝贵的资产之一，而信息是无形的，与有形的资产相比，对信息的窃取更隐蔽，更不易被发现。这要求内部控制不但要保护有形资产，更要对企业的数据和信息资产加以保护。同时应当针对信息的特点，采取有效的保护措施。

（7）改变工作方式　在信息化环境下，人们可能越来越多地通过计算机网络进行联系和沟通，人与人之间的直接接触将有所减少。网络世界的无形性和匿名性将对人的心理造成一定的影响，从而影响控制环境。

3. 信息化管理中所需要关注的重点

（1）信息化管理是为达到企业目标而进行的一个过程　信息化管理是企业为了达到其经营目标，以适量投入获取最佳效益，借助一些重要的工具和手段而有效利用企业人力、物力和财力等资源的过程。信息化是手段，运营是关键，业务流程的优化或重组是核心，增强企业的核心竞争力、实现企业价值的最大化是最终目的。不能为了片面地追求信息系统的准确和信息的快速获得而忽视了信息是为企业经营管理服务的。

（2）信息化管理不是IT与经营管理简单的结合，而是相互融合和创新　信息化管理不是简单地用IT工具来实现已经陈旧的管理逻辑，不要期望将某种解决方案、ERP等系统套用在传统的管理模式之上就会产生某种神奇的功效，当信息系统与现行的管理制度、组织行为发生剧烈冲击和碰撞的时候，当需要真正的创新发生在现有的管理层面，甚至企业治理结构层面的时候，信息系统往往无法提供更多的帮助，而需要的是通过信息化带动企业管理的创新，站在企业战略发展的高度，重新审视过去积淀的企业文化、企业理念、管理制度、组织结构，将信息技术融入企业新的管理模式和方法中。

（3）信息化管理是一个动态的系统和一个动态的管理过程　企业的信息化并不能一蹴而就，而是渐次渐高的。企业内外部环境是一个动态的系统，企业管理的信息化系统软件也要与之相适应，管理信息系统的选型、采购、实施、应用是一个循环的动态过程。这一动态过程是与企业的战略目标和业务流程紧密联系在一起的。

信息化管理是一个广泛的概念，在实际应用中，需要和某一个管理领域相结合，例如：企业信息化管理、财务信息化管理、人力资源信息化管理等。

1.2.3 企业信息化管理

1. 概念

从前面内容可以清晰地认识到信息系统是企业数字化的基础，是提供企业核心竞争力的重要途径。尽管不同规模企业的数字化程度存在差异，但都会在企业管理、生产作业、互联网业务或者产业互联网等领域上进行或多或少的覆盖，目的就是增强企业核心竞争力，为本企业的业务以及战略服务。在企业的价值链组成中，业务处于最上层，支撑业务的 IT 系统、基础设施、基础架构、企业数据是保障企业业务稳定运行的根基，所以 IT 运维部门除了要将各种 IT 设施、IT 软件、IT 系统的可靠性加入到纳管范围，还要通过各种数据、参数的映射，将业务的实时运行状态以数据报表或以数据变化的方式呈现，并及时与业务侧就业务支撑、业务指标、数据变化进行沟通，同时满足企业管理者对业务数据、公司经营数据、财务数据等多个信息的掌控需求。

企业信息化管理（Enterprise Informatization Management，EIM）是指对企业信息化实施过程进行的管理。企业信息化管理主要包含信息技术支持下的企业变革过程管理、企业运作管理以及对信息技术、信息资源、信息设备等信息化实施过程的管理。企业信息化管理的三方面的实现是不可分割的，它们互相支持、彼此补充，做到既相互融合又相互制约。企业信息化管理属于企业战略管理范畴，其对企业发展具有重要意义。

信息来源不仅仅局限于企业内部，还包括企业外部，即与企业生产、销售、竞争相关的外部信息源。信息源采集范围和质量受多种因素影响：企业的信息战略指向，企业内部负责生产、决策等的工作者对信息的需求，信息获得的难易程度，信息质量水平等。

企业信息化管理的精髓是信息集成，其核心要素是数据平台的建设和数据的深度挖掘，通过信息化管理系统把企业的设计、采购、生产、制造、财务、营销、经营、管理等各个环节集成起来，共享信息和资源，同时利用现代的技术手段来寻找自己的潜在客户，有效地支撑企业的决策系统，达到降低库存、提高生产效能和质量、快速应变的目的，增强企业的市场竞争力。

2. 企业信息化管理实施

企业信息化管理一个非常重要的环节就是对企业采用的信息技术建立的信息系统、获取到的信息资源，以及对企业信息化实施运作的过程进行计划、组织、控制、协调和指挥，以使企业在信息技术和信息资源上的投资能够收益最大化。信息技术管理包括信息技术的规划，信息技术的选择，硬件平台、软件平台、网络，应用信息系统设计、开发、测试、实施过程的管理，信息系统的升级、维护、淘汰、运行性能、系统配置、IT 服务管理等。信息资源管理主要包括信息资源规划和信息资源应用等。信息资源规划主要包括信息基础标准制定、单一信息源定义、信息视图整理、主题数据库设计、数据中心方案设计与信息模型设计等内容。信息资源应用主要包括基于数据中心的信息集中管理、应用软件开发、信息集成以及数据仓库建设、数据挖掘、决策支持和基于信息资源的知识管理、产业化等。企业信息化实施运作过程管理主要包含对信息化过程的计划、组织、控制、协调和指挥。具体来说：

1）计划主要针对企业信息化规划，在制定企业信息化蓝图的基础上找出信息化存在的差距，确定企业信息化过程中需要解决的问题，进而确定主要实施内容、资金投入计划、实施步骤、阶段目标和考核指标等内容。

2）组织主要指为企业信息化实施确定组织架构和职能，包括确定首席信息官的职权，确定信息化组织岗位，建立信息化项目团队，制定信息化管理制度，对信息化人员技能与绩效进行考核。

3）控制主要是指对企业信息化的过程进行有效的控制，包括信息系统实施项目的选择，信息化项目实施过程的管理，制定企业信息化评价体系和评价方法，对信息技术的风险进行分析管理等。

4）协调主要是指调节企业信息化过程中产生的各种矛盾，包括首席执行官与首席信息官之间关系的协调，业务部门与IT部门关系的协调，提高业务战略和信息化战略的一致性的协调，在不同IT项目之间进行资源分配的协调，对不同信息化岗位职责间矛盾进行的协调等。

5）指挥主要是指通过下达命令、指示等形式，对组织内部个人施加影响，将信息化规划的目标或者领导者的决策变成全员的统一活动。

下一个单元将会对企业信息化管理中一个重要的环节——信息技术管理，也就是通常说的IT管理进行讨论。

第 2 章

IT 治理与 IT 管理

当前，我国信息化建设中的最大问题不是技术问题，也不是资金问题，而是缺乏科学的 IT 管理观念；IT 领导者最大的问题不是缺少经验和能力，而是缺乏卓越的管理素质和管理方法。第 1 章介绍了 IT 的发展和管理相关知识，本章将介绍作为公司治理一部分的 IT 治理和 IT 管理的相关知识，以及二者之间的关系。

2.1 IT 治理

IT 治理是公司治理在信息时代的重要发展，使得 IT 的应用能够完成组织赋予它的使命，确保实现组织的战略目标。

2.1.1 什么是 IT 治理

IT 治理的简单定义就是使参与信息化过程的各方利益最大化的制度措施。

IT 治理是指设计并实施信息化过程中各方利益最大化的制度安排，包括业务与信息化战略融合的机制，权责对等的责任担当框架和问责机制，资源配置的决策机制，组织保障机制，核心 IT 能力发展机制，绩效管理机制以及覆盖信息化全生命周期的风险管控机制。

关于 IT 治理，中外学者给出了其他很多的定义。

美国 IT 治理协会给 IT 治理的定义是："IT 治理是一种引导和控制企业各种关系和流程的结构，这种结构安排旨在通过平衡信息技术及其流程中的风险和收益增加价值，以实现企业目标"。

中国有一种观点认为："IT 治理是描述企业或政府是否采用有效的机制，使得 IT 的应用能够完成组织赋予它的使命，同时平衡信息化过程中的风险，确保实现组织的战略目标的过程"。

美国麻省理工学院的学者彼得·维尔和珍妮·罗斯在其所撰写的《IT 治理》一书中指出："IT 治理就是为鼓励 IT 应用的期望行为，而明确决策权归属和责任担当框架"。他们认为是行为而不是战略创造价值，任何战略的实施都要落实到具体的行为上。

综合这些定义，可以得出，IT 治理就是要明确有关 IT 决策权的归属机制和有关 IT 责任的承担机制，以鼓励 IT 应用的期望行为的产生，以连接战略目标、业务目标和 IT 目标，从而使企业从 IT 中获得最大的价值。

2.1.2　IT 治理的目标

IT 治理的目标是实现组织的业务战略，促进管理创新，合理管控信息化过程的风险，建立信息化可持续发展的长效机制，最终实现 IT 商业价值。

IT 治理的目的是使 IT 与组织业务有效融合，其出发点首先是组织的发展战略，以组织发展战略为起点，遵循组织的风险与内控体系，制定相应的 IT 建设运行的管理机制。

按照 IT 治理的对象，将 IT 治理的服务划分为五类，分别是 IT 规划治理、IT 建设治理、IT 运维治理、IT 绩效治理、IT 风险治理。

2.1.3　IT 治理的框架

对于 IT 治理来说，国际上已有许多成熟的方法和工具，形成了最佳业务实践，这些最佳业务实践是全球智慧的结晶，所以，对于我们来说，不是再去从头创新，而是需要根据国情和组织的实际情况，对最佳实践加以理解、掌握并有效运用，从而为组织战略目标服务。

图 2-1 所示为有关组织总结的 IT 治理的总体框架，描述了 IT 治理的出发点、IT 治理的关键要素、IT 治理的对象、IT 治理的最佳实践。

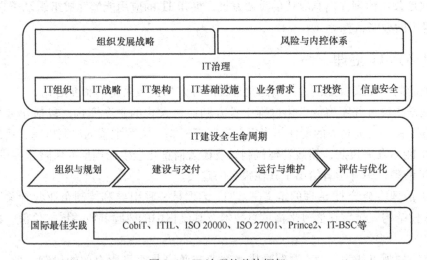

图 2-1　IT 治理的总体框架

图 2-1 中 IT 治理的关键要素涵盖 IT 组织、IT 战略、IT 架构、IT 基础设施、业务需求、IT 投资、信息安全等，主要确定这些要素或活动中"做什么决策？谁来决策？怎么来决策？如何监督和评价决策？"围绕着 IT 建设全生命周期过程，构建持续的信息化建设长效机制是 IT 治理的一致目标，因此，整个 IT 建设生命周期都是 IT 治理的对象，包括 IT 组织与规划、IT 建设与交付、IT 运行与维护、IT 评估与优化。

ITGov 中国 IT 治理研究中心正式发布的中国首个自主创新的中国企业 IT 治理框架由七个要素组成：科学的信息化发展观、IT 商业价值、IT 治理方法、IT 治理绩效、IT 治理决策模式、IT 风险管理控制体系、核心 IT 能力。

七要素说明如下：

1）科学的信息化发展观是 IT 治理框架构建的理论指导方针；

2）国外公认的 IT 治理方法和中国国内自主创新的 IT 治理方法是 IT 治理框架构建的工具，二者的结合是正确构建 IT 治理框架的前提基础；

3）科学的发展离不开科学决策，科学决策是科学发展的重要环节，IT 治理首当其冲的就是建立什么样的决策模式，IT 治理必须要树立科学决策意识，并健全决策机制、完善决策方式、规范决策程序、强化决策责任，保证决策的正确有效；

4）IT 治理决策的实施要依靠规范化、精细化和主动式的 IT 全生命周期风险管控流程来实现，同时对 IT 全生命周期风险管理控制过程与结果进行评价，并持续改进过程与度量方法；

5）具有持续竞争优势的动态的核心 IT 能力是 IT 治理水平背后的决定性因素，IT 治理水平是核心 IT 能力的表现；

6）IT 治理的最终目的是实现 IT 商业价值。

2.1.4 IT 治理模式机制

目前，比较流行的词汇，如 IT 治理结构、IT 治理模型、IT 治理标准等，其概念定义、内涵和外延均比较混乱，这不利于 IT 治理的传播、推动与发展。根据权威的 ITGov 中国 IT 治理研究中心界定：

IT 治理 = IT 治理思想 + IT 治理模式 + IT 治理体制 + IT 治理机制

1. IT 治理思想

IT 治理思想即科学的信息化发展观，尽管在广义的 IT 治理模式中涉及 IT 治理思想，但考虑到 IT 治理思想的重要性，这里还是把它独立出来加以强调。

2. IT 治理模式

IT 治理模式解决有关管理思想、管理方式方法层面的问题，是具有方向性、框架性的高度概括，其涉及的内容如下：

第一是组织在 IT 治理工作中所遵循的治理思想或坚守的治理理念（治理观念）；

第二是治理的结构问题，其中包括根据组织发展目标确定的 IT 治理定位（采用什么样的治理方式和治理途径）、治理运行的要求、治理关系的原则等三个方面；

第三是治理的运行机制，涉及 IT 治理流程及制度体系、组织的价值观、IT 文化及沟通机制、IT 绩效管理与激励约束机制等。

同时，为保障治理模式行之有效，需要建立 IT 治理自身的绩效评估和持续改进提高的良性循环机制。ITGov 中国 IT 治理研究中心通常只把治理思想理念和治理结构及方式纳入治理模式的研究范畴，而把治理流程层面的内容纳入治理运行机制的范畴。

3. IT治理体制

IT治理体制表达的是治理的组织架构。治理体制是界定组织中各相关主体在各自方面的治理范围、责权利及其相互关系的准则，它的核心是治理机构（如IT治理委员会等）的设置和权限的划分。各治理机构职权的分配以及各机构间的相互协调能力的强弱直接影响到治理的效率和效能，对IT治理效率起着决定性的作用。确定现代化的治理体制是建立高效管理组织的基本条件。选择符合组织发展需要的治理体制，必须是在对组织所处行业领域、行业地位、行业特点、竞争状况、资本结构、产权结构、组织结构、人员结构、发展战略或阶段目标、政策环境和内外部资源条件等方面进行详细调查分析，并系统归纳组织的优势和劣势及现有管理体制存在问题的基础上进行的。组织的治理体制，往往根据其所从事的事业来划分为集权治理体制、分权治理体制和联邦民主式治理体制。

4. IT治理机制

治理机制的含义是指治理体系结构及其运行机理，治理机制又细分为运行机制、动力机制、约束机制。运行机制是指组织IT相关基本职能的活动方式和运行关系；动力机制是指推动信息化可持续发展的内生动力产生与运作的机理；约束机制是指对IT治理行为进行约束与纠正的功能与机理。通过细分的运行机制、动力机制和约束机制，就比较容易理解什么是治理机制了。ITGov中国IT治理研究中心根据当前的国情和信息化发展所处的阶段，强调把建立完善信息化全生命周期风险管理控制体系作为构建落地的运行机制的主要内容，把信息化绩效评估作为信息化可持续发展的内在动力机制，把信息化风险管控体系和绩效问责共同作为约束机制。

总之，在治理思想、治理模式、治理体制、治理机制四个概念中，治理思想回答的是方向性问题，治理模式侧重于具有代表性、稳定性的治理方式、治理路径问题；治理体制倾向于解决各相关主体的治理范围、责权利及其相互关系的准则等问题；治理机制所要解决的是运行机理、动力和约束问题。IT治理思想决定IT治理模式，IT治理模式决定IT治理体制和IT治理机制，可以说有什么样的IT治理思想，就会有什么样的治理模式，有什么样的IT治理模式，就会有什么样的IT治理体制和治理机制。

5. IT治理模型

关于IT，管理者有三项主要活动，即指导（Direct）、评价（Evaluate）与监控（Monitor）。有效的IT治理应当是可实施的、具有一致性的。DEM模型聚焦于更广泛层次上的IT治理，它略微不同于管理者典型使用的PDCA模型。在这一模型中，管理者依据业务压力与业务需求来监控并评价组织的IT使用，而后指导实施政策方针以弥补差距。该模型如图2-2所示。

（1）指导　领导者应该安排计划和方针的准备和实施的职责，并予以指导。计划应该设定IT项目和IT运作的投资方向；方针应该确定期望的IT应用行为。

领导者应该保证从项目转到日程运作时得到了计划和管理，并考虑对业务和现有IT系统及基础设施运作习惯的影响。

领导者应以符合组织的指导及符合良好治理的六项基本原则，来要求管理人员提供及时的信息，鼓励组织内良好的IT治理文化。

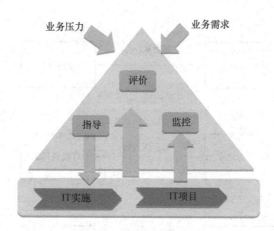

图 2-2　DEM 模型

如果需要，领导者还应该指导所提交的建议方案的批准，以处理已识别的要求。

（2）评价　领导者应该检查和评判当前和将来对 IT 的利用，包括策略、建议和供给安排（不管是内部、外部，还是两者都有）。

在评价 IT 的利用时，领导者应该考虑对业务的内外部压力，如技术的变更、经济和社会的发展以及政治影响。领导者应该随着压力的变化持续评估，领导者还应该考虑现在和将来的业务需求，即当前和将来的组织必须达到的目标，如维持竞争优势，以及正在评估中的战略或意图的特定目标。

（3）监控　领导者应该通过合适的测量体系监控 IT 的绩效，他们应该确保遵循计划，特别是与业务目标相关的。领导者应该确保 IT 符合外部义务（法律、法规以及合同）和内部实际工作的要求。

2.1.5　IT 治理流程

IT 治理工作首先要确定"目标是什么"，然后判定"现在所处的状态"，再确定"如何达到目标"，最后是评估"是否达到目标"。IT 治理是一个不断循环的过程，如图 2-3 所示。

其中，目标是根据企业愿景和目标来确定的；企业目前所处的状态可通过自我评估或测评来判定；可以通过 IT 方案的设计来实现或达到目标；通过量度来判断是否达到目标。可见，目标的确定很重要。明确目标和目前状况是 IT 治理的开端，也是 IT 治理效果评价的根据。

2.1.6　IT 治理与公司治理

IT 治理是公司治理的一部分，对于公司治理，1999 年出版的《公司治理的基本原则》一书中所给出的定义为：为确定组织目标和确保目标实现的绩效监控所提供的治理结构。

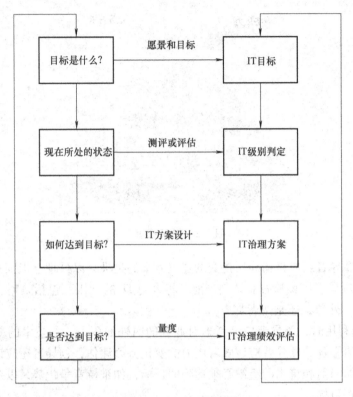

图2-3 IT治理流程图

公司治理主要关注利益相关者的权益和管理，包括一系列责任和条例，由最高管理层（董事会）和执行管理层实施，目的是提供战略方向，保证目标能够实现，风险适当管理，企业的资源合理使用。公司治理可以驱动和调整IT治理，同时，IT治理能够提供关键的输入，形成战略计划的一个重要组成部分，这被认为是公司治理的一个重要功能——IT影响企业的战略竞争机遇。

IT治理的一个关键性问题是：公司的IT投资是否与战略目标一致，从而构筑必要的核心竞争力。因为企业目标变化太快，很难保证IT与商业目标始终保持一致，所以需要多方面的协调，保证IT治理继续沿着正确的方向走，这也是IT投资者真正关心的问题。对IT治理而言，要能体现未来信息技术与未来企业组织的战略集成。既要尽可能地保持开放性和长远性，以确保系统的稳定性和延续性；同时又因为规划赶不上变化，再长远的规划也难以保证能跟上企业环境的变化。IT治理中一个相对有效的做法是：在信息化规划时，认真分析企业的战略与IT支撑之间的影响度，并合理预测环境变化可能给企业战略带来的偏移，在规划时留有适当的余地，从业务战略到信息战略，做务实的牵引，不要追求大而全。

IT治理有助于建立一个灵活的、具有适应性的企业。IT治理能够影响信息和指示：企业能够感知市场正在发生的事，使用知识资产并从中学习，创新产品、服务、渠道、过程；

迅速变化，将革新带入市场，衡量业绩。IT治理应该体现"以组织战略目标为中心"的思想，通过合理配置IT资源创造价值。企业治理侧重于企业整体规划，IT治理侧重于企业中信息资源的有效利用和管理。

企业目标在于远景和商业模式，IT目标在于商业模式的实施。

IT治理主要涉及两个方面，即IT要为企业交付价值，IT风险要降低。前者受IT与企业的战略一致性驱动，后者由责任义务落实到企业驱动。

概括地说，公司治理和IT治理都是市场（含政府）他律的机制，是如何"管好管理者"的机制，其目标也是一致的：达到业务永续运营，并增加组织的长期获利机会。

2.2 IT治理相关标准

目前，各种国际组织和研究机构提出的IT治理常用标准主要包括：

（1）ISO/IEC 38500 ISO/IEC 38500是第一个IT治理国际标准，它的出台不仅标志着IT治理从概念模糊的探讨阶段进入了一个正确认识的发展阶段，而且也标志着信息化正式进入IT治理时代。ISO/IEC 38500可以用于任意规模的组织，包括公有/私有性质的公司、政府机构以及非营利组织。这一标准提供了一个IT治理的框架，以协助组织高层管理者理解并履行他们对其组织IT使用的既定职责，实现IT治理的有效性、可用性及效率。

（2）COBIT 直译为信息及相关技术的控制目标，是由国际信息系统审计协会（Information Systems Audit and Control Association，ISACA）下属的美国IT治理研究院开发与推广的一个开放性标准，目前已成为国际上公认的最先进、最权威的安全与信息技术管理和控制的标准。该标准为IT的治理、安全与控制提供了一个普遍适用的公认标准，已辅助管理层进行IT治理。COBIT从信息技术的规划与组织、采集与实施、交付与支持、监控等四个方面确定了34个信息技术处理过程，每个处理过程还包括更加详细的控制目标和审计方针以对IT处理过程进行评估。

2.2.1 ISO/IEC 38500标准

ISO/IEC 38500《信息技术组织的IT治理》（以下称IT治理）是ISO和IEC组织以澳大利亚标准AS 8015为蓝本，并结合AS 8000—2003《良好的治理原则》和AS 3806—2006《合规性程序》，制定的IT治理的国际标准。

该标准主要为达到以下目标：
1）确保利益相关者对组织IT治理的信心；
2）指导管理者治理组织的IT使用；
3）为IT治理的目标评估提供了基础。

该标准的主要特点如下：

1. 适用范围

1）为组织的责任人（包括所有者、董事会成员、责任人、合作伙伴、高级执行层，或其他相关人员）提供组织内有效、高效和合理运用信息技术（IT）的指导性原则。

2）用于组织内部信息和通信服务管理流程（和决策）的治理，这些过程可能受组织内的 IT 专家、外部服务提供商或组织内业务部门的控制。

3）为那些给组织的责任人进行建议、告知或协助的人员提供指南，包括高层管理者；监视组织资源利用的小组成员；外部的业务或技术专家，如法律或财务人员、专家；零售业协会或专业团体；软件、硬件、通信或其他 IT 产品的供应商；内部或外部服务提供方（包括咨询人员）；IT 审计人员。

2. 应用

ISO/IEC 38500 标准适用于所有组织，包括公众和私有公司、政府组织和非营利组织。本标准也适用于从小型到大型不同规模的组织，而不论其对 IT 的利用程度。

3. 带来的好处

1）建立有效、高效和可接受的利用 IT 的原则。确保组织依据这些原则，将有助于责任人平衡风险和鼓励从 IT 使用中获得机会。建立了 IT 治理的模型，通过对 IT 治理原则模型的合理应用，可以降低责任人未能履行其职责的风险。

2）组织的符合性。合适的 IT 治理能够帮助责任人确保组织在可接受的 IT 利用方面符合职责和义务（法律法规、合同）要求。不恰当的 IT 系统可能使责任人面临不符合法律要求的风险，如在某些判决中，不适当的财务系统导致没有交税，责任人可能需要承担责任。领导者利用 ISO/IEC 38500 标准的指南，可最大限度地满足其责任的要求。

涉及 IT 的过程具有特定的风险，必须适当处理，如责任人可能要为以下的违背行为承担责任：安全标准；隐私保护法律；垃圾邮件法规；贸易惯例法规；知识产权，包括软件许可协议；记录保存的要求；环境相关的法律法规；健康和安全的法规；残疾人便利法规；社会责任标准。

3）组织的绩效。适当的 IT 治理通过以下活动，帮助领导者确保 IT 的利用将为提高组织绩效带来积极的影响：合理的实施和运行 IT 资产；明确达成组织目标的 IT 的使用者和提供方的职责和责任；业务连续性和稳定性；IT 与业务要求的一致性；有效分配资源；服务、市场和业务的创新；维持与利益相关方关系的良好实践；降低组织成本，以及实际认识到从每一个 IT 投资获得的经过认可的收益。

2.2.2 COBIT 标准

1. 什么是 COBIT

COBIT 是 Control Objectives for Information and Related Technology 的缩写，即信息系统和技术控制目标，是 ISACA 制定的面向过程的信息系统审计和评价的标准，目前已成为国际上公认的 IT 管理与控制标准。

COBIT 有过五个主要版本，1996 年推出第一版，2012 年 6 月推出第五版 COBIT 5。

COBIT 5 为企业 IT 治理和管理提供新一代指引，是以来自商务、IT、风险、安全和鉴证团体的众多企业和用户对 COBIT 超过 15 年的实际使用和应用为依据而构建的，COBIT 5 提供一种全面的框架,以支持企业实现其 IT 治理和管理的目标。简而言之,就是帮助企业通过维持实现利益、优化风险等级及资源利用之间的平衡,从而创造源自于 IT 的最佳价值。COBIT 5 能够为整个企业使 IT 在整体上得到治理和管理,并承担整个端到端业务和 IT 功能区域的责任,同时兼顾内外部利益相关者与 IT 相关的利益。

COBIT 有六个组件:Executive Summary、Management Guidelines、Framework、Control Objectives、Implemenation Toolset 和 Audit Guidelines。

2. 应用领域

COBIT 5 通用于各种规模的机构,无论是商务、非营利或公共机构。COBIT 目前已成为国际上公认的 IT 管理与控制框架,已在世界一百多个国家的重要组织与企业中运用,指导这些组织有效地利用信息资源,有效地管理与信息相关的风险。

COBIT 在 IT 运维服务管理中的应用如下:

COBIT 是一个非常有用的工具,也非常易于理解和实施,可以帮助企业在管理层、IT 与审计之间交流的鸿沟上搭建桥梁,提供彼此沟通的共同语言。几乎每个机构都可以从 COBIT 中获益,来决定基于 IT 过程及他们所支持的商业功能的合理控制。当知道这些业务功能是什么,其对企业的影响到什么程度时,就能对这些事件进行良好的分类。所有的信息系统审计、控制及安全专业人员均应该考虑采用 COBIT 原则。

通过实施 COBIT,增加了管理层对控制的感知及支持。COBIT 帮助管理层懂得如何控制影响、业务功能。COBIT 提供的实施工具集包括优秀的案例资料(提供模板业务过程,使得优秀范例能够迅速移植),有助于向管理层很好地表述 IT 管理概念。

COBIT 使 IT 管理工作简易并量化,降低复杂信息系统管理工作的难度。对于那些不具有广博 IT 知识的人来讲,是一个认清信息技术的有价值的工具。它也使得信息系统审计师具有与 IT 专业人员相同的专业广度,并且可以询问与 IT 工程相关的问题。

COBIT 提供了一种国际通用的 IT 管理及问题解决方案,普遍适用于各种不同的业务项目和审计,并且既包容了当前的情况,也提供了将来可能会使用到的指导方针。

COBIT 有助于提高信息系统审计师的影响力,依据 COBIT 出具的信息系统审计报告,更容易得到管理层的肯定。

COBIT 框架能够帮助决定过程责任,提高 IT 治理水平。通过应用该框架进行责任分析,可以做到基于角色的 IT 管理,定义过程措施,确保客户利益。

总之,COBIT 模型实现了企业战略与 IT 战略的互动,并形成持续改进的良性循环机制,为企业提供了具有一定参考价值的解决方案。因此,针对我国信息化存在的问题,借鉴 COBIT 的 IT 治理思想和框架,科学、系统地对信息及相关技术进行管理,逐步试行建立 IT 治理机制,对推动我国信息技术的发展和应用具有十分重要的现实意义。

2.2.3 ISO/IEC 38500 与 COBIT 的对比

ISO/IEC 38500 与 COBIT 的对比见表 2-1。

表 2-1　ISO/IEC 38500 与 COBIT 的对比

	ISO/IEC 38500：2008	COBIT
分类	国际标准	非国际标准，一套行为指南
发布者	国际标准化组织	国际信息系统审计协会（美国）
最新版本	ISO/IEC 38500：2008	COBIT 5
发布时间	2008.06	2012.06
特点	指导、评价与监控	基于控制、面向业务、流程导向、度量驱动
认证	目前还没有认证	只有 COBIT Foundation 认证
侧重点	有效的 IT 治理范围、技术与业务沟通的相关术语表	信息化全生命周期管理
主要用途	IT 治理的测评	IT 风险管理与内控

2.3　IT 管理

2.3.1　什么是 IT 管理

IT 技术日新月异，企业 IT 系统越来越复杂。主机、服务器、终端分布于公司的各个部门，通过数以万计的网络设备连接在一起，在这些异构系统构成的硬件平台上是庞大的企业应用系统，从 SCM（供应链管理）、ERP（企业资源规划），到 CRM（客户关系管理），无一不是支持公司业务增长的强劲动力和基础设施。为了保障 IT 系统的正常运行，从而保障公司的核心业务，IT 管理已经成为一个 CIO（首席信息执行官）乃至 CEO（首席执行官）需要仔细思考的问题。

IT 管理是在信息化运营阶段通过运维管理制度、规范以及 IT 管理系统工具的支持，引导和辅助 IT 管理人员对各种 IT 资源进行有效的监控和管理，保证整个 IT 系统稳定、可靠和永续运行，为业务部门提供优质的 IT 服务，以较低的 IT 运营成本追求业务部门较高的满意度。

2.3.2　IT 管理的目的

如图 2-4 所示，IT 管理的目的就是在 IT 价值与 IT 风险中寻求平衡。

1. IT 价值

IT 价值对企业的作用有以下三个：

1）提升业务流程的效率、促进流程的变革和创新，从一个具体的审批流程，到企业的流程框架、商业模式；

2）提高分析决策能力，从产品的最优定价分析、库存优化分析到平衡记分卡、战略选择的情景分析；

图 2-4 IT 管理的目的

3）提升组织的知识管理能力，从管理大客户关系的知识传承，到产品的研发创新、经营管理的最佳实践的固化与管理创新。

IT 应用价值的初级体现就是能够提高企业运作质量和效率，降低成本，否则并无存在的价值；中级体现是能够帮助企业降低或控制运营风险，增加企业收益；更高级的体现应该是能够有力支持、促进，直到引领业务模式的创新、管理变革以及商业模式的创新，成为企业总体经营管理战略的重要组成部分，与企业的核心竞争力融为一体。

以前，IT 价值的体现更多是在回答"怎么做"的问题上，现在更多的是在回答"做什么"的问题上。IT 人员以前总是在想怎样才能用最正确的方法做事，现在总是在想怎样做才能选择做最正确的事。

2. IT 风险

IT 风险也称为信息科技风险。《新巴塞尔协议》指出，IT 风险是指任何由于使用计算机硬件、软件、网络等系统所引发的不利情况，包括程序错误、系统宕机、软件缺陷、操作失误、硬件故障、容量不足、网络漏洞及故障恢复等。

IT 风险主要包括以下几类：

（1）IT 可用性风险　随着信息化的深入，组织的核心应用系统都已构架在 IT 平台之上，越来越多的政府、商业、教育等机构的业务正常运行离不开 IT 系统。随着 IT 技术的高速发展，IT 平台（如硬件、网络、系统）的复杂程度越来越高，各种系统漏洞层出不穷，频繁的停机事件令用户穷于应付；国内许多组织不能建立有效的故障管理、变更管理、配置管理等 IT 服务管理流程也是造成 IT 系统停机的原因；缺乏必要业务连续性计划也是造成 IT 可用性降低的重要原因。

（2）信息安全风险　在信息化的整合见效期，对组织而言信息比以往具有更高的价值，而信息固有的弱点决定其易传播、易毁损、易伪造。互联网给我们带来便利的同时，网上行动的远程化以及互联网"无政府状态"，使得信息安全面临严峻的挑战，即使是一个中学生，通过黑客网站的简单培训，也能发起具有危害性的攻击。目前互联网上黑客攻击网站的行动此起彼伏，造成许多商业网站、政府网站被侵入，大量网银用户网上银行存款被盗，许多敏感机密信息被泄露。

（3）IT绩效风险　国内在信息与信息系统上的投资规模与成本都在不断扩大，高投入带来了高风险。IT投资行为如果不能带来合理的回报，那么将使组织面临巨大风险。

IT绩效风险的另一表现就是对IT的投资绩效和运行绩效不能进行有效测量。不能测量意味着无法了解当前IT系统的"健康状况"，从而无法有效地发现存在的问题，并采取有针对性的改进措施。

（4）合规性风险　由于IT在社会和经济生活中充当着越来越重要的角色，所以国内外近年来出台了许多法律法规以加强对IT的监管。这些方面并没有涵盖所有的IT风险，反映的问题也只是冰山一角，不同的行业在不同的时期，其IT风险有着不同的表现形式。在应对这些IT风险时，也曾有过各种风险控制方法和模型，但一般都是针对技术风险提出来的，仅偏重于某一技术领域，而且大多是采用事后反应式的控制措施。在信息化的整合见效期，这种单一的"救火模式"将使用户疲于应付各种层出不穷的风险。特别对于像制度、流程、人员行为等方面有可能涉及组织核心价值的风险，传统的控制方法存在明显不足。

科学合理的IT风险管理体系应当具有前瞻性、全局性的控制机制，能融合防范与应对信息安全、IT治理、IT管理、IT服务、IT应用、IT项目、IT基础设施、业务连续性、IT外包等方面的风险，并能有效地指导组织控制IT风险，使IT战略与企业战略相融合，促进IT为组织持续地创造价值，以实现有效益的信息化。

2.4　IT治理与IT管理的关系

可以通过图2-5来了解IT治理和IT管理的关系。

IT治理是指最高管理层（董事会）利用它来监督管理层在实现IT战略目标的过程中，处于治理层既定的规则内（风险可控、绩效可见）。这就像是一个硬币的两面，谁也不能脱离谁而独立存在。

IT治理规定了整个组织IT规划与组织、获得与实施、交付与支持、监控与评价的基本框架，IT管理则是在这个既定的框架下驾驭组织奔向目标。

IT管理就是在既定的IT治理模式下，管理层为实现组织战略目标而采取的行动。

IT管理是在IT治理既定的"约束和激励"的规则下，对组织IT资源进行整合与配置，确定IT目标以及实现此目标所采取的行动。

缺乏良好IT治理模式的组织，即使有"很好"的IT管理体系（而这实际上是不可能的），也会像是一座地基不牢固的大厦。

同样，没有畅通的组织IT管理体系，单纯的治理模式也只能是一个美好的蓝图，而缺乏实际的内容。

IT治理是IT管理的基石，某种意义上可以认为IT治理比IT管理更重要。

如果没有好的IT治理（约束和激励）机制，那么组织管理得好是偶然的，管理不好是必然的。

第 2 章 IT 治理与 IT 管理

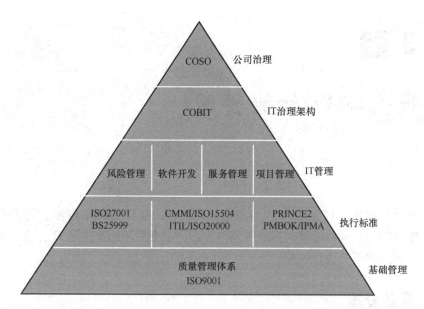

图 2-5 IT 治理和 IT 管理的关系

第 3 章

IT 服务与 IT 运维管理

在第 2 章中，阐述了 IT 治理与 IT 管理的具体内容，在 IT 管理中包含了风险管理、软件开发管理、服务管理、项目管理、运维管理等方面，本书关注的重点是 IT 服务管理和 IT 运维管理，下面就这两部分进行展开。

3.1 IT 服务管理

3.1.1 什么是 IT 服务

1. 什么是服务

服务是为客户提供价值的一种手段，使得客户不用承担特定的成本和风险就可获得所期望的结果。

从客户角度看，服务价值体现在两个方面：

1）功用（Utility）：是一个产品或服务提供的功能，相当于功能性需求的满足，即客户得到了什么。

2）功效（Warranty）：是产品或者服务满足约定需求的承诺或者保证，包括服务的可用性、连续性和安全性等方面的保证，相当于非功能性需求的满足，即如何满足客户对服务质量的要求。

功用和功效共同决定了服务的价值。

2. 什么是 IT 服务

IT 服务是指在信息技术领域服务商为其用户提供信息咨询、软件升级、硬件维修等全方位的服务。IT 服务包括：支持服务，如软、硬件产品保修期外的维修、维护服务；专业服务，如集成服务和开发服务、IT 咨询、IT 外包和 IT 培训等。IT 服务产品包括：硬件集成、软件集成（统称系统集成）、通用解决方案、行业解决方案和 IT 综合服务；IT 服务过程是指 IT 需求得以满足的全过程，从 IT 服务商为用户提供 IT 咨询开始，到定义 IT 需求，再到挑选合适的 IT 服务商和服务产品，实施 IT 项目，检测验收与评估 IT 服务效果，以及后期维护与升级。

下面以开发一个电子邮件系统为例简单说明什么是 IT 服务，对于电子邮件，客户的兴趣点非常简单：当他们发送邮件时，他们希望邮件能及时传递给接收者；当邮件被删除时，他们期望有恢复功能可以找回这个邮件。可能他们也有别的需求，但总体而言，需求和期望是清晰和简单的。

当明确了客户的需求后，接下来就是 IT 部门的事了，IT 部门需要根据 IT 服务管理的原则，来确定电子邮件的立项、交付和经营。其中涉及采用什么技术，使用哪家供应商，预估有多少终端用户，考虑如何应对垃圾邮件，如何及何时执行备份等各种各样的问题。

当企业一一解决了这些问题后，客户就得到了他们想要的结果，即一项既不需要复杂技术操作，也没有使用风险，更不会泄密的快速邮件服务。

可见，正是因为有了 IT 服务管理，有了对过程的控制，才保证服务最终呈现出来的是客户要求和期望的样子，而这就是 IT 服务管理的价值和意义所在。

3. 服务提供商

服务提供商就是为客户提供服务的组织或个人，服务提供商可以是内部的，也可以是组织外部的。

从服务提供商的角度来讲，服务价值的创造是通过服务管理把企业的能力和资源转变成为企业的战略资产。

1）能力：是指服务提供商的能力，包括组织能力、管理能力、人员、流程和知识等，能力是随着时间不断增长的。IT 服务提供商需要发展适合自己的特有能力，并开发出竞争对手难以复制或模仿的价值产品，从而留住目标客户。

2）资源：是指直接输入的产品服务，包括财务资本、基础设施、应用、信息、人员或其他能够帮助 IT 服务的任何事情。资源被认为是组织或 IT 服务提供商（Internet Telephony Service Provider，ITSP）的现有资产，并通过一系列的资产组合和应用来为客户创造价值的资产。

3.1.2 什么是 IT 服务管理

许多企业在实施信息化战略时，一味地追求"技术高消费"，而忽视了对信息技术的管理和内部业务流程的变革。有些企业虽然实施了一些系统管理和信息管理，但其侧重点仍然只是事后的技术支持和故障解决方面。随着组织业务对信息技术的依赖程度的加重，以及"即时响应""随需而变""柔性化""高可用性"和"客户导向"等要求的提出，组织在 IT 建设方面的成本越来越高，而其产生的效益却越来越难以满足现实的需求。

因此，人们逐渐认识到，IT 建设方面的巨额投入并不等于企业就实现了信息化，缺乏有效的管理是目前企业信息化建设的"瓶颈"。而实现有效的 IT 管理，需要企业 IT 管理人员自身定位发生转变，即从传统的"救火"职能型向"量体裁衣"职能型转变。具体来说，就是要求 IT 管理要在考虑企业实际 IT 需求的基础上通过业务流程重组和内部管理变革实现 IT 和业务最大程度的整合，从而使 IT 成为真正能够支持组织业务运作的第一驱动力。这就是近年来受到越来越多关注的 IT 服务管理（Information Technology Service Management，

ITSM）所要达到的目标。ITSM 是一套帮助企业对 IT 系统的规划、研发、实施和运营进行有效管理的方法论。

ITSM 的核心思想是 IT 组织，不管它是企业内部的还是外部的，都是 IT 服务提供者，其主要工作就是提供低成本、高质量的 IT 服务。而 IT 服务的质量和成本则需从 IT 服务的客户（购买 IT 服务的）和用户（使用 IT 服务的）方加以判断。ITSM 也是一种 IT 管理，不过与传统的 IT 管理不同，它是一种以服务为中心的 IT 管理。

IT 服务管理具体来说就是一套协同流程，它通过服务级别协议（Service Level Agreement，SLA）来保证 IT 服务的质量。它融合了系统管理、网络管理、系统开发管理等管理活动和变更管理、资产管理、问题管理等许多流程的理论和实践。IT 服务管理也是一种以流程为导向，以客户为中心的方法，它通过整合 IT 服务与组织业务，提高组织 IT 服务提供和服务支持的能力和水准。

IT 服务管理由 IT 服务提供商通过人员、流程和信息技术的适当组合进行。

3.1.3　IT 服务管理发展历程

IT 服务管理的产生和发展经历了一个相当长的过程。IT 服务刚产生的时候，就有人提出"IT 服务管理"这个概念。但当时一方面，人们更多关注的是如何发展 IT 服务，至于服务管理则只有当 IT 服务发展到一定程度时才有明确的需求，因而 IT 服务管理这个概念在当时并不受重视；另一方面，当时即使想进行 IT 服务管理，人们也还没有一套经过实践证明行之有效的方法来指导。

IT 的发展经历了 20 世纪 50 年代的单机管理阶段、20 世纪 60 年代的网络管理阶段以及 20 世纪 70 年代的分级式客户机/服务器管理阶段后，20 世纪 80 年代中期过渡到 IT 服务管理阶段。20 世纪 80 年代中期，英国政府发现 IT 服务质量普遍不理想，甚至提供给其的 IT 服务质量也很差，于是就责成其下属机构——计算机和电信局（Central Computer and Telecommunication Agency，CCTA）［后来并入英国政府商务部（Office of Government Commerce，OGC）］，启动一个项目对此进行调查，并开发一套有效的可进行财务计量的 IT 资源使用方法以供本国政府和企业使用。这个项目的最终成果是一套公开出版的 IT 管理指南，即 ITIL。ITIL 的目的是提供一套独立于厂商并且可适用于不同规模、不同技术和业务需求的有效的 IT 服务管理方法。经过 20 年的发展，以流程为主线，ITSM 进行了全面的扩充，最终形成了 IT 服务管理知识框架体系。

ITSM 只是一套方法论，其最终的实施还是要依靠相应的工具和经验。由于国内的信息化仍处于起步阶段，因此以前更多的是关注技术，例如很多客户采用网络管理、系统管理等管理工具，但技术只保证了服务的质量和效率，标准流程则负责监控 IT 服务的运行状况，而人员素质关系到服务质量的高低。ITSM 最强调的就是流程、人员和技术三大要素的有机结合，ITSM 在实施过程中不仅部署相应的管理工具，同时将根据企业的具体情况制定人员的岗位职责、设计日常工作流程，以及突发事件和问题管理流程等。

3.1.4 IT 服务管理架构及原理

ITSM 的基本原理可简单地用"二次转换"来概括,第一次是"梳理",第二次是"打包",如图 3-1 所示。

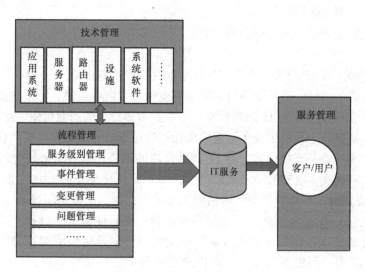

图 3-1　IT 服务基本原理图

图 3-1 中左边为 IT 服务提供方,右边为 IT 服务接收方,中间 IT 服务为分界线。

首先,将各种技术管理工作(这是传统 IT 管理的重点),如服务器管理、网络管理和系统软件管理等进行"梳理",形成典型的流程,比如 ITIL 中的 10 个流程,这是第一次转换。流程主要是 IT 服务提供方内部使用的,客户对它们并不感兴趣且仅有这些流程并不能保证服务质量或让客户满意。还需将这些流程按需"打包"成特定的 IT 服务,然后提供给客户,这是第二次转换。第一次转换将技术管理转换为流程管理,第二次转换将流程管理转换为服务管理。

之所以要进行这样的转换,有多方面的原因。从客户的角度说,IT 只是其运营业务流程的一种手段,不是目的,需要的是 IT 所实现的功能,客户没有必要,也不可能对 IT 有太多的了解,他们和 IT 部门之间的交流,应该使用"商业语言",而不是"技术语言",IT 技术对客户应该是透明的。为此,需要提供 IT 服务。为了灵活、及时和有效地提供这些 IT 服务,并保证服务质量,准确计算有关成本,服务提供商就必须事先对服务进行一定程度上的分类和"固化"。流程管理是满足这些要求的一种比较理想的方式。

3.1.5 特点和价值

1. 特点

(1) 共性　ITSM 是一种基于 ITIL 标准的信息化建设的国际管理规范。ITIL 体系提供了"通用的语言",为从事 ITSM 的相关人员提供了共同的模式、方法和同样的术语,使用户和服务提供者通过有共性的工具深入讨论用户的需求，很容易达成共识。

（2）中立　ITSM 为 IT 管理提供了实施框架，这样可以让用户不会受制于任何单独的服务提供商。ITSM 不针对任何特殊的平台或技术，也不会因下一代操作系统的发布而改变。

（3）实用　ITSM 是一种以流程为导向、以客户为中心的方法，它在兼顾理论和学术的同时，非常注重实用和灵活。

正是因为这些显著的特点，使 ITSM 得到了广泛应用。

2. 价值

作为 IT 管理的"ERP 解决方案"，IT 服务管理给实施它的企业、企业员工及其他利益相关者提供多方面的价值。这些价值可归纳为商业价值、财务价值、员工利益、创新价值。

（1）商业价值　通过实施 IT 服务管理，可以获取多方面的商业价值，比如确保 IT 流程支撑业务流程，从整体上提高了业务运营的质量；通过事故管理流程、变更管理流程和服务台等提供了更可靠的业务支持；客户对 IT 有更合理的期望，并更加清楚为达到这些期望他们所需要的付出；提高了客户和业务人员的生产率；提供更加及时有效的业务持续性服务；客户和 IT 服务提供者之间建立了更加融洽的工作关系；提高了客户满意度。

（2）财务价值　IT 服务管理不但提供商业价值，而且使企业在财务上直接受益，比如降低了实施变更的成本；当软件或硬件不再使用时，可以及时取消对其的维护合同；拥有"量体裁衣"的能力，即根据实际需要提供适当的能力，如磁盘容量；恰当的服务持续性费用。

（3）员工利益　IT 服务管理也使服务人员多方面受益，比如 IT 人员更加清楚地了解对他们的期望，并有合适的流程和相应的培训以确保他们能够实现这些期望；提高了 IT 人员的生产率；提高了 IT 人员的士气和工作满意度；使 IT 部门的价值得到更好的体现，从而提高了员工的工作积极性。

（4）创新价值　IT 服务管理提供的创新价值包括：IT 服务提供方更为清楚地理解客户的需求，确保 IT 服务有效支撑业务流程；更多地了解当前提供的 IT 服务的有关信息；改进 IT 支持，使业务部门能够更加灵活地使用 IT；提高了服务的灵活性和可适应性；提高了预知未来发展趋势的能力，从而能够更加迅速地采用新的服务需求并进行相应的市场开发。

3.2　IT 运维服务与管理

随着信息化建设的不断深入，企业业务对 IT 的依赖性不断增强，如电信、银行、保险和证券行业等。一方面，企业不断投资购建各种硬件、系统软件和网络，另一方面不断开发实施 ERP、SCM、CRM、决策支持和知识管理等各种各样的应用系统。在这种情况下，企业不仅要求 IT 服务持续不断地支持业务运营，而且要求 IT 服务能够创造更多的机会，使得业务部门能够更好地达到业务目标。但是，经过长期的投资和建设，许多企业发现 IT 并没有达到他们所期望的效果。这就是人们所说的"IT 黑洞""信息悖论"和盲目投资等现象。

专家的研究和大量企业实践表明，在 IT 项目的生命周期中，大约 80% 的时间与 IT 项目运营维护有关,而该阶段的投资仅占整个 IT 投资的 20%,形成了典型的"技术高消费""轻服务、重技术"现象。Gartner Group 的调查发现,在经常出现的问题中,源自技术或产品(包括硬件、软件、网络、电力失常及天灾等)方面的其实只占 20%,而流程失误方面的占 40%,人员疏失方面的占 40%。流程失误包括变更管理没有做好、超载、没有测试等程序上的错误或不完整;人员疏失包括忘了做某些事情、训练不足、备份错误或安全疏忽等。

所以说,随着 IT 建设的不断深入和完善,计算机软硬件系统的运行维护已经成为各行各业、各单位领导和信息服务部门普遍关注的问题。

3.2.1 什么是 IT 运维

IT 运维是指以组织的内、外部用户需求为导向,通过一系列流程、技术、方法,确保为用户提供的 IT 服务或产品符合一定要求。而在当前阶段,IT 运维的具体工作内容是通过运用互联网、云计算、大数据、人工智能等新型信息通信技术,通过监控、作业调度、备份与恢复等手段,结合管理流程手段,维护生产环境以及与生产环境相关的基础设施,包括硬件设备、基础软件、网络等,以保障生产环境稳定、高效、安全、低成本运行。

对企业而言,IT 运维的价值体现在对业务稳定、运行安全和提效降本三个方面的保障与控制。保障业务稳定、确保信息系统和服务的 7×24 小时可用性及稳定性是 IT 运维的基本目标。通常,IT 运维通过监控、日志分析、告警、故障处理、服务降级、整体架构调优等技术或方法,保障企业信息系统的稳定运行,从而保障企业工作的顺利运行,这也是 IT 运维最初的意义所在。

提效降本,通过提升效率降低企业信息系统的运行成本是 IT 运维的工作方向。一方面,IT 运维通过对信息系统中各类资源的分配与管理,实现了对技术投入产出比和资源利用率的提升,有效减少了企业在成本上的压力。另一方面,IT 运维将资源交付与回收、配置管理、持续集成与发布、应用部署等日常运维工作进行集中处理,与 IT 开发明确分工,并不断探寻此类工作的自动化解决方案。同时,建立知识库,将需要重复解决的相同问题纳入知识库,实现知识共享。因此,IT 运维可以及时、高效地响应信息系统产生的各种事件,减少重复性工作及人为失误,使 IT 运维能够着手解决新的、更有价值的问题,提升效率、降低成本。

随着企业信息化的深入,使信息系统规模逐渐扩大,业务量增长,IT 运维先后经过以下发展阶段:

1)手工运维阶段:依赖个人知识、技术、经验解决信息系统问题。IT 运维通过手工操作来完成。在此阶段,运维工作主要为机房及服务器选型、软硬件初始化、服务上下线、配置监控和处理告警等。运维和开发职责划分不清晰,通过命令行和脚本的方式解决遇到的各类系统问题。

2)流程化、标准化运维阶段:看重流程说明、标准规范等文档的建立与管理。在此阶段,手工运维难以满足系统要求,IT 运维管理标准已成体系,步入标准化阶段。一方面,企业借助对 ISO 20000、ITIL 等标准及运维最佳实践的运用，结合自身实际情况，实现局部系统能力提升与部分业务场景可控。另一方面，业务的部署和运维管理逐渐转向工具化，对分散的运维工具逐步进行标准化管理。标准化运维阶段提高了管理效率，降低了人工操作的不确定性风险。

3）平台化、自动化运维阶段：聚焦企业运维平台建设，具备自动化运维能力。为保障系统安全稳定运行，解决架构异构、运维方式差异化的问题，企业进行平台化建设，并在信息系统上层进行针对性的工具化建设，提供自动化支撑与管理。一方面，平台化、自动化运维将 IT 运维中大量的重复性工作由手工执行转为自动化操作，减少甚至消除运维的延迟，释放重复低价值工作的人力，降低人为失误及人力成本。另一方面，将事件与流程关联，当监控系统发现性能超标或宕机情况时，通过触发事件和流程自动启动故障响应和恢复机制。平台化、自动化运维使企业 IT 运维集约化，维护人员能够通过 UI 界面管理所有运维对象，简化运维管理。同时，运维数据的可视化呈现和关联分析为运维人员提供了决策依据。

4）DevOps（研发运营一体化）阶段：助力企业实现软件生命周期的全链路打通，持续运营与优化。企业对云计算、大数据、微服务、容器化等新技术的应用逐渐深入，相关业务架构复杂度提升，产品迭代快速、频繁，IT 运维进入 DevOps 阶段。在此阶段，通过对持续集成、自动化测试、持续交付、持续部署等多种相关技术的运用，版本发布周期大幅缩短，效能获得提升。与此同时，IT 运维通过监控管理、事件管理、变更管理、配置管理、容量和成本管理、高可用管理、业务连续性管理以及体验管理等技术运营手段，实现了信息系统的质量提升与业务优化。DevOps 将软件全生命周期的工具全链路打通，结合自动化、跨团队的线上协作能力，实现了快速响应、高质量交付以及持续反馈。

5）AIOps（智能运维）阶段：尝试将 AI 技术及海量数据应用于运维场景。随着业务的快速变化、海量数据积累以及 AI 技术在 IT 运维中的应用，IT 运维将会进入 AIOps 阶段。AIOps 实际应用及落地时间还很短，目前主要处于在运维数据集中化的基础上，通过机器学习算法实现数据分析和挖掘的工作。主要应用场景包括：异常告警、告警收敛、故障分析、趋势预测和故障画像等。IT 运维正在探索 AIOps 更多的应用场景，并将建设多场景串联的流程化免干预运维能力。未来 AI 中枢将为企业运营和运维工作在成本、质量、效率等方面的调整提供重要支撑。

3.2.2　IT 运维服务

IT 运维服务是指 IT 运维服务提供商或 IT 运维部门综合利用各种 IT 运维支撑工具提供的确保 IT 基础设施和应用系统正常、安全、高效、经济运行的服务。IT 运维服务是 IT 服务的子集，是 IT 服务在运维领域的具体体现，将在 3.2.4 节详细介绍。

3.2.3　IT 运维服务管理

1. 定义

IT 运维管理的概念源于信息系统的生命周期，通常信息系统要经历规划、设计、开发、实施（部署）、测试（验收）、运行、废止等阶段，每个阶段都有相应的工作内容，运维管理就是运行阶段的主要工作。

IT 运维服务管理是指 IT 部门采用相关的方法、手段、技术、制度、流程和文档等，对 IT 软硬件运行环境、IT 业务系统和 IT 运维人员进行的综合管理。

在 IT 运维服务的定义中，明确了 IT 运维服务是 IT 服务的子集，那么 IT 运维服务管理简单来说，就是 IT 服务管理在 IT 运维领域的具体体现。

2. 管理框架

IT 运维服务管理框架包括 IT 运维服务全生命周期管理方法、管理标准/规范、管理模式、管理支撑工具、管理对象以及基于流程的管理方法。

IT 运维服务管理框架以 ITIL/ISO 20000 为基础，以适应各种管理模式为目标，以管理支撑工具为手段，以流程化、规范化、标准化管理为方法，以全生命周期的 PDCA 循环为提升途径，体现了对 IT 运维服务全过程的体系化管理。

IT 运维服务管理框架如图 3-2 所示。

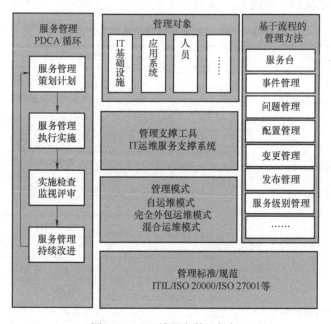

图 3-2　IT 运维服务管理框架

3.2.4　IT 运维服务管理体系

IT 运维服务管理体系规定了 IT 运维活动涉及的各类实体，以及这些实体间的相互关系。相关的实体按照 IT 运维服务管理体系进行有机组织，并协调工作，按照服务协议要求提供不同级别的 IT 运维服务。

组成 IT 运维服务管理体系的实体包括运维服务管理对象、运维活动角色及运维管理组织结构、运维服务管理流程、运维服务支撑系统和运维服务五个要素，如图3-3所示。

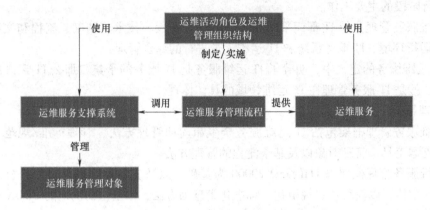

图3-3 IT运维服务管理体系

其中体系中各系统包含的内容见表3-1。

表3-1 IT运维服务管理体系的具体内容

IT运维服务管理体系	具 体 内 容
运维活动角色及运维管理组织结构	IT运维服务供应商
	IT运维管理部门
	IT运维部门
运维服务支撑系统	外包管理
	综合管理
	流程管理
	安全管理
	监控管理
	资产管理
运维服务管理对象	IT运维部门和人员
	IT供应商
	IT用户
	IT应用系统
	IT基础设施
运维服务管理流程	服务台
	时间管理
	问题管理
	配置管理
	变更管理

(续)

IT运维服务管理体系	具体内容
运维服务管理流程	发布管理
	服务级别管理
	财务管理
	能力管理
	可用性管理
	服务持续性管理
	知识管理
	供应商管理
运维服务	IT应用系统运维服务
	安全管理服务
	网络接入服务
	内容信息服务
	综合管理服务

1. IT运维服务管理对象

IT运维服务管理对象主要包括IT基础设施、IT应用系统、IT用户和IT供应商。广义概念下，有时也将单位内部从事IT运维活动的部门和人员作为运维服务管理对象。一般具体内容如下：

1）IT基础设施包括网络、主机系统、存储/备份系统、终端系统、安全系统以及机房动力环境等。

2）IT应用系统包括内部办公系统、网站、面向企业和组织的各类应用系统、面向公众的应用系统等。

3）IT用户包括使用如上IT应用系统的用户。

4）IT供应商包括IT基础设施和应用系统的供应商以及IT运维服务的供应商。

5）IT运维部门和人员包括内部参与IT运维活动的相关部门和人员，以及提供IT运维服务的企业和相关人员。

2. IT运维活动角色及运维管理组织结构

IT运维活动角色是指从事IT运维活动的所有单位、部门或者具体工作人员，一般包括IT运维服务提供者、IT运维服务使用者以及IT运维服务管理者三类角色。各类角色在IT运维活动中所构成的组织形式构成了IT运维管理组织结构。

（1）IT运维活动角色　IT运维服务管理主要涉及三类角色，即IT运维服务提供者、IT运维服务使用者以及IT运维服务管理者。

在自运维模式下，运维部门作为IT运维服务提供者负责为本单位提供IT运维服务，IT运维部门可借助或不借助IT运维服务支撑系统对IT基础设施、IT应用系统、IT用户和IT

供应商实施管理。该模式下，IT运维管理部门负责IT运维服务的设计、评估和改进。

在完全外包的运维模式下，IT运维服务供应商作为IT运维服务提供者，遵照其与购买服务的IT运维管理部门签订的服务级别协议提供IT运维服务。IT运维服务供应商可借助或不借助IT运维服务支撑系统对IT基础设施、IT应用系统、IT用户和IT供应商实施管理。IT运维服务供应商负责所承担的IT运维服务的设计、实施、评估和改进。该模式下，IT运维管理部门作为IT运维管理者负责对IT运维服务的选择、使用和评估。

在混合运维模式下，IT运维服务供应商的职责与完全外包运维模式下相同，IT部门则综合了IT运维部门和IT运维管理部门的职责。

在各种运维模式下，IT运维部门和IT用户都是IT运维服务的使用者。

（2）IT运维管理组织结构　为实现以流程为导向，客户满意和服务品质为核心的IT运维服务管理，并为适应不同运维模式下的管理需要，需采取合理、高效的IT运维管理组织结构。一般情况下，IT运维管理组织由运维领导工作组和运维执行工作组构成。

领导工作组的负责人应由单位信息化主管领导担任，成员由业务部门和信息化部门具有决策权的领导或者代表构成，在采用外包模式的情况下，领导工作组还应包括IT运维服务供应商代表。执行工作组成员由单位信息化部门人员构成，在采用外包模式的情况下，执行工作组还应包含IT运维服务供应商参与运维的人员。

组织结构的构成要素与IT运维活动角色相对应。其中，运维领导工作组对应于IT运维服务管理者，运维执行工作组对应于IT运维服务提供者和使用者。

3. IT运维服务管理流程

IT运维服务管理流程是指联系IT运维服务提供者、IT运维服务使用者以及IT运维服务管理者之间开展规范化协同工作的机制和方法。完整的IT运维服务管理流程应该覆盖IT运维服务的规划、设计、运行和持续改进等各个环节，主要规定支撑IT运维服务运行阶段的相关流程。IT运维服务管理流程的信息化可借助IT运维服务支撑系统得以实现，具体将在第6章详细介绍。

4. IT运维服务支撑系统

IT运维服务支撑系统是支撑IT运维管理组织中各运维角色按照规定的IT运维流程开展IT运维活动的信息化系统。一方面，IT运维服务支撑系统要支持IT运维服务提供者对IT运维服务管理对象进行管理，以实现IT运维服务的能力；另一方面，要支持IT运维服务提供者按照商定的服务级别协议方便地向IT运维服务使用者提供IT运维服务；同时，要支持IT运维服务管理者对整个IT运维服务的考核、监督和评估。

根据用户组织结构、规模以及管理体制的不同，IT运维服务支撑系统的具体实现和部署方式也有所不同。

IT运维服务支撑系统在实现和部署方面，应该满足以下几个方面的基本技术要求：

1）能够对包括网络系统、主机系统、存储/备份系统、应用系统、终端系统、安全系统、机房动力及环境等资源进行集中统一管理。

2）支持ISO 20000系列标准规定的服务思想和基于ITIL的流程管理原则。

3）系统结构清晰，能够采用层次化、模块化的设计理念，各功能模块功能独立、松耦合，而系统整体功能完备，便于用户根据需求自由组合。

4）系统应具有较强的开放性和扩展性，通过插件体系和数据交换接口，可平滑地扩展系统功能并与第三方产品进行集成。

5）能支持各类通用的硬件和操作系统平台。

6）可对管理信息进行综合展现，可以根据用户需求通过配置定制个性化业务窗口，可支持定制化二次开发。

7）满足系统使用过程中对容量和效率的要求。

5. IT 运维服务

IT 运维服务是 IT 运维服务提供者向 IT 运维服务使用者提供的服务产品，相关的 IT 运维服务质量应该可度量，服务提供方式应该符合规定的流程。一般 IT 运维服务包括 IT 基础设施运维服务、IT 应用系统运维服务、安全管理服务、网络接入服务、内容信息服务以及其他综合管理服务。IT 运维服务的自动化实施需要依靠 IT 运维服务支撑系统。

其中：

IT 基础设施运维服务对 IT 基础设施进行监视、日常维护和维修保障。服务涉及的基础设施包括机房环境动力系统、网络系统、存储/备份系统、服务器设备、基础软件、安全系统等。

IT 应用系统运维服务对应用系统进行设计、集成、维护及改进。应用系统运维服务涉及的应用系统包括 OA 及内部办公系统、政府网站、面向企业和组织的应用系统、面向公众的应用系统以及城市管理类应用系统等。应用系统运维服务包括的内容主要有应用系统运行环境的设计、搭建、发布、监控、改进等。

安全管理服务对 IT 环境涉及的网络、应用系统、终端、内容信息的安全进行管理，包括安全评估、安全保护、安全监控、安全响应及安全预警等服务。

网络接入服务提供网络规划和接入，包括互联网接入服务、专网接入服务等。

内容信息服务对内容信息进行采集、发布、巡检、统计、编辑、信息挖掘以及汇报，为内容信息的获取和进一步处理提供支持。

综合管理服务包括咨询与培训服务、技术支持服务、综合系统服务等。

第 4 章

IT 服务管理相关标准

IT 服务管理的国际标准主要包括：ISO/IEC 9000 质量管理标准、ISO/IEC 20000 IT 服务管理标准、ISO/IEC 27001 IT 服务信息安全管理标准。

IT 服务管理的国家推荐标准主要包括：GB/T 22080—2016 IT 服务信息安全管理标准、GB/T 33136 数据中心服务能力成熟度模型、IT 服务标准（ITSS）。

下面对各标准进行详细介绍。

4.1 质量保证体系 ISO 9001 介绍

4.1.1 标准简介

ISO 9001 认证是 ISO 9000 族标准所包括的一组质量管理体系核心标准之一。ISO 9000 族标准是国际标准化组织（ISO）在 1994 年提出的概念，是指由 ISO/TC 176（国际标准化组织质量管理和质量保证技术委员会）制定的国际标准。

ISO 9001 是质量管理的理论与实践发展的产物，质量管理是指为了实现质量目标而进行的所有管理性质的活动。质量管理的发展大致经历了质量检验、统计质量控制和全面质量管理阶段三个阶段，随着质量管理的理论与实践的发展，许多国家和企业为了保证产品质量，选择和控制供应商，纷纷制定了国家或公司标准，对公司内部和供应商的质量活动制定质量体系要求，产生了质量保证标准。随着国际贸易的迅速发展，为了适应产品和资本流动的国际化趋势，寻求消除国际贸易中技术壁垒的措施，ISO/TC 176 组织各国专家在总结各国质量管理经验的基础上，制定了 ISO 9000 族国际标准。

ISO 9001 用于证实组织具有提供满足顾客要求和适用法规要求的产品的能力，目的在于增进顾客满意度。

4.1.2 标准内容

1. 用途

一个机构可依据 ISO 9000 族标准建立、实施和改进其质量体系，并可作为机构间（第二方认证）或外部认证机构（第三方认证）的认证依据。该系列标准目前已被 90 多个国家等同或等效采用，是全世界最通用的国际标准，在全球产生了广泛深刻的影响。

2. 主要标准

（1）ISO 9000：2015《质量管理体系 基础和术语》 标准表现了 ISO 9000 族标准中质量管理体系的基础知识，并规定了质量管理体系的相关术语。

（2）ISO 9001：2015《质量管理体系 要求》 标准规定了质量管理体系要求，使组织需要证实其具有稳定的提供顾客要求和适用法律要求产品的能力。

（3）ISO 9004：2018《质量管理-组织的质量-实现持续成功的指南》 以八项质量管理原则为基础，帮助组织以有效和高效的方式识别并满足顾客和其他相关方的需求和渴望，实现保持和改进组织的整体业绩，从而使组织获得成功，不作为认证的依据。

（4）ISO 19011：2018《管理体系审核指南》 适用于所有运行质量和环境管理体系的组织，指导其内审和外审的管理工作。

3. 实施 ISO 9001 的好处

1）ISO 9000 为企业提供了一种具有科学性的质量管理和质量保证的方法和手段，可用来提高内部管理水平。

2）使企业内部各类人员的职责明确，避免推诿扯皮，减少领导的麻烦。

3）文件化的管理体系使全部质量工作有可知性、可见性和可查性，通过培训使员工更理解质量的重要性及其工作要求。

4）可以使产品质量得到根本的保证。

5）可以降低企业的各种管理成本和损失成本，提高效益。

6）为客户和潜在的客户提供信心。

7）提高企业的形象，增加了竞争的实力。

8）满足市场准入的要求。

4.1.3 标准认证

凡是通过认证的企业，在各项管理系统整合上已达到了国际标准，表明企业能持续稳定地向顾客提供预期和满意的合格产品。

1. 认证条件

要申请 ISO 9000 标准认证，需要具备以下的几个条件：

1）企业或者组织需持有工商行政管理部门颁发的《企业法人营业执照》《生产许可证》《组织机构代码证》《税务登记证》等有效资质文件。

2）申请方应按照 ISO 9000 标准的要求，在组织内部建立质量管理体系，并实施运行三个月以上。

3）至少完成一次内部审核，并进行有效的管理评审。

4）提供企业业务相关的必备资质，如系统集成资质、安防资质等，并且保证资质的有效性和合法性。

2. 选择认证机构

颁发 ISO 9000 质量管理体系证书的认证机构必须是经过 CNCA 国家认证监督委员会（认监委）授权的认证机构方可在国内进行审核发证，所有通过认证且合法的证书均可在 CNCA 的网站上进行查询。

3. 提交认证所需材料

1）相关法律证明文件，如企业法人营业执照、事业单位法人代码证书、社团法人登记证等，组织机构代码证复印件加盖公章；如认证包含分支机构，还应提交分支机构的营业执照和组织机构代码证复印件加盖公章。

2）认证所涉及的场所清单，包括地址、人员等信息。

3）至少提供以下文件信息：方针、目标、范围等，还必须提供组织简介、组织架构、人员情况和职能分工等。

4. 认证过程

认证分为三个阶段，具体内容为：

1）第一阶段审核，也叫文件审核，由审核机构派出审核员，现场审核体系文件是否符合 ISO 9000 标准要求，检查是否存在未覆盖标准要求的情况。

2）第二阶段审核，也叫现场审核，由审核员现场检查是否按照管理体系制度要求执行，检查是否有执行不到位的情况，在审核过程中可以通过交流洽谈、调阅资料、现场实施验证等方式开展审核。

3）颁发证书，在确认现场审核发现的问题都已整改完毕后，审核机构会向认证申请方颁发 ISO 9000 证书，证书制作周期一般会在 3~6 周。

4.2 IT 服务管理标准（ISO/IEC 20000）

4.2.1 标准简介

ISO/IEC 20000 标准是基于 ITIL 最佳实践与 BS 15000 英标体系进行构建的，由 ISO/IEC 制定起草，并于 2005 年 12 月由 ISO 发布的第一部具有国际权威性的 IT 服务管理体系标准。此套体系规范秉承"以客户为中心，以流程为导向"的服务理念，旨在帮助企业组织能够有效地识别与管理 IT 服务管理的关键过程，保证在满足客户与业务需求的同时，依照公认的"P-D-C-A"方法论应用，充分发挥 IT 服务持续改进的能力，最终达到企业组织用最小成本获得最大收益价值的目的。

ISO/IEC 20000 标准共分为两部分：ISO/IEC 20000-1：2011《信息技术 服务管理 第 1 部分：服务管理体系要求》(Information technology-Service management Part-1：Service management system requirements) 和 ISO/IEC 20000-2：2012《信息技术 服务管理 第 2 部分：服务管理系统应用指南》(Information technology-Service management Part-2：Guidance on the application of service management systems)。

1. ISO/IEC 20000-1 标准简介

ISO/IEC 20000-1 标准源自于 BS 15000 标准，BS 15000 是英国标准协会（British Standards Institute）针对 IT 服务管理制定的一个标准，最早始于 1995 年。

2005 年 ISO/IEC 在 BS 15000 标准的基础上发布了 ISO/IEC 20000-1 的第一个版本，即 ISO/IEC 20000-1：2005，在 2011 年再次发布了 ISO/IEC 20000-1：2011，是目前 ISO/IEC 20000-1 标准的最新版本。

2. ISO/IEC 20000-2 标准简介

ISO/IEC 20000-2 提供了基于 ISO/IEC 20000-1 标准的服务管理体系应用指南。ISO/IEC 20000-2 标准的内容相对于 ISO/IEC 20000-1 的规定并没有增加任何要求，也没有明确说明如何提供评估或审计的证据。ISO/IEC 20000-2 标准的目的是使组织或个人能够更准确地解释 ISO 20000-1 标准，从而更有效地使用它。

2005 年 ISO/IEC 在 BS 1500-2 标准的基础上发布了 ISO/IEC 20000-2 的第一个版本，即 ISO/IEC 20000-2—2005，在 2012 年再次发布了 ISO/IEC 20000-2：2012，是目前 ISO/IEC 20000-2 标准的最新版本。

4.2.2 标准内容

由于 ISO/IEC 20000-2 标准的内容相对于 ISO/IEC 20000-1 的规定并没有增加任何要求，因此下面主要以 ISO/IEC 20000-1 标准来介绍 ISO/IEC 20000 标准。

ISO/IEC 20000-1 标准在服务的设计、转换、交付和改进方面提出了要求，以满足服务需求并向客户和服务提供方提供价值。

ISO/IEC 20000-1 的目的是提供建立、实施、运作、监控、评审、维护和改进 IT 服务管理体系（ITSM）的模型。建立 ITSM 已成为各种组织，特别是金融机构、电信、高科技产业等管理运营风险不可缺少的重要机制。ISO/IEC 20000-1 让 IT 管理者有一个参考框架用来管理 IT 服务。

ISO/IEC 20000-1 标准着重于通过"IT 服务标准化"来管理 IT 问题，即将 IT 问题归类，识别问题的内在联系，然后依据服务级别协议进行计划、推行和监控，并强调与客户的沟通。该标准同时关注体系的能力，以及体系变更时所要求的管理水平、财务预算、软件控制和分配。

ISO/IEC 20000-1 标准通过 13 个管理流程对 IT 服务管理过程进行了定义并提出了相应的管理要求，这 13 个过程包括的内容见表 4-1。

表 4-1 IT 服务管理过程定义

所属大类	过程名称
服务交付过程	容量管理、服务级别管理、信息安全管理、服务连续性和可用性管理、服务报告、服务预算和核算
控制过程	配置管理、变更管理、发布和部署管理
解决过程	事件和服务请求管理、问题管理
关系过程	业务关系管理、供应商管理

4.2.3 标准认证

1. 认证条件

要申请 ISO 20000 标准认证，需要具备以下的几个条件：

1）企业或者组织需持有工商行政管理部门颁发的《企业法人营业执照》《生产许可证》《组织机构代码证》《税务登记证》等有效资质文件。

2）申请方应按照 ISO 20000 标准的要求，在组织内部建立质量管理体系，并实施运行三个月以上。

3）至少完成一次内部审核，并进行了有效的管理评审。

2. 选择认证机构

颁发 ISO 20000 IT 服务管理体系证书的认证机构必须是经过 CNCA 国家认证监督委员会（认监委）授权的认证机构方可在国内进行审核发证，所有通过认证且合法的证书均可在 CNCA 的网站上进行查询。

3. 提交认证所需材料

提交相关法律证明文件、认证所涉及的场所清单、认证申请方所提供的服务内容、服务对象、服务范围等信息等。

4. 认证过程

认证过程与其他标准相同。

4.3 IT 服务能力成熟度模型（GB 33136）

4.3.1 标准简介

随着 IT 服务管理、信息安全管理等管理理念及方法在数据中心行业的应用及深化，数据中心在服务能力方面得到了较为明显的提升，但同时也呈现出不同的管理方法各自为政、数据中心整体管理效果缺乏量化衡量标准等问题和现象。故数据中心管理领域需要有适合数据中心的完整管理框架、量化评价和数字化管理数据中心的理论指导。

在这种背景下，我国以甲方数据中心单位为主体研发了一套数据中心服务能力成熟度模型，并于 2016 年 10 月获批成为我国国家标准 GB/T 33136—2016《信息技术服务 数据中心服务能力成熟度模型》。该模型以数据中心作为研究对象，以服务能力作为切入点，采取成熟度的研究方法，借鉴业内主流管理方法论，在业界第一次提出"数据中心服务能力成熟度"的概念，首创了中国自主知识产权的能力框架、管理要求和评价方法。标准建设成果已经获得多方认可，成为银行业普遍采信的标准；获得国际标准组织认可，在 ISO/IEC JTC 1/SC 40（IT 服务管理和 IT 治理分技术委员会）全会正式成立新工作组（WG4）——基础设施信息技术服务管理工作组，向国际标准迈出坚实的一步。

4.3.2 标准内容

1. 主要内容

本标准提出的数据中心服务能力成熟度是指一个数据中心对为其提供服务的能力实施管理的成熟度，即从数据中心相关方实现收益、控制风险和优化资源的基本诉求出发，确立数据中心的目标以及实现这些目标所应具备的服务能力，服务能力按特性划分为33个能力项，每个能力项基于证据进行评价得出其成熟度，单个能力项成熟度经加权计算后得到数据中心服务能力成熟度。

该模型的能力框架由战略发展、运营保障、组织治理三个能力域构成，如图4-1所示，每个能力域由若干能力子域构成，每个能力子域由若干能力项构成；能力要素由人员、技术、过程、资源、政策、领导、文化构成。通过能力要素分解为评价指标、加权平均形成能力项成熟度，进而得到数据中心服务能力成熟度，其等级如图4-2所示。

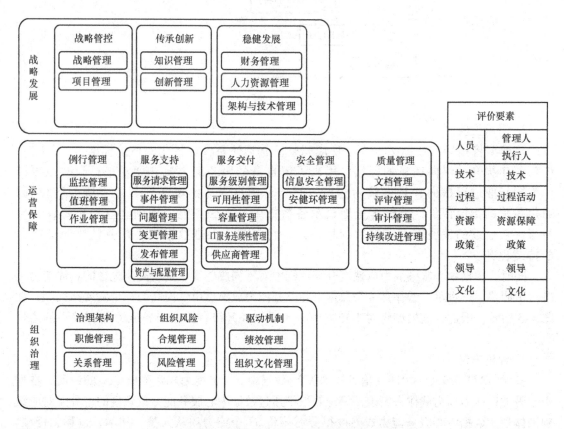

图4-1 数据中心能力成熟度模型

该模型以"管理企业的方式管理数据中心"作为基本原则，战略发展、运营保障、组织治理三个能力域互相依托，互相关联，全面覆盖数据中心服务能力管理的领域；以"能力框架"为基础，定义"管理要求"，细化33个能力项，以过程为抓手，关联人员、技术、资源、政策、领导和文化共6个能力要素，实现流程全生命周期管理，驱动能力项持续提升；以"评价方法"为手段，基于能力要素进行细化，以取证为基本方法，通过加权平均，量化定义能力成熟度；以"成熟度等级"为方向，通过起始级、发展级、稳健级、优秀级和卓越级的定义，采取PDCA、六西格玛等持续改进方法，推动和促进管理的持续改进与创新，提升数据中心服务能力成熟度；以"质量和风险可控"为目标，以"敏捷和稳健"为属性，强化数据中心服务能力管理的有效性，满足相关方诉求。

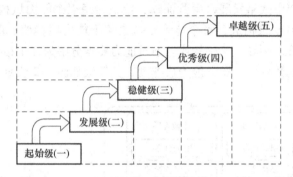

图 4-2　数据中心成熟度级别

2. 引用价值

该模型将指导和帮助数据中心形成完整的管理体系及可量化的评价标准，成为自身内部逐年提升的纵向衡量的标尺，用来了解自身的服务能力成熟度水平；同时也可以作为同行业进行横向比较衡量的标尺，便于了解自身成熟度在同行业中所处的位置。通过量化的指标评价，能够客观地显示各数据中心在服务能力中的亮点和不足，为领导层决策后续的发展着力点提供信息输入，将有利于促进数据中心行业整体服务能力的持续提升。

同时，数据中心服务能力成熟度分级规则中对不同成熟度级别所需要包含的具体能力项进行了明确，这也可以看作是一个数据中心服务能力成熟度由低向高的一个发展路线图，如图4-3所示。因此，该模型将对于数据中心实现服务升级、提升服务能力具有较强的指导意义。

3. 评价方法

按照GB/T 33136—2016《信息技术服务 数据中心服务能力成熟度模型》的说明，数据中心管理以能力项为载体来实现，管理效果则通过数据中心服务能力成熟度的得分及对应级别来体现，数据中心服务能力成熟度得分需要将33个能力项从人员、技术、过程、资源、政策、领导和文化这7个能力要素分解出8个评价要素，再进一步分解成13个评价指标以进行评价，具体见表4-2。

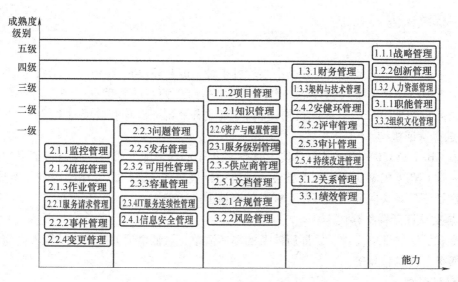

图 4-3 数据中心服务能力成熟度分级规则

表 4-2 评价要素表

能力要素	评价要素	评价指标
人员	管理人	管理人充分性
		管理人适宜性
	执行人	执行人充分性
		执行人适宜性
技术	技术	技术充分性
		技术适宜性
过程	过程	过程充分性
		过程有效性
资源	资源	资源充分性
政策	政策	政策充分性
		政策适宜性
领导	领导	领导充分性
文化	文化	文化充分性

能力项成熟度评价是一种直接的评价，它首先对每个评价指标逐一取证，然后按照预设的权重算出评价要素的得分，并最终得出能力项成熟度得分。能力子域成熟度、能力域成熟度和数据中心服务能力整体成熟度评价是一种间接评价，它是以能力项成熟度取值为基础，按照预设的权重算出能力子域和能力域成熟度取值，并最终得出数据中心服务能力整体成熟度取值的。

4.3.3 标准认证

1. 认证条件

境内企事业单位或者组织的数据中心均可申请 GB/T 33136—2016《信息技术服务 数据中心服务能力成熟度模型》的评估。申请单位需持有工商行政管理部门颁发的《企业法人营业执照》《生产许可证》《组织机构代码证》《税务登记证》等有效资质文件。

2. 选择认证机构

颁发 GB/T 33136—2016《信息技术服务 数据中心服务能力成熟度模型》证书的认证机构必须经过 CNCA 国家认证监督委员会（认监委）授权的认证，方可在国内进行审核发证，所有通过认证且合法的证书均可在 CNCA 的网站上进行查询。

3. 提交认证所需材料

提交相关法律证明文件、认证所涉及的场所清单、认证申请方所提供的服务内容、服务对象、服务范围等信息等。

4. 认证过程

数据中心服务能力成熟度评价分两个阶段，具体内容为：

1）自评估的阶段，受评价方按照评价机构的要求，以每个能力项为维度填写自评估表，并向评估机构反馈。自评估样例如下：

审核/评价记录表		
能力项名称	战略管理	
访谈人		
负责人		
目的		
原则和策略		
流程经理（姓名、AB 角、所属团队和职责）		
执行团队/执行人（姓名/名称和职责）		
领导参与情况	☐ 参与到活动中	证据
	☐ 了解活动执行过程	
	☐ 关注活动执行情况	
	☐ 了解执行情况	
	☐ 不了解执行情况	

（续）

资源支持情况	涉及的资源类型和满足情况： ☐ 人员　　☐ 满足　☐ 部分满足　☐ 不满足 ☐ 资金　　☐ 满足　☐ 部分满足　☐ 不满足 ☐ 工具/系统　☐ 满足　☐ 部分满足　☐ 不满足 ☐ 信息　　☐ 满足　☐ 部分满足　☐ 不满足		证据
规范化方式	☒ 文件规定，文件名称： ☐ 系统实现，系统名称：		充分性 ☐ 覆盖全部要求 ☐ 覆盖大部分要求 ☐ 覆盖少部分要求 ☐ 不覆盖任何要求
过程关键活动	活动要求		执行情况和证据记录
战略制定（数据中心管理层应根据业务发展需要或数据中心管理要求，组织制定战略规划）	1）应制定数据中心的中长期规划以及管理方针、策略，在数据中心内发布		
	2）战略规划内容宜包括对愿景、使命、方针、策略、定位、目标和计划的阐述		
	3）战略规划宜采用或借鉴专业方法或模型，例如SWOT模型、卡诺模型、平衡计分卡		
战略执行（数据中心管理层应组织制定年度工作计划，并跟踪战略执行状态）	1）应根据中长期规划和当年业务目标，依据重要程度对需求进行取舍，优先级排序并合理配置资源，制定年度工作计划		
	2）应制定并论证需求实现方案，综合分析形成需求论证结果		
	3）应结合内外部环境变化，持续跟踪战略执行状态，协调需求更新或资源调整		
	4）涉及服务产品调整的，应明确IT服务产品定义，并实施服务产品规划设计、服务上线、运营操作、服务下线等全生命周期的管理活动		
	5）需求分析宜包括可行性分析、成本分析、时间进度分析、风险分析、投入与收益分析		

(续)

战略评价（数据中心管理层应根据整体战略实现结果以及年度绩效，评价战略执行效果）	1）应按计划时间间隔，每年至少一次实施战略评价，并对战略规划进行回顾和更新	
	2）应根据战略执行的实际情况和内外部环境变化，对中长期规划进行调整	
	3）当内、外部环境发生重大变化时，应重新评价战略规划并更新	
适宜性评价	☐ 所有的要求都得到了认可和执行	
	☐ 80%以上要求得到认可和执行	
	☐ 50%以上要求得到认可和执行	
	☐ 20%以上要求得到认可和执行	
	☐ 要求未得到认可和执行	
度量项	度量结果	有效性评价
		☒ 目标得到实现 ☐ 部分实现 ☐ 无法实现 ☐ 未设置目标
平台工具和（或）应用的技术		
其他		
优点		
待改进点		
评审结论	☐ 通过 ☐ 补充证据：	
如果选补充证据，请说明需要补充的证据	☐ 直接采用 ☐ 重新取证 ☐ 补充取证	
评审人：		评审日期：

  2）现场评估阶段，评价组通过分析各评价指标、各能力项、各能力子域、各能力域和数据中心服务能力成熟度得分，发现管理上的问题与短板，提出改进建议，并对受评价方数据中心未来的成熟度建设提出建议，从而最终形成成熟度评价报告。

  3）能力成熟度评价结果举例。某单位数据中心经过对能力项进行持续改进及优化提升，在2016年接受第三方评估形成了该期的成熟度基线。最终评价结果样例如下：

整体得分	能力域	得分	权重	能力子域	得分	编号	能力项	得分
3.98	战略发展	3.49	20%	战略管控	3.50	1	战略管理	3.57
						2	项目管理	3.45
				传承创新	2.90	3	知识管理	2.53
						4	创新管理	3.15
				稳健发展	3.93	5	财务管理	3.73
						6	人力资源管理	4.34
						7	架构与技术管理	3.78
	运营保障	4.11	60%	例行管理	4.51	8	监控管理	4.46
						9	值班管理	4.76
						10	作业管理	4.31
				服务支持	4.20	11	服务请求管理	3.98
						12	事件管理	4.64
						13	问题管理	4.23
						14	变更管理	4.76
						15	发布管理	3.94
						16	资产与配置管理	3.21
				服务交付	4.11	17	服务级别管理	4.55
						18	可用性管理	4.47
						19	容量管理	3.66
						20	IT服务连续性管理	3.90
						21	供应商管理	3.98
				安全管理	3.58	22	信息安全管理	4.28
						23	安健环管理	2.52
				质量管理	3.93	24	文档管理	3.37
						25	评审管理	3.60
						26	审计管理	4.56
						27	持续改进管理	4.05
	组织治理	4.06	20%	治理架构	3.81	28	职能管理	3.56
						29	关系管理	4.19
				组织风险	4.15	30	风险管理	3.56
						31	合规管理	4.74
				驱动机制	4.19	32	绩效管理	3.50
						33	组织文化管理	4.88

4.4 IT 服务标准

4.4.1 ITSS 简介

信息技术服务标准（Information Technology Service Standards，ITSS）是在工业和信息化部、国家标准化委员会的领导和支持下，由 ITSS 工作组研制的一套 IT 服务领域的标准库和一套提供 IT 服务的方法论。全面规范 IT 服务产品及其组成要素，指导实施标准化和可信赖 IT 服务的一系列标准库，包括咨询设计、集成实施、运行维护、服务管控、服务运营和服务外包等业务领域，覆盖信息技术服务的规划设计、部署实施、服务运营、持续改进和监督管理等全生命周期。

TSS 充分借鉴了质量管理原理和过程改进方法的精髓，规定了 IT 服务的组成要素和生命周期，并对其进行标准化，如图 4-4 所示。

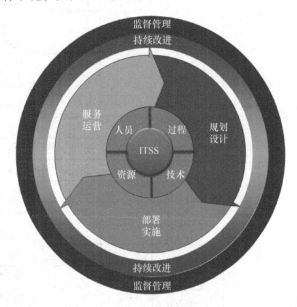

图 4-4 IT 服务的组成要素和生命周期

组成要素：IT 服务由人员（People）、过程（Process）、技术（Technology）和资源（Resource）组成，简称 PPTR。

IT 服务生命周期由规划设计（Planning & Design）、部署实施（Implementing）、服务运营（Operation）、持续改进（Improvement）和监督管理（Supervision）五个阶段组成，简称 PIOIS。

ITSS 标准体系是我国 IT 服务行业最佳实践的总结和提升，也是我国从事 IT 服务研发、供应、推广和应用等各类组织自主创新成果的固化。ITSS 既是一套成体系和综合配套的标准库,又是一套选择和提供 IT 服务的方法学。我国境内需要 IT 服务、提供 IT 服务或从事 IT 服务相关的理论研究和技术研发的单位或个人都需要使用 ITSS。

4.4.2 ITSS 标准内容

ITSS 3.1 体系的提出主要从产业发展、服务管控、业务形态、实现方式和行业应用等几个方面考虑,分为基础标准、服务管控标准、服务外包标准、业务标准、安全标准、行业应用标准六大类。

基础标准旨在阐述信息技术服务的业务分类和服务原理、服务质量评价方法、服务人员能力要求等;服务管控标准是指通过对信息技术服务的治理、管理和监理活动,确保信息技术服务的经济有效;业务标准按业务类型分为面向 IT 的服务标准(咨询设计标准、集成实施标准和运行维护标准)和 IT 驱动的服务标准(服务运营标准),按标准编写目的分为通用要求、服务规范和实施指南;服务外包标准是对信息技术服务采用外包方式时的通用要求及规范;服务安全标准重点规定事前预防、事中控制、事后审计服务安全以及整个过程的持续改进,并提出组织的服务安全治理规范,以确保服务安全可控;行业应用标准是对各行业进行定制化应用落地的实施指南。SS 标准体系如图 4-5 所示。

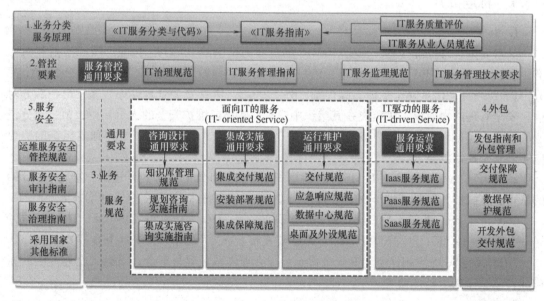

图 4-5 ITSS 标准体系

ITSS 结合了服务需方的实际需求,采用建立质量管理体系的 PDCA 方法论(计划-执行-检查-改进)实施过程管控,根据 ITSS 标准的各项要求,对人员、过程、技术和资源四个关键要素进行全面整合,并与 IT 服务全生命周期的规范化管理相结合,从需求分析、规划设计、部署实施和优化改进四个阶段循环实施。

ITSS 涵盖了 IT 服务组成要素及 IT 服务全生命周期所需的服务标准,其核心特点可概括

为"全面性"和"权威性",主要体现在:

1) 全面覆盖:ITSS 全面覆盖了 IT 服务的组成要素、IT 服务的全生命周期,同时也覆盖了咨询、设计与开发、信息系统集成、数据处理和运营等 IT 服务的不同业务类型。

2) 统筹规划:ITSS 是一套体系化的标准库,其研发过程是从体系的规划设计着手,并按照"急用先行、成熟先上"原则而制订的。

3) 科学权威:ITSS 是严格按照《中华人民共和国标准化法》《中华人民共和国标准化法实施条例》的要求,遵循公开、公平、公正的原则而研究制订的系列国家标准之一,用于指导信息技术服务行业的健康发展。

4) 全面兼容:ITSS 是在充分吸收质量管理原理和过程改进方法精髓的基础上,结合我国国情,由行业主管部门主导,以企业为主体,产学研用联合研发的,同时与 ITIL、CMMI、COBIT、eSCM、ISO/IEC 20000、ISO/IEC 27001 等国际最佳实践和国际标准兼容。

4.5 信息安全管理标准(ISO/IEC 27001)

4.5.1 标准简介

1. 由来

信息安全管理标准(ISO/IEC 27001)的前身为英国的 BS 7799 标准,该标准由英国标准协会(BSI)于 1995 年 5 月发布,1999 年 BSI 重新修改了该标准。BS 7799 分为两个部分:BS 7799-1,信息安全管理实施规则;BS 7799-2,信息安全管理体系规范。第一部分对信息安全管理给出建议,供负责在其组织中启动、实施或维护安全的人员使用;第二部分说明了建立、实施和文件化信息安全管理体系(ISMS)的要求,规定了根据独立组织的需要应实施安全控制的要求。

2000 年 12 月,BS 7799-1:1999《信息安全管理实施细则》通过了国际标准化组织 ISO 的认可,正式成为国际标准 ISO/IEC 17799:2000《信息技术-信息安全管理实施细则》。

2005 年,BS 7799-2:2002 终于被 ISO 组织所采纳,ISO/IEC 发布了 ISO/IEC 27001 标准的第一个版本,即 ISO/IEC 27001:2005。2013 年发布了第二个版本,即 ISO/IEC 27001:2013。

2013 版与 2005 版相比主要有三个优点:①管理体系更容易整合;②融入企业面临的新挑战;③更多指引延伸参考。

2. 价值

信息安全管理体系标准 ISO 27001 可有效保护信息资源,保护信息化进程健康、有序、可持续发展。ISO 27001 是信息安全领域的管理体系标准,类似于质量管理体系认证的 ISO 9000 标准。当一个组织通过了 ISO 27001 的认证,就相当于通过 ISO 9000 的质量认证一般,表示该组织的信息安全管理已建立了一套科学有效的管理体系作为保障。

组织按照 ISO 27001 标准建立信息安全管理体系,通过认证后可以向其客户、竞争对手、供应商、员工和投资方展示其在同行内的领导地位;定期的监督审核将确保组织的信息系统不断地被监督和改善,并以此作为增强信息安全性的依据,信任、信用及信心,使客户及利益相关方感受到组织对信息安全的承诺。

4.5.2 标准内容

ISO/IEC 17799:2000（BS 7799-1）对信息安全管理给出建议,供组织中负责启动、实施或维护安全的人员使用。该标准为开发组织的安全标准和有效的安全管理做法提供公共基础,并为组织之间的交往提供信任。

ISO/IEC 27001 标准为数据中心提供了一套进行信息安全管理的有效的管理框架。它从14 个管理领域对数据中心的信息安全管理提出了 113 项管理要求。这 14 个管理领域包括：安全策略、信息安全的组织、资产管理、人力资源安全、物理和环境安全、通信安全、操作安全、访问控制、密码学、信息系统获取开发和维护、供应关系、信息安全事件管理、信息安全方面的业务连续性管理、符合性。标准包括 11 个章节：

1）安全策略。指定信息安全方针,为信息安全提供管理指引和支持,并定期评审。

2）信息安全的组织。建立信息安全管理组织体系,在内部开展和控制信息安全的实施。

3）资产管理。核查所有信息资产,做好信息分类,确保信息资产受到适度的保护。

4）人力资源安全。确保所有员工、合同方和第三方了解信息安全威胁和相关事宜以及各自的责任和义务,以减少人为差错、盗窃、欺诈或误用设施的风险。

5）物理和环境安全。定义安全区域,防止对办公场所和信息的未授权访问、破坏和干扰；保护设备的安全,防止信息资产的丢失、损坏或被盗,以及对企业业务的干扰；同时,还要做好一般控制,防止信息和信息处理设施损坏或被盗。

6）通信和操作管理。制定操作规程和职责,确保信息处理设施正确和操作安全；建立系统规划和验收准则,将系统失效的风险降到最低；防范恶意代码和移动代码,保护软件和信息的完整性；做好信息备份和网络安全管理,确保信息在网络中的安全,确保其支持性基础设施得到保护；建立媒体处置和安全的规程,防止资产损坏和业务活动的中断；防止信息和软件在组织之间交换时丢失、修改或误用。

7）访问控制。制定访问控制策略,避免信息系统的非授权访问,并让用户了解其职责和义务,包括网络访问控制,操作系统访问控制,应用系统和信息访问控制,监视系统访问和使用,定期检测未授权的活动；当使用移动办公和远程控制时,也要确保信息安全。

8）系统采集、开发和维护。标示系统的安全要求,确保安全成为信息系统的内置部分,控制应用系统的安全,防止应用系统中用户数据的丢失、被修改或误用；通过加密手段保护信息的保密性、真实性和完整性；控制对系统文件的访问,确保系统文档和源程序代码的安全；严格控制开发和支持过程,维护应用系统软件和信息安全。

9）信息安全事件管理。报告信息安全事件和弱点,及时采取纠正措施,确保使用持续有效的方法管理信息安全事故,并确保及时修复。

10）业务连续性管理。目的是为减少业务活动的中断,是关键业务过程免受主要故障或天灾的影响,并确保及时恢复。

11）符合性。信息系统的设计、操作、使用过程和管理要符合法律法规的要求，符合组织安全方针和标准，还要控制系统审计，使信息审核过程的效力最大化，干扰最小化。

按照 BSI 的规划，以 ISO/IEC 27001 为核心的信息安全管理标准将逐渐发展成为一套完整的标准族，具体包括：

1）ISO/IEC 27000《基础和术语》；
2）ISO/IEC 27001《信息安全管理体系要求》；
3）ISO/IEC 27002《信息安全管理体系最佳实践》；
4）ISO/IEC 27003《ISMS 实施指南》；
5）ISO/IEC 27004《信息安全管理测量和改进》；
6）ISO/IEC 27005《信息安全风险管理指南》。

这些标准或指南，互相支持和参照，共同为组织实施信息安全最佳实践和建立信息安全管理体系发挥作用。

4.5.3 标准认证

1. 认证条件

要申请 ISO 27001 标准认证，需要具备以下的几个条件：

1）企业或者组织需持有工商行政管理部门颁发的《企业法人营业执照》《生产许可证》《组织机构代码证》《税务登记证》等有效资质文件。

2）申请方应按照 ISO 27001 标准的要求，在组织内部建立质量管理体系，并实施运行三个月以上。

3）至少完成一次内部审核，并进行有效的管理评审。

2. 选择认证机构

颁发 ISO 27001 质量管理体系证书的认证机构必须经过 CNCA 国家认证监督委员会（认监委）授权的认证，方可在国内进行审核发证，所有通过认证且合法的证书均可在 CNCA 的网站上进行查询。

3. 提交认证所需材料

按照要求提供相关法律证明文件、认证所涉及的场所清单、认证申请方所提供的服务内容、服务对象、服务范围等信息。

4. 认证过程

认证过程与其他标准相同。

4.6 信息安全管理标准（GB/T 22080）

4.6.1 标准简介

过去的几年中，IT 领域和通信行业发生了非常大的变革，出现了全面的业务和技术的融合。移动互联网蓬勃兴起、智能手机的广泛采用、云计算技术的风起云涌，带来了全新的网络威胁、数据泄漏和欺诈的风险。面对这样的变化和趋势，使得信息安全管理体系标准的更新也变得日益重要。

GB/T 22080—2016《信息技术 安全技术 信息安全管理体系 要求》标准是由中华人民共和国国家质量监督检验检疫总局、中国国家标准化管理委员会发布的。

2008 年我国发布了 GB/T 22080—2008 该版本等同采用了 ISO/IEC 27001《Information technology- Security techniques- Information security management systems- Requirements》的 2005 版。随后的 2016 年我国发布了 GB/T 22080 的第二个版本，即 GB/T 22080—2016，该版本等同采用了 ISO/IEC 27001 的 2013 版。

本标准规定了在组织环境下建立、实现、维护和持续改进信息安全管理体系（ISMS）的要求。本标准还包括了根据组织需求所剪裁的信息安全风险评估和处置的要求。

4.6.2　标准内容

GB/T 22080 标准的目的是为建立和运行信息安全管理体系提供规范性的要求；通过 ISMS 的运行（包括所采用一系列控制措施），控制和降低与信息资产相关的风险。

GB/T 22080 标准的核心是基于持续的风险评估建立和实施信息安全管理体系，并对体系的运行进行监督、评审和改进。为此标准采纳了 PDCA 模型作为实施、运行、监视和改进信息安全管理体系的过程方法。这就使得 GB/T 22080 与其他管理体系标准（如 GB/T 19000 质量管理体系和 GB/T 24001 环境管理体系等）保持协调，便于使信息安全管理体系的实施和运行与一个组织内的其他管理体系协调一致。

标准第 4~8 章具体描述了一个组织在构建和实施其信息安全管理体系中必须满足的要求，涵盖了管理体系的建立、实施、运行、监视、评审、保持和改进。附录 A 的内容则直接来源于 GB/T 22081 第 5~15 章的目标和控制措施，作为规范性的附录组织，应从中选择适用的控制目标和措施并成为信息安全管理体系的组织部分。

4.6.3　标准认证

GB/T 22080 提出的对实施、运行和改进信息安全管理体系的要求，也是第三方认证机构对一个组织信息安全管理体系进行认证的依据。通过认证可以证实一个组织通过业务风险分析建立并运行了信息安全管理体系，实施有适当的控制措施，安全风险处于受控管理之下，从而使利益相关方建立安全信任。

1. 认证条件

要申请 GB/T 22080 标准认证，需要具备以下的几个条件：

1）企业或者组织需持有工商行政管理部门颁发的《企业法人营业执照》《生产许可证》《组织机构代码证》《税务登记证》等有效资质文件。

2）申请方应按照 GB/T 22080 标准的要求，在组织内部建立质量管理体系，并实施运行三个月以上。

3）至少完成一次内部审核，并进行有效的管理评审。

2. 选择认证机构

颁发 GB/T 22080 信息安全管理体系证书的认证机构必须是经过 CNCA 国家认证监督委员会（认监委）授权的认证机构方可在国内进行审核发证，所有通过认证且合法的证书均可在 CNCA 的网站上进行查询。

3. 提交认证所需材料

提交相关法律证明文件、认证所涉及的场所清单、认证申请方所提供的、信息安全管理体系方针和目标、支持信息安全管理体系的规程和控制措施风险评估报告（含风险评估方法的描述）、残余风险报告、风险处置计划等。

4. 认证过程

认证过程与其他标准相同。

4.7 IT 服务管理相关标准对比分析

ISO 9001 是各种类型、不同规模组织为提升质量管理水平进而提升企业整体绩效的质量管理标准。ISO 9001 采用 PDCA 管理原则，以过程为基础，利用过程方法对组织中与产品/服务质量有关的过程进行识别、分析、策划、实施、监督及改进，确保组织整体绩效满足顾客要求和组织需求。

ISO/IEC 20000 则是对 IT 服务组织的规划设计、系统集成、运行维护全生命周期中各种过程进行管理，其管理目的仍然是保证组织的过程结果，即服务交付成果满足顾客要求。ISO/IEC 20000 与 ISO 9000 标准的关系如下：

ISO 20000 与 ISO 9000 的实用范畴不同：ISO 20000 只针对 IT 服务管理，在 IT 服务提供商和政府及企业的 IT 部门应用较多；而 ISO 9000 是适用于各行业的质量标准，在制造企业应用得最多。

ISO 20000 与 ISO 9000 的侧重点不同：ISO 20000 与 IT 服务流程相关，其流程的名称和控制采用 IT 人员容易接受的术语，对 IT 系统变更的风险进行管理；而 ISO 9000 与质量框架联系。ISO 20000 关注的内容和 ISO 9000 相比，除 IT 服务质量外，还关注财务、信息安全。ISO 20000 也可以说是 ISO 9000 在 IT 服务行业的具体应用和拓展。

ISO 20000 与 ISO 27001 的区别和联系：ISO 20000 在服务提供过程的"信息安全管理"部分中包括有对信息安全的要求。尽管两者都专注于 IT 服务的管理，然而，在专注点和适用范围上有着很大的不同：ISO 20000 以流程为核心，定义了一系列比较抽象的流程目标，而 ISO 27001 以控制点/控制措施为主，比较具体；两套体系规范的侧重点有所不同，ISO 20000 是面向 IT 服务管理的质量体系标准，而 ISO 27001 是面向信息安全的质量标准规范，ISO 20000 强调以流程的方式达到质量管理标准，而 ISO 27001 强调以风险控制点的方式来达到信息安全管理的目的。两套体系规范存在着许多的共同特征，如事件管理、业务连续性管理、信息资产管理等方面，大多数的企业都会选择将 ISO 20000 与 ISO 27001 认证项目一同实施，使两套体系间的互补特性得到充分的发挥，更加全面。两套体系适用范围不一样：ISO 20000 适用于企业的 IT 服务部门，通常是 IT 部门；ISO 27001 适用于整个企业，不仅仅是 IT 部门，还包括业务部门、财务、人事等部门。

ITSS 也采用 PDCA 管理原则，但是在标准适用范围、管理对象等方面与 ISO 9001 和 ISO/IEC 20000 有着本质区别。ITSS.1 在适用范围上，既与 GB/T 19001 适用于所有组织的范围不同，也与 ISO/IEC 20000 适用于 IT 服务组织全生命周期的适用范围不同。ITSS 适用于 IT 服务中的运行维护服务，其适用范围更加具体，对企业来讲具有更强的可操作性。在管理对象上，ISO 9001 和 ISO/IEC 20000 都是用过程方法对企业的产品/服务过程进行管理，虽然这两项标准也涉及人员、资源等要素，但都是为了满足产品/服务实现过程的要求进行管理。ITSS 则是将人员、技术、过程和资源作为运行维护能力的四个相对独立要素进行管理。在采用 ITSS.1 时，要分别对四要素进行规划、实施、监督和改进，还要确定四个要素之间的协同关系。

目前，与信息技术具有相关性和关联性的标准比较多，标准建设者和使用者经常在实施中对繁多的标准存在困惑，图 4-6 将目前大家较为熟知的标准做了一个比较，可以较为清晰地了解这些标准之间的特征区别。

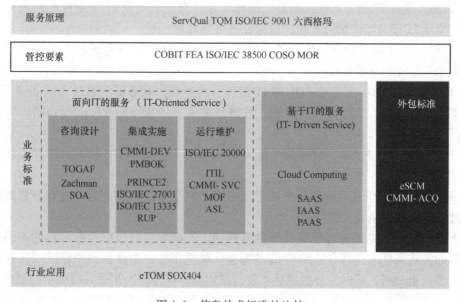

图 4-6 信息技术标准的比较

在诸多标准中，整体上与 IT 服务相关性最强的当属 ITSS、ITIL、ISO/IEC 20000、CMMI-SVC 与 COBIT。在以上五种标准中，各自的侧重点具有一定的差异性，其中 ITSS 是对 IT 服务全景涉及范围较广的标准库，ITIL 是 IT 服务管理的最佳实践框架，ISO/IEC 20000 是基于 ITIL 的 IT 服务管理标准，CMMI-SVC 的重点在于评估服务能力的成熟度，COBIT 是以管控目标为导向的管理思路。图 4-7 以 IT 服务生命周期的五个阶段和四要素为基线，体现出了几个主要标准的各自管理特色。

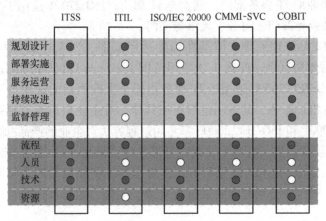

图 4-7 各标准的管理特色

其中：

1）ITSS：是对 IT 服务涉及范围最广的标准库，它全面规范了 IT 服务产品及其组成要素，用于指导 IT 服务实施的标准化，以保证其可信赖。

2）ITIL：是 IT 服务管理的最佳实践框架，其为企业的 IT 服务管理实践提供了一个客观、严谨和可量化的标准和规范。

3）ISO/IEC 20000：是基于 ITIL 的 IT 服务管理标准，其着重于通过"IT 服务标准化"来管理 IT 问题。将 IT 问题归类并识别，依据服务水平协议（SLA）进行计划、实施和监督，并强调与客户的沟通。

4）CMMI-SVC：重点在于评估服务能力的成熟度，它采用能力模型来指导组织的过程改进，主要应用于软件服务领域。

5）COBIT：是以管控目标为导向的管理思路，它指导组织或企业通过有效利用信息资源来有效地管理与信息相关的风险。

综上所述，IT 服务的标准既有共性也有特性，不同的组织根据业务目标的不同，结合组织自身的实施条件来选择合适的 IT 服务标准。从适用性、普及型、兼容性以及政策符合度等多方面做出判断，同时充分考虑成本及价值因素，这样的决策是战略成功的关键。

第 5 章

IT 基础架构库

前面介绍了 IT 服务管理的相关标准,这些标准有各自的特点和长处,但是总体来讲,标准更侧重于理论和衡量,衡量企业的 IT 服务的水平达到了何种程度,而 IT 基础架构库基于实践,对 IT 服务的提供和支持定义了更为详细和易于理解的过程集,更侧重于方法和实践过程。下面将介绍 IT 基础架构库的相关知识。

5.1 ITIL 的基本概念

信息技术基础架构库(Information Technology Infrastructure Library,ITIL)是为提高企业的 IT 服务质量、降低 IT 服务成本与风险、更好地满足企业的商业战略,指导企业规划并制定其 IT 基础架构及服务管理方法、流程的一个最佳实践框架,是一个客观、严谨、可量化的标准和规范。

5.1.1 ITIL 的发展历程

ITIL 是在 IT 服务管理发展的基础上发展而来的,并在逐步推广和完善的过程中推动了 IT 服务管理的发展和完善。ITIL 的发展总体上分为以下几个阶段:

1. IT 服务管理概念的形成

传统的以技术为中心的 IT 管理关注的是系统、软硬件和技术管理,而在新形势下这已经无法适应满足企业的要求。以客户为中心,提供高质量的客户服务,防范各类故障事件给企业带来的损失,保障业务连续运行,这就要求将 IT 技术作为一种支持企业业务运作的支持性服务,提供整体性的支持,于是开始引入了 IT 服务管理的概念。但是,此时的 IT 服务管理还仅仅停留在概念阶段,没有一套行之有效的方法来指导实践。

2. ITSM 框架的形成

随着越来越多的组织关注到 IT 服务管理的重要意义,对如何进行有效的 IT 服务管理的探索也越来越多。

20 世纪 80 年代中期,在总结 IT 管理经验教训的基础上,从提高 IT 服务品质和降低 IT 服务成本的原则出发,学者们开始探索 IT 服务管理的规范化方法。20 世纪 80 年代后期至

90年代初期,英国中央计算机与电信局组织管理领域的有关专家、民间组织和政府相关部门陆续发布了按照流程组织的IT服务管理的最佳实践——ITIL,形成了以流程为中心的IT服务管理思想。此时的ITIL为ITIL的原始版(Version 1),主要是基于职能型的实践,共有40多卷图书。2001年CCTA并入英国政府商务部(Office of Government Commerce,OGC),ITIL由英国商务部OGC负责管理。

3. ITSM框架的发展

虽然ITIL最初只是为英国政府开发的,但是它在20世纪90年代初期,很快在欧洲其他国家和地区流行起来。尤其在荷兰,荷兰政府甚至比英国政府更早地明确规定,政府部门必须采用ITIL作为IT管理标准,并取得了巨大的效益。到了20世纪90年代中期,ITIL成为事实上的欧洲IT服务管理标准。而到20世纪90年代后期ITIL又被引入美国、南非和澳大利亚等国家和地区。

全球越来越多的企业认识到了IT服务管理的重要性,并已经开始或准备开始实践IT服务管理。这些企业实施IT服务管理的经验和教训促进了IT服务管理方法的改进、提高和发展。正是因为有了这些"新鲜血液"的输入,OGC在2000~2003年期间发布了ITIL的全新版本ITIL V2。

ITIL V2(1999~2003年)主要是基于流程型的实践,共有10本图书,包含7个体系:服务支持、服务交付、实施服务管理规划、应用管理、安全管理、ICT基础架构管理及业务视角。它已经成为IT服务管理领域全球广泛认可的最佳实践框架。

ITIL V3(2004~2007年)基于服务生命周期的ITIL V3整合了V1和V2的精华,并与时俱进地融入了IT服务管理领域当前的最佳实践。5本生命周期图书形成了ITIL V3的核心,它主要强调ITIL最佳实践的执行支持,以及在改善过程中需要注意的细节。

4. ITSM框架的持续完善

ITIL的思想和方法被美国、澳大利亚、南非等国家广泛引用,并进一步发展。2001年英国标准协会(British Standard Institute,BSI)在国际IT服务管理论坛(ITSMF)年会上,正式发布了基于ITIL的英国国家标准BS 15000。2002年,BS 15000被国际标准化组织(ISO)所接受,作为IT服务管理的国际标准的重要组成部分。2005年,ISO依照ITIL的最佳实践发布了ISO 20000标准。

2007年,OGC发布了ITIL V3,用生命周期的概念将ITIL V2中的各管理流程有机地结合起来,以服务战略为指导,从服务设计开始,通过服务转换直至服务运营,同时伴随服务改进,以提高各个服务模块的服务水平。5本生命周期图书形成了ITIL V3的核心,它主要强调ITIL最佳实践的执行支持,以及在改善过程中需要注意的细节。2011年,OGC发布了ITIL 2011版(V3.1),这是一个更新版(_updateEdition),而非全新改版(New Version)。针对整体服务生命周期和26个流程做了优化和更新。

5.1.2 特点和价值

ITIL有以下几个特点:

(1) 公共框架　ITIL 是由世界范围内的有关专家共同开发的，它也可由世界上任何组织免费使用以及利用 ITIL 开展有关业务。

(2) 最佳实践框架　ITIL 是根据实践而不是基于理论开发的，OGC 收集和分析各种组织解决服务管理问题方面的信息，找出那些对本部门和在英国政府部门中的客户有益的做法，最后形成了 ITIL，提供了最佳实践指南。

(3) 事实上的国际标准　虽然 ITIL 当初只是为英国政府开发的，但是在 20 世纪 90 年代初期，它很快就在欧洲其他国家和地区流行起来。ITIL 已经成为世界 IT 服务管理领域事实上的标准。

(4) 质量管理方法和标准　ITIL 内含着质量管理的思想，组织在运用 ITIL 提供的流程和最佳实践进行内部的 IT 服务管理时，不仅可以提供用户满意的服务，从而改善客户体验，还可以确保这个过程符合成本效益原则。

实施 ITIL 对于企业来讲，最大的意义在于把 IT 与业务紧密地结合起来了，从而让企业的 IT 投资回报达到最大化。总体来讲，实施 ITIL 可以带来以下价值：

1）增加用户和客户对 IT 服务的满意度。因为 ITIL 通过制定有效的服务监控和服务质量度量指标，使客户对 IT 有更合理的期望，更加清楚为达到这些期望他们所需要付出的成本，并通过可视化和标准化的服务管理的实践来使客户的 IT 服务质量得到有效保证，使服务达到或超过用户和客户的期望值，从而增加用户和客户对 IT 服务的满意度。

2）通过流程化的管理提供更可靠、更高效的业务支持。通过事件管理流程快速地响应、处置事件，尽可能地避免或减少事件对用户和客户的影响；通过问题管理流程提高问题处理的质量和效率，消除问题根源，预防或规避其再次发生；通过变更管理流程控制变更风险，将变更所导致或可能导致的业务影响减小到最低。

3）提高运营的效率。ITIL 强调一切按流程做事，并且流程可以固化到一些自动化的 IT 服务管理的工具中来指导服务运营。企业在遵循既有流程并不断改进和提高流程效率的过程中，企业自身的运营效率也在持续地提高。

4）降低 IT 服务的成本。一般在项目管理或 IT 服务管理中会强调两个成本，一个是一致性成本，另一个是非一致性成本。一致性成本就是企业研发产品服务、测试并交付运营的成本。非一致性成本是企业的产品或服务在投放到市场后由于质量问题而导致的退货、返工和罚金给企业造成的损失。PMP 项目管理或 ITIL 服务管理都强调在有限地提高一致性成本的基础上来大量降低可交付产品或最终 IT 服务的非一致性成本，从而降低企业或 IT 服务提供商整体的 IT 服务运营成本。

5.2　ITIL V1 及 V2 简介

ITIL 的原始版 ITIL V1 主要是基于职能型的实践，ITIL V2 主要是基于流程型的实践，ITIL V2 的框架结构如图 5-1 所示，它包括七个体系：服务支持、服务交付、实施服务管理规划、应用管理、安全管理、ICT 基础架构管理及业务视角，处在 ITIL V2 框架中心的服务管理流程被分为两个核心部分，即服务支持和服务交付。

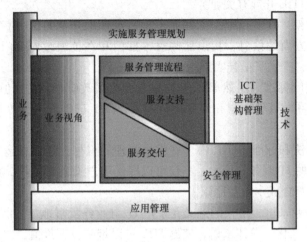

图 5-1　ITIL V2 框架结构

在 ITIL V2 的框架结构中，除了服务支持和服务交付以外，还定义了实施服务管理规划、应用管理、安全管理、ICT 基础架构管理及业务视角等，这些是 ITIL V2 的附加内容，图 5-1 中越靠近左边的模块与业务的关联度越高，越靠近右边的模块与技术的关联度越高。

5.3　ITIL V3

随着 ITIL V2 的推广和应用，也慢慢暴露了其不足之处。ITIL V2 更关注技术的实现，而缺乏对客户需求的关注和实现，同时，流程与流程之间相对独立，缺乏一套有效的核心逻辑来进行有效的整合。为了不断完善和提高最佳实践的框架，经过了广泛而深入的调研，并组织专家开发，OGC 于 2007 年 5 月正式发布了基于服务生命周期理念的 ITIL V3。

5.3.1　体系结构

ITIL V3 核心组件由 V2 的两个核心模块（服务支持和服务交付）扩展为五个模块：服务战略、服务设计、服务转换、服务运营、持续服务改进，涵盖了 IT 服务的生命周期，从设计到退役，其包括关键概念和相对稳定、通用化的最佳实践。

ITIL V3 的核心架构是基于服务生命周期的，服务生命周期框架如图 5-2 所示（来源：《翰纬 ITIL Version 3 白皮书》）。服务战略是生命周期运转的轴心；服务设计、服务转换和服务运营是实施阶段；服务改进则在于对服务的定位和基于战略目标对有关进程和项目的优化改进。

生命周期模型的引入改变了模块之间相互割裂、独立实施的局面，从战略、战术和运作三个层面针对业务和 IT 快速变化提出服务管理实践方法。它通过连贯的逻辑体系，以服务战略作为总纲，通过服务设计、服务转换和服务运作加以实施，并借助持续服务改进不断完善整个过程，使 IT 服务管理的实施过程被整合为一个良性循环的有机整体。

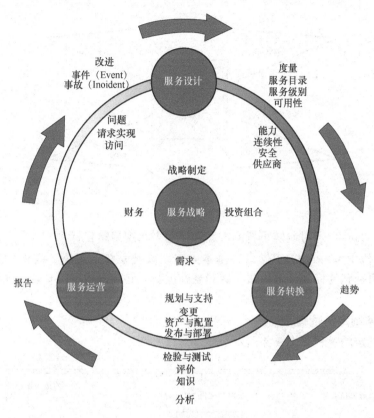

图 5-2 服务生命周期框架

5.3.2 服务战略

服务战略（Service Strategy）是指企业在一定发展阶段，以服务为核心，以客户满意为宗旨，使服务资源与变化的环境相匹配，实现企业长远发展的动态体系。这是 ITIL V3 服务生命周期的第一个主要阶段，在服务的生命周期中占有很重要的位置，它为如何设计服务、开发服务流程和具体实施服务管理提供了战略性的指导。服务战略关注的是如何通过服务管理把组织的服务能力转化为战略资产，并利用战略资产来实现企业或 IT 服务提供自身的商业价值。

1. 服务战略的 4P 原则

在进行服务战略规划时，可以参照 4P 原则，如图 5-3 所示。

1）视角（Perspective）：描述了组织的愿景和方向。

2）定位（Position）：描述了在与其他组织的竞争中，能够吸引客户的独特价值、差异化的竞争优势。例如：是基于产品或服务的独特价值还是低成本优势；专注于特定服务还是提供全系列的服务；服务的价值是偏向于功用还是功效等。

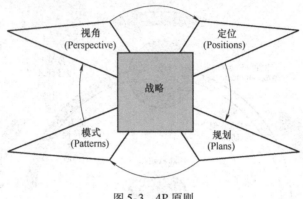

图 5-3　4P 原则

3）计划（Plan）：通过制定可行的方案和计划来实现战略目标。

4）模式（Pattern）：是组织做事的基本方法，管理系统、组织、政策、流程、预算等活动都是可以识别到的模式，都应该备案和受到控制。好的模式可以有效地支持战略目标的实现。

2. 服务战略制定的过程

服务战略制定的过程如图 5-4 所示。

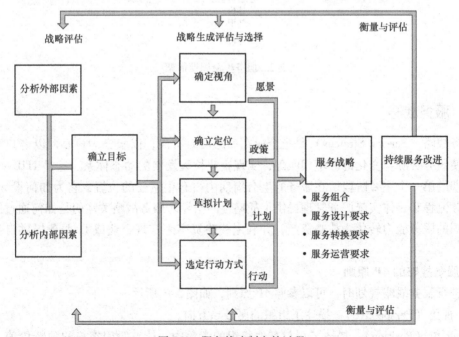

图 5-4　服务战略制定的过程

(1) 战略评估 在制定服务战略时,组织首先应该考虑自身目前的差异化竞争优势是什么。可以从以下几个问题着手,明确自身的竞争优势:

1) 有哪些服务和服务品类是最独特的?从市场的层面来看,差异化优势通常表现为通过自身的独特优势而为市场潜在竞争对手设立的进入壁垒。
2) 哪些服务和服务品种最赚钱?
3) 哪些客户和利益相关方最满意?
4) 哪些客户和渠道最赚钱?
5) 在现有的价值链或者价值网中,哪些活动最独特和有效?

在进行战略评估时,还需要充分评估各种内部和外部因素,从而确保战略的制定建立在真实的商业环境基础上。表5-1 显示了在进行战略评估时需要考虑的各种内部和外部因素。

表5-1 在进行战略评估时需要考虑的各种内部和外部因素

因素	描述
优势和劣势	组织的属性,例如,资源和能力、服务质量、经营杠杆、经验、技能、成本结构、客户服务、全球影响力、产品知识、客户关系等
能力独特性	如本章讨论的,"什么使服务供应商对其业务或客户来说是独特的?"
业务战略	来自于业务战略的观念、定位、计划和模式。例如,作为新业务模型的一部分,第一类服务供应商和第二类服务供应商可能根据业务战略向外部合作伙伴或通过网络提供服务 这也是讨论客户的预期结果以及设定下一步目标的开始
关键成功因素	服务供应商清楚怎样达到成功,什么时候必须确保这些因素?
威胁与机会	包括竞争思维,例如,"服务供应商容易被取代吗?"或者"有办法超过竞争对手吗?"

(2) 设定目标 目标描述了执行战略所期望达成的结果,清晰的目标能够确保决策和行动的一致性。为了制定目标,组织必须了解客户希望得到什么结果,并确定如何弥补服务不足之处以满足客户的重要预期。

(3) 关键成功因素和竞争分析 每个市场都存在关键成功因素,它们决定了服务战略的成败。确定市场的关键成功因素是战略规划和开发的基本方面。

在设定了战略目标之后,首先需要识别所有的成功因素,主要是分析影响战略目标的各种因素和影响这些因素的子因素;其次根据各成功因素的比较和评估,确定关键成功因素;最后要明确各关键成功因素的性能指标和评估标准。

(4) 确定投资优先级 服务提供商通常会面临不同的市场空间,在同一市场空间内,也会面临多种商业机会的选择。在资源有限的前提下,服务提供商需要确定其服务组合,并进一步确定其投资组合内各种服务项目的投资额度及优先级。

通常,根据客户需求的不同层次来确定投资优先级是一种比较科学的方法。在任何时候,对客户需求的满足都是为了达到不同的满意度水平。需求的层次或重要性与当前的满意度结合,决定了客户采购服务意向的优先级。服务提供商能够销售其服务的最佳时机在于客户的重要需求未得到有效满足的领域。

5.3.3 服务设计

服务设计（Service Design）部分为服务的设计开发及服务管理过程提出指导，内容涵盖了设计规范以及将战略目标转化为服务组合和服务资产的方法。

服务设计阶段为 IT 服务管理过程和其他方面的设计提供了良好的实践指导。ITIL 中的设计被理解为涵盖与技术服务交付相关的所有要素，而不仅仅是专注于技术本身的设计。它包括将战略目标转变成服务投资组合及服务资产的原则和方法，服务设计的范围不仅限于新的服务，它还包括为保持和增加客户价值而实行服务生命周期过程中必要的变更和改进、服务的连续性、服务水平的满足，以及对标准、规则的遵从性。它指导组织如何开发设计服务管理的能力。

服务设计的 4P 原则如图 5-5 所示。

1）人员（People），要有具备必要技能的人来处理工作。

2）产品（Product），要有用于支持 IT 服务实施与管理的技术和管理系统。

3）流程（Process），为完成一个指定目标而设计的过程化的集合。

4）合作伙伴（Partners），要达成适当的协议、要沟通顺畅、要将承诺文档化并签订合同。

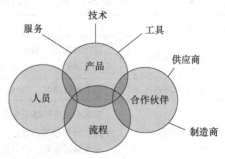

图 5-5　服务设计的 4P 原则

5.3.4 服务转换

服务转换阶段通过建立一个服务转换框架为新增的或需要改进的服务从服务设计到服务运营的转换能力提供指导，并在服务转换的同时控制变更的风险，降低失败的可能性。主要包括：规划和协调所需的资源、时间、成本等；通过严谨规范的流程框架进行风险的评估和把控，保证成功地实施转换；在服务转换过程中，建立与维护资产和配置项的完整性；提供高质量的知识和信息，以快速有效地进行变更管理、发布与部署管理。

服务转换的目标包括以下几点：

1）在预期的成本、质量和时间范围内，规划和管理资源，建立新的或变更的服务，提高对业务需求的响应效率和质量；

2）对服务转换可能造成的影响提前预测，并尽量降到最低，保证服务的高可用性；

3）在服务的部署、沟通、发布文档、培训和知识传授等过程中，改善相关方（客户、用户、服务管理人员等）的体验，提高满意度。

5.3.5 服务运营

服务运营（Service Operation）是为了将已商定的服务级别交付给客户和用户，并且管理支持服务交付的应用程序、技术和框架。服务运营是服务和价值实际直接传递的生命周期的一部分。同时，服务运营也需要对服务提供支持和过程中所必需的技术进行管理。服务运营包含所有为了提供支持和服务的日常活动，它主要由服务、服务管理流程、技术和人员四个部分组成，功能包括技术管理、应用管理、运营管理和服务台，以及从事服务运营的员工职责。

5.3.6 持续改进

服务改进（CSI）为创造和保持客户价值而用更优化的服务设计、转换和运营提供指导。在IT服务生命周期中对服务战略、服务设计、服务转换、服务运营和持续服务改进等各阶段都进行回顾、分析、优先级排列，并提出改进建议。

它结合了质量管理、变更管理和能力改进方面的原则、实践和方法，组织要学会在服务质量、运营效率和业务连续性方面不断提高并改进意识。持续服务改进的目的是通过识别改进项并改善支持业务流程的IT服务，使之满足变化的业务需求。这些改进活动为服务生命周期各大服务模块提供理论支持。持续服务改进旨在探求提高服务有效性、流程有效性和成本效益的合理方式。此外，它还为改进所取得的成就与服务战略、服务设计和服务转换之间如何建立关联提供指导，为基于戴明环（PDCA）形成计划性变更的闭环反馈系统的建立提供思路。

持续服务改进还强调了服务度量和服务报告在每个流程中的重要性，即每个流程都应该有度量指标的流程评估报告来体现度量指标的达成。服务报告和服务度量在ITIL V3版本中作为持续服务改进阶段的流程来定义，但因它们没有流程的基本特征，如标准的输入输出、特定的响应及触发机制、关键成功因素和关键绩效指标等元素，所以在V3.1版本（ITIL 2011版）中不再当作流程来定义，而是作为服务管理的要点在服务生命周期的每个流程本身来具体体现，每个流程应该设计出适合自身的度量指标和流程绩效评估报告。

5.3.7 ITIL V3 与 ITIL V2 对比分析

ITIL的V3版相对于ITIL的V2版除了流程个数从10个增加到26个之外，职能也从原先只有1个服务台扩展为4个职能。

（1）从整体架构上来看，ITIL V2核心模块只有服务支持和服务交付，模块之间彼此相对孤立，流程之间虽然有关联，但总体上更加着重突出每个流程在IT运维管理中的职能，如变更管理、问题管理、故障管理和服务台。ITIL V3引入生命周期的概念，改变了模块之间相互割裂、独立实施的状况，它以服务战略为指导，从服务设计开始，通过服务转换直至服务运营，同时伴随持续服务改进，以提高各个服务模块的服务水平。

（2）从流程模块和内容的分布上看，ITIL V2包含最为经典的10个流程，而ITIL V3则根据每个模块在IT服务生命周期中的位置重新进行流程的划分和补充。

1）服务战略模块：ITIL V3的服务战略模块包括IT服务战略管理、需求管理、服务组合管理、IT服务财务管理，它关注的是如何把服务管理变成战略资产，并利用战略资产来实现企业的商业价值。这在ITIL V2中是非常缺乏的，每个模块与业务要求没有密切关联，这也是导致很多IT服务流程的设计与业务脱节的重要原因。

2）持续服务改进：这是ITIL V3的全新模块，包括定义监控需求、定义数据收集需求、内部达成共识、决定数据监控的频率、确定数据监控的方法、确定监控工具的使用、制定流程监控计划和实施监控计划。本质上就是戴明环（PDCA）的过程。对于IT服务管理中涉及的任何一个流程，都需要运用这个模块来进行持续改进，才能确保IT服务管理最为高效、实用和适用。

3）ITIL V3的其他模块与ITIL V2相比也都作了补充或调整，比如将服务目录管理从ITIL V2的服务级别管理中独立出来，作为一个单独的流程；在ITIL V2中被合为一个子流程的事件（Event）、故障（Incident）和服务请求（Service Request）现在被分成了三个子流程等。

总体来说，ITIL V3从原来的更关注IT本身，转为更关注与业务的融合，通过实现业务的价值实现IT的价值；从原来对服务管理流程的模块化管理，转为对服务管理的生命周期管理，从而实现闭环式的持续优化；从原来重点关注运行维护，转为更加关注前期的设计和开发，从而实现从源头上管理和控制风险；从原来更加关注IT服务的功效（Utility），转为同时关注功效（Utility）和能效（Warranty）。

5.3.8　ITIL与ISO/IEC 20000标准的关系

尽管ITIL自发布以来，一直被业界认为是IT服务管理领域事实上的管理标准，但它作为最佳实践指南，无法直接认证组织的服务管理水平。

ISO/IEC20000和ITIL的关系：ISO/IEC20000作为IT服务管理的国际标准，是从IT服务管理最佳实践ITIL中发展而来的；ISO/IEC20000是13个管理流程，而ITIL是10个管理流程（不含服务台）；ISO/IEC20000新增了业务关系管理与供应商管理，对应于ITIL中的服务等级管理；ISO/IEC 20000新增的服务报告，涵盖在ITIL的每个管理流程之中；ITIL提供最佳实践指南，ISO/IEC 20000提供基于ITSM的度量。

ISO/IEC 20000与ITIL的关系可以概括如图5-6所示。

1）ISO/IEC 20000作为IT服务管理的国际标准，是从IT服务管理最佳实践ITIL中发展而来的。ISO/IEC 20000定义了服务管理的一系列目标和控制点，但没有告诉组织实现这些目标的方法和途径；ITIL作为IT服务管理行业的最佳实践，给出了实现这些目标的方法和途径。ISO/IEC 20000关注结果，只控制关键过程，ITIL则关注过程和实现。

2）ISO/IEC 20000和ITIL的核心都是服务管理流程，但两者的流程不尽相同。ISO/IEC 20000主要基于ITIL V2的10个核心流程，并添加业务关系管理、供应商管理和服务报告三个新流程，前两个流程在ITIL V3中也作为独立的流程有专门的论述，服务报告也已涵盖在ITIL的每个管理流程当中。

3）ITIL关注的是服务管理流程，而ISO/IEC 20000不仅有对服务管理流程的要求，还增加了关于服务管理体系整体的要求，如管理层承诺、服务目标和持续改进等。

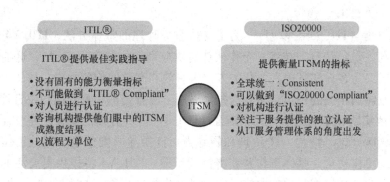

图 5-6　ISO/IEC 20000 与 ITIL 的关系

5.4　ITIL V4 展望

ITIL V3 最后一次更新是在 2011 年，在这之后长达七年的时间里，随着虚拟化、云计算和大数据技术的广泛应用，自动化、智能化水平的不断提高，开发运维一体化等新的工作模式的涌现，企业的 IT 服务交付和管理方式发生了巨大的变化。在这种新形势下，ITIL V4 于 2019 年第一季度推出，为企业提供新形势下的最佳实践指导。

和 ITIL V3 相比，ITIL V4 主要有以下变化：

（1）服务价值体系　ITIL 已经从提供服务交付到提供端到端的价值交付。现在的重点是通过服务关系共同创造价值。更新后的框架将侧重于通过服务价值体系（SVS）促进价值的共同创造。SVS 表示不同的组件和活动如何在任何类型的组织中协同工作，以通过支持 IT 的服务促进价值创造。在 ITIL V4 中，客户是创造价值过程中的重要元素。

（2）服务价值链　服务价值链（SVC）整合在 SVS 中。服务价值链是一组相互关联的活动，当以正确的方式排序时，这些活动为服务的创建、交付和持续改进提供了一个操作模型。服务价值链允许组织定义这些序列的许多变形，称为价值流，其中 ITIL V3 服务生命周期就是这样一个例子。

服务价值链是灵活的，可以适应多种方法，包括以产品为中心的交付团队、DevOps 和集中式 IT。价值链的适应性使组织能够以最有效和高效的方式对利益相关方不断变化的需求做出反应。

（3）指导原则　ITIL V4 的指导原则对服务（以及服务管理）组织应如何管理和执行其工作提供了一个全面和整体的远景。对协作、自动化和简单化的关注反映了敏捷、DevOps 和精益方法中的原则。

（4）ITIL 实践　ITIL V3 中目前被称为"流程"的内容正在扩展，引入其他元素，如文化、技术、信息和数据管理等。这种工作方式的整体愿景在 ITIL V4 中被称为"实践"，并构成 ITIL V4 框架的基本部分。ITIL V4 中描述的 ITIL 实践将保持当前 ITIL 流程提供的价值和重要性，同时扩展到服务管理和 IT 的不同领域，从需求到价值，ITIL V4 框架将应用一种灵活的、非孤立的 ITIL 实践方法。

（5）四个维度（ITIL 四维模型） 为了支持服务管理的整体方法，ITIL V4 还定义了四个维度（组织与人员、信息与技术、合作伙伴与供应商、价值流与流程），这些维度共同以产品和服务的形式为客户和其他利益相关方提供有效和高效的价值促进。这四个维度代表了与整个服务价值体系相关的视角。所有这些都适用于服务管理和整个组织中管理的服务。

（6）与其他实践和新的工作方式相结合 ITIL V4 将映射其他框架，并整合新的工作方式，包括敏捷、DevOps、精益、IT 治理和领导力。该指导原则借鉴成熟的工作方式，培养以客户为中心的协作文化、整体工作并获得持续反馈。ITIL V4 将提供更灵活的框架，以适应和调整与每个业务和组织相关的内容，同时进一步提供高质量 IT 服务的基础。

所有这些都将 ITIL 和服务管理设置在一个战略环境中，将 ITSM、开发、运营、业务关系和治理整合到一个整体的方法中。这是一个真正集成的数字服务管理模式。

ITIL V4 框架还包括治理活动，使组织能够根据治理机构设定的战略方向不断调整其运营模式。ITIL V4 为组织提供了一个简单实用的改进模型，以在不断变化的环境中保持其弹性和灵活性。

总的来说，ITIL V4 将以价值驱动为导向进行交付，并为人员和组织提供更高的质量和更快捷的服务。

5.5 资格认证

随着 ITIL 的广泛应用，ITIL 相关的考试和培训也随之发展起来，并形成了全面的认证体系，可以通过图 5-7 来了解。

图 5-7 ITIL V3 认证体系

图 5-7 中所包含的 ITIL 中级课程的英文缩写含意为：

SS：Service Strategy（服务战略）

SD：Service Design（服务设计）

ST：Service Transition（服务转换）

SO：Service Operation（服务运营）

CSI：Continual Service Improvement（持续服务改进）

OSA：Operational Support & Analysis（运营支持和分析）

PPO：Planning，Protection & Optimization（计划、保护和优化）

RCV：Release，Control & Validation（发布、控制和验证）

SOA：Service Offerings & Agreements（服务提供和协议）

ITIL V3 的资格认证包括四个级别，分别是基础认证（ITIL Foundation），中级认证（ITIL Intermediate），专家认证（ITIL Expert）和大师认证（ITIL Master）。ITIL V3 的认证采用学分制，图 5-7 中的数字代表每项分值。

（1）基础认证（ITIL Foundation）：这一认证针对从事 IT 服务管理的人员，要求他们了解 IT 服务管理的和 IT 基础设施的重要性，掌握服务管理的流程及相互间接口，ITIL 的基本概念，ITIL 中的十大流程以及各流程之间的关系。ITIL Foundation 是获取其他两个证书的基础，是对 ITIL 入门者的核心基础认证。

（2）中级认证（ITIL Intermediate） 对应生命周期模块与能力模型模块（Lifecycle Module & Capability Module）。认证要求持证人员从事 IT 服务管理特定流程的工作，并具有一定的实践经验。获得该证书的人员可以针对所从事的流程进行记录、维护和提高等工作。深入理解 ITIL 的流程，学会设计和执行流程；适用于专注特定流程人员参加。该级别分两个层次，共十个科目。第一个层次包括生命周期模块与服务能力组合模块两个模块，生命周期模块包括服务战略、服务设计、服务转换、服务运营、持续服务改进五个科目；第二个层次是服务全生命周期管理认证（Managing Across the Lifecycle）的一个科目。

（3）专家认证（Expert） 该认证针对更高层的 IT 服务管理的人员，如 IT 服务管理经理人和顾问，尤其是那些负责 ITIL 实施或为 ITIL 实施提供建议的人员。适合负责实施或管理组织 ITSM 职能的高级职员参加。专家认证没有对应的考试，只要达到 22 个学分自动获得认证。获得专家认证的途径为：

第一步：基础认证（ITIL Foundation）。共 2 学分。

第二步：中级认证。服务生命周期模块五项认证（共 15 学分）或服务能力模块四项认证（共 16 学分），两个模块二选一，不能跨模块选择。

第三步：服务全生命周期管理认证（Managing Across the Lifecycle）。共 5 学分。

（4）大师认证（Master） ITIL 认证的最高级别，代表行内最资深的造诣，目前还在开发中，官方尚无认证途径。

第 6 章

IT 运维服务管理流程

前面的章节中详细阐述了 IT 服务管理领域的最佳实践——ITIL 和国际标准 ISO 20000，在具体落地实施过程中，如果服务提供方向客户和业务部门提供的是运维服务，那么 IT 运维服务管理就是 IT 服务管理在运维服务领域的细化，本章将详细说明 IT 运维服务管理是如何支撑运维服务的。

在第 3 章中讲述了 IT 运维服务管理框架的内容，在架构中清晰地展示了组成 IT 运维服务管理体系的实体，包括运维服务管理对象、运维活动角色及运维管理组织结构、运维服务管理流程、运维服务支撑系统和运维服务五个要素。其中 IT 运维服务管理流程是指通过建立覆盖 IT 运维服务所有领域的管理流程，能够为客户和业务部门提供标准化、可视化的 IT 运维服务。

在讲解 IT 运维服务管理流程前，先对流程管理进行介绍。

1. 什么是流程管理

流程管理（process management）就是从公司战略出发、从满足客户需求出发、从业务出发，进行流程规划与建设，建立流程组织机构，明确流程管理责任，监控与评审流程运行绩效，适时进行流程变革。

流程管理的目的在于使流程能够适应行业经营环境，体现先进实用的管理思想，借鉴标杆企业的做法，有效融入公司战略要素，引入跨部门的协调机制，使公司降低成本、缩减时间、提高质量、方便客户，提升综合竞争力。

一般认为，流程管理是一种以规范化的构造端到端的卓越业务流程为中心，以持续的提高组织业务绩效为目的的系统化方法。它应该是一个操作性的定位描述，指的是流程分析、流程定义与重定义、资源分配、时间安排、流程质量与效率测评、流程优化等。因为流程管理是为了客户需求而设计的，所以这种流程会随着内外环境的变化而需要被优化。

2. 流程管理的方法

1）流程梳理。一般包括组织流程调研、确定流程梳理范围、流程描述、流程收集成册，作为日常工作的指导依据。

2）流程优化。一般包括流程描述、利用流程管理工具进行流程优化、优化后流程收集成册，作为日常工作的指导依据。

3）流程再造。一般包括组织流程调研、确定再造的流程范围、确立标杆、新流程设计、流程管理方法与工具等方面。

3. 流程管理实施步骤

流程管理实施步骤如图 6-1 所示。

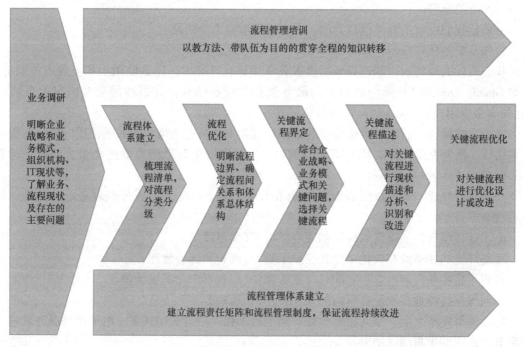

图 6-1　流程管理实施步骤

4. IT 运维服务管理流程

上面先对流程进行了总体描述，接下来对 IT 运维服务管理流程进行举例说明，例如，一个用户致电服务台（Service Desk），报告在线服务系统的响应时间延迟至不可接受程度。以下过程模拟了当一个突发事件发生后各相关流程的启动和运行：

1）启动突发事件管理流程处理此事件，通过可行的方式尽快恢复系统的正常运行。

2）启动问题管理流程调查问题根源，并致电能力管理流程支援本流程，服务级别管理提示此故障涉及服务级别协议（SLA）条款。

3）启动变更管理流程，协调一个变更请求（RFC）。

4）IT 财务管理流程审核由硬件升级引起的业务成本。

5）IT 服务持续性流程在变更管理流程中被引入，确保当前备份的数据可用于恢复。

6）版本管理流程控制变更实施中涉及的软硬件替换，版本管理将最新的详细版本信息更新到配置管理数据库中。

7）启动可用性管理流程，确保硬件升级过程和升级后可以满足可用性和可靠性级别的要求。

8）配置管理流程确保 CMDB 中的信息在整个实施过程中被更新到最新状态。

9）通过客户关系管理流程，在整个过程中始终和客户保持联系，确保客户同步了解流程的进展状况。

为了能够更好地理解 IT 运维服务管理流程，同时体现 IT 运维服务管理与 IT 服务管理（ITIL）的关联，下面以电子邮件项目为例，以 ITIL 的五个阶段为维度，来讲解 IT 运维服务管理所涉及的流程。

下面让我们以电子邮件项目为例，来逐个理解这五个阶段：

首先从服务战略开始：

我们有什么样的能力和选择来提供服务（应该自己开发，还是使用市场上现有的服务，比如 Gmail、Outlook）？我们所提供的服务怎样与商业结合？有哪些因素会决定服务成型（比如有多少用户）？应该如何管理预算和财务？

服务战略确认之后，一项服务在后续设计过程中的所有决策，例如所使用的技术、服务水平协议、所涉及的风险、比对需求的能力、信息和安全管理能力等这些重大问题，均是 ITIL 服务设计要管控的过程。

一旦设计完成，就可以规划服务转换了。到了这个阶段，IT 服务经理考虑的关键词就是"变化"了：

电子邮件项目的实施将如何影响现有环境？（变更评估）

现场环境的完整性在变化中受到保护了吗？（发布和部署管理）

使用了哪些新资产？它们之间是什么关系？（服务资产和配置管理）

如何保持持续地获取服务所需的知识？（知识管理）

服务部署完毕之后，步入服务生命周期的后半程。一旦成功部署，电子邮件服务就进入了服务生命周期中最明显的阶段：

如果客户和最终用户在使用过程中遇到了问题，我们将如何处理并满足他们的要求？

我们是否有某种监测装置，可以为我们反馈与邮件服务关联的设备状态信息？

我们是不是可以在故障发生之前就预测到故障信息？

我们能否了解到机器有没有放置在适当的设施上？

而服务运营作为 IT 服务管理的一部分，正是负责解决这些问题的。

依照举例，现在有了新的电子邮件服务正在运行，可以有效地处理所有故障和客户要求，设备有足够的存储和监控力度，但随着时间的推移，一个新的问题出现了：将来，电子邮件服务可以与时俱进地改进吗？因此，ITIL 的 IT 服务管理生命周期中最后的阶段，被称为持续服务改进。

通过以上简单的电子邮件的例子，成功地涵盖了服务生命周期的各个阶段，能够帮助大家对 IT 服务管理有更好的理解。

接下来将分别详细介绍 IT 服务管理流程的五个阶段。

6.1 服务战略

服务战略是整个服务生命周期管理的中心，为如何设计服务、开发服务流程和具体实施服务管理提供了战略性的指导，是服务设计、服务转换、服务运营和服务改进的基础，它的覆盖范围包括市场开发、内部和外部的服务提供、服务资产、服务目录以及整个服务生命周期过程中战略的实施。

服务战略包括 IT 服务战略管理、需求管理、服务组合管理、IT 服务财务管理、业务关系管理等流程。下面以某银行数据中心制定 IT 运维服务战略为例来说明服务战略制定和执行流程过程。

6.1.1 服务战略制定

1. 启动战略制定

在制定全行科技战略时，作为科技战略的组成部分，数据中心启动战略制定工作。战略规划管理部门作为数据中心战略制定的牵头部门，负责组织战略内容的制定。

2. 制定战略

战略规划管理部门参考全行战略及同业发展情况，在科技战略整体框架下，制定数据中心战略愿景和内容框架，经与相关部门沟通讨论及决策者审议后，组织相关部门进行具体战略内容的编写、收集汇总和审核，形成数据中心战略征求意见稿。审核点主要包括是否按照既定框架要求进行了编写；内容描述是否清晰、准确；不同部门的内容是否存在冲突和矛盾之处；里程碑及时间计划是否合理。

3. 征求意见

战略规划管理部门将制定完成的数据中心战略初稿发送至主管部门、开发部门、分行等相关部门征求意见，针对反馈的意见组织相关部门进行内容修订，形成数据中心战略评审稿。

4. 评审与报送

战略规划管理部门组织对战略初稿进行评审、修订或再次评审。评审通过后，形成数据中心战略，报送上级主管部门批准。

6.1.2 服务战略执行

为了保证战略的落地执行，该银行数据中心会将战略分解为重点任务进行跟踪落实，具体包括以下内容：

1. 制定年度重点任务计划

战略规划管理部门于每年 11 月初启动下一年度数据中心重点任务计划的制定工作。主要包括：

1）对全行战略规划及科技战略相关材料进行分析，提取出关于数据中心下一年度工作的相关内容，形成重点任务计划的初步框架。

2）组织数据中心其他部门进行下一年度重点任务的制定。

3）收集各部门的下一年度重点任务计划，并进行审核，形成数据中心下一年度重点任务计划评审稿。

4）将评审稿提交至数据中心领导审批。如审批通过，则由战略规划管理部门在数据中心发布，并提交项目管理流程及任务跟踪流程进行后续跟踪。如需调整，则组织相关部门进行修订。

2. 跟踪重点任务完成情况

战略规划管理部门每季度从项目管理流程及任务跟踪流程获得重点任务的进展信息，跟踪完成情况。对于不合理拖延、完成质量不佳等情况，按照项目管理考核标准对相应处室进行考核。

3. 总结与回顾

各部门负责人在进行年末工作总结时，应对本部门重点任务完成情况进行总结。

战略规划管理部门在进行组织年度管理评审时，应将战略管理纳入评审内容，对战略管理落实的有效性进行回顾。

6.1.3 服务组合管理

1. 概述

服务组合管理（Service Portfolio Management）是针对IT服务提供商所提供的各种IT服务项目和种类在时间节奏、资源投放、价值管理等方面进行动态跟踪、协调和控制的一种管理方法。

服务组合管理的目的是通过对服务投资和回报的分析适时推出不同组合或种类的服务，并确保所推出的服务在服务的整个生命周期中能够达成预计的服务价值和满足业务的需要，所以该流程提供对其所管理的服务进行跟踪、投资和回报的管理，并在服务的生命周期中评估服务的价值，且能够帮助IT服务提供商区分投资和服务推出的先后次序，并优化投资资源的有效分配，确保在风险和成本投入得到良好管理的同时实现服务价值的最大化。

2. 流程活动

服务组合管理是一个动态、持续和循环迭代的过程，它包括以下四个主要阶段：

1）定义（Define）：首先需要从所有现有服务和计划的服务中收集信息，对所有的数据进行验证，并创建最初的服务目录。为确保每项服务的创建都建立在合理的理由之上，需要针对服务组合中的每项服务都创建一个商业论证文档，作为组织进行决策的支撑工具。

2）分析（Analysis）：分析阶段主要回答以下问题：服务组织的长期目标是什么？为满足这些目标需要提供哪些服务？组织实现这些服务需要哪些资源和能力？怎样才能实现目标？

3）批准（Approve）：前面两个阶段为即将提供的服务进行规划和设计，在这个阶段，服务组合管理需要根据前面分析的基础来确定最终的服务组合，并授权相应的资源。最终批准的服务组合将作为后续服务设计的一个基准。

4）发布（Charter）：在批准阶段做出服务组合决策后，为确保各方能够充分理解组织的服务组合决策，需要对决策的结果进行发布，并为服务组合决策的实施分配必要的资源。

3. 角色和职责

产品经理（Product Manager）是服务组合管理中的主要角色。产品经理被认为是服务线（LOS）和服务目录方面的专家。该角色负责在服务的整个生命周期（从概念到设计、转换、运营，一直到服务停用）内将其作为一种产品来管理。在整个服务生命周期内，产品经理需要在整个服务线上综合考虑成本和风险。

具体来说，产品经理需要承担以下职责：
1) 负责评估新的市场机会、运营模式、技术以及新出现的客户需求；
2) 负责发现新的需求来源，从而最终创建成为服务目录中的服务项目；
3) 负责发现服务目录之外的服务需求，并为之创建商业论证；
4) 参与第三方服务采购管理。

6.1.4　IT 服务财务管理

1. 概述

IT 服务财务管理是负责对 IT 服务运作过程中涉及的所有资源进行货币化管理的流程，从经济效益的角度对组织的 IT 服务运作进行反映和控制，从而实现对 IT 服务运作的价值管理。

IT 服务财务管理的目标主要包括对支持 IT 服务运作的 IT 资产和资源进行成本效益管理、全面核算 IT 服务的运作成本、通过服务计费引导客户行为、节约 IT 服务成本。

2. 流程活动

IT 服务财务管理分为 IT 投资预算（Budgeting）、IT 服务成本核算（Accounting）和 IT 服务计费（Charging）三个阶段：

（1）IT 投资预算　IT 投资预算是指预测、计划和控制费用支出的一系列活动，包括预算制定以及预算跟踪与调整两项主要工作。通常有三种典型的 IT 资金预算模式，即滚动性计划、触发性计划和零基计划。

滚动性计划是在一个计划周期完成后，立即启动另外一个计划周期。这种计划的好处是资金规划具有连续性，比如每年进行一次 IT 投资预算。

触发性计划一般在关键性的触发条件发生时才启动。例如，变更管理可以作为一个触发条件触发针对所有已批准的变更请求的资金安排计划。容量规划是另外一个典型的触发条件，当发现有容量需求偏差时，就需要对由于容量需求偏差导致的额外的资金需求进行分析和规划。

零基计划是指不考虑以往发生的费用数额，以所有的预算支出为零作为出发点，一切从实际需要与可能出发，逐项审议预算期内各项 IT 费用的内容及其开支标准是否合理。零基计划一般用在只需要规划某项独立的 IT 服务的投入时才会被使用。

（2）IT 服务成本核算　IT 服务成本核算是指负责识别交付 IT 服务的实际成本，将其与费用预算进行比较，并分析预算差异和投资效益的一系列活动。

（3）IT 服务计费　IT 服务计费是指针对 IT 服务用户所使用的各种 IT 服务项目进行定

价和收费的一系列活动。

在 IT 服务过程中使用服务计费模式，可以更加明确 IT 服务提供商的责任并提高 IT 服务绩效的透明度。实施 IT 服务计费的一个很重要的好处在于可以调节用户的使用行为，进而调整对 IT 服务的需求。

根据成本核算的详尽程度以及业务要求的不同，IT 服务计费也可以采取不同的模式。不同的 IT 服务组织可以根据自身的财务管理需求选择不同计费模式，包括分级计费、按量计费、成本加成计费、固定成本计费等。

3. 关键绩效指标

（1）总体 IT 运营成本　一般来说，IT 运营成本可以包括 IT 运营人工成本、IT 服务采购（外包）成本、IT 硬件采购成本、IT 软件维护成本、基础设施成本、管理费用摊销等。

（2）投资回报率　投资回报率（ROI）是指对投资价值进行量化考核的一个指标，用在 IT 服务投资中，它可以用来评价事先设定的 IT 投资目标的实现情况。

$$ROI = 平均年利润 / 项目投资额$$

（3）投资所获价值　投资所获价值（VOI）指衡量某项投资所获得的投资回报之外的额外收益的指标。这里所说的额外收益是指除投资回报率中涵盖的货币化收益之外的非货币收益或者长期收益，ROI 是 VOI 的一部分。

6.1.5　需求管理

1. 概述

需求管理是指理解并影响客户对服务的需求以及具有相应的能力以满足这些需求的活动。由于需求的不断改变，需求管理在控制企业 IT 战略和项目方面尤为重要，如果需求的管理不善，则需求的频繁变更会造成项目不必要的风险与资源浪费。

2. 基本概念

（1）业务活动模式　业务活动模式（Pattern of Business Activities，PBA）是一项或多项业务活动的工作负载情况的描述。业务活动模式定义了一项业务的一些动态变化的关键参数，包括与客户、供应商、合作伙伴以及其他利益相关者的关系。

为了挖掘真实的客户需求，深入分析客户的业务流程是非常重要的。通过分析客户的业务流程，可以进一步识别、分析和编制客户的需求模式，从而为容量管理提供关键性的输入。

（2）用户概述　用户概述（User Profile，UP）是用于描述用户对各种 IT 服务需求的一种需求分析性文档。每份用户概述文档与一份或者多份 PBA 文档相关联，以便综合体现用户的需求。

使用用户概述和业务活动模式作为业务向 IT 的需求输入，使得 IT 更加形象地了解业务用户的行为特征和业务的具体容量要求，以便于对需求进行分类，并为它们提供匹配的服务、服务级别和服务资产，避免提供不满足需求的服务性能，同时避免浪费。

（3）服务级别包　服务分为核心服务和支持服务。核心服务提供客户期望的基本结果，它代表了客户最核心的价值期望。支持服务是指能够有助于维持或者强化这种价值成分的辅助性服务,通常情况下,差异化的竞争优势是通过支持服务形成的。

将核心服务和支持服务进行打包是市场战略的基本要求,同时也对服务的设计和运营有很大的影响。支持服务的成本和风险很容易在服务规划和开发阶段被忽略。不仅如此,由于支持服务经常被多项核心服务共享,因此,对支持服务的需求和实际消耗通常不太容易明确界定和控制。

3. 需求的分类

需求通常可以分为业务需求和技术需求两个方面。

(1) 业务需求 任何一个项目都有其业务需求和目的,因为客户对 IT 项目的投入是有其商业预期的。在进行需求分析时,要清楚地了解项目的业务目的,并把项目的业务目标记录到需求分析文档中。除此之外,如果项目是由客户发起的,则还要记录这个项目对客户整个业务环境的影响,尤其是要阐明项目给客户带来的商业价值等。对商业需求的具体阐述可以扩展为功能性需求(也就是客户的商业需要,它是从客户或最终用户的角度所看到的系统能力)和非功能性需求(用于针对当前要建设的 IT 系统来定义一些系统方案所要遵循的质量保证和限制要求,比如说系统的可用性需求、系统的安全性需求等)。

(2) 技术需求 技术需求的内容是需求分析文档的重要部分,首先要收集关于客户当前 IT 系统架构的详细情况,最好要获得能够描述客户当前 IT 系统架构的网络和应用部件结构图。除此之外,在 IT 架构的技术需求文档里,我们同样也要描述出项目在执行之后的系统概括。这样,客户会很清楚地通过项目前后的概况来了解项目最终会对其 IT 环境产生什么样的变更。与此同时,客户需要的软件和硬件设备的列表也要在需求分析文档里列出,并标明具体软硬件的版本和配置信息。

需求的可行性分析是对客户的具体需求进行可行性研究。一般会产生需求的可行性分析报告。报告的具体内容是探讨、解释和描述需求建议的方案是否可行。

6.1.6 业务关系管理

1. 概述

业务关系管理是为了能够在 IT 服务提供商和客户之间建立和维持良好的关系而实施的管理活动。业务关系管理的目的有:

1)建立并维护与客户的良好关系;
2)了解客户的业务需求并预计未来所需;
3)对客户提出的需求给予及时的跟踪反馈;
4)将客户的业务战略与 IT 战略进行结合,提供交付服务;
5)对需要与客户沟通的内容及时进行沟通反馈。

2. 流程活动

业务关系管理的具体落实一般包括以下活动:

（1）服务报告和服务回顾会　IT 服务提供商会与其客户定期召开"服务回顾会议"，而服务报告就是在该会议中所需讨论的重要内容。服务报告可以帮助 IT 服务提供商提供服务的决策支持信息，并成为与客户沟通的有效依据。一般来讲，服务报告包括但不限于以下内容：

1）与客户签署的服务级别协议（SLA）相比较的绩效完成情况；
2）严重不符合项及存在的问题，例如不满足服务级别协议和重大安全违规等；
3）工作情况，例如工作量和资源利用率等；
4）重大故障和重要变更详细内容信息；
5）趋势信息和主动性运维策略；
6）客户满意度调查和分析；
7）管理决策和服务改进计划。

（2）服务投诉和渠道升级　服务投诉指的是为客户建立必要的投诉流程和渠道升级。IT 服务提供商应该建立起一套完善的服务投诉流程，并提供统一的投诉事件升级号码给客户，例如中国移动的 10086，中信银行的 95558 等。在服务投诉流程中要对客户的投诉有记录、分析、报告和跟踪等重要环节，并且能够把客户投诉的受理跟进情况及时通告给客户。投诉流程和升级渠道的有效建立是为了尽快化解 IT 服务提供过程中可能存在的瑕疵或不尽人意的地方，以提升客户的满意度和减少重要客户的流失率。

（3）客户满意度调查　通过客户满意度调查，全面了解客户对当前服务现状的满意程度。使 IT 服务提供商能够更加及时和准确地了解服务过程中的问题和不足。IT 服务提供商可以基于调查报告来识别可能的服务改进计划。

3. 角色和职责

ITIL 最佳实践建议 IT 服务提供商设置业务关系流程经理的角色来统筹该流程的有效运作。业务关系经理的职责一般包括但不限于如下内容：

1）制定和发布业务关系管理流程和办法；负责流程文档的建立、更新与版本控制；
2）针对服务报告，对客户的服务质量进行定期回顾，并对服务改进计划提出建设性意见；
3）负责受理被升级的投诉，并确保有效地处理和关闭投诉；
4）了解客户满意度情况，并对满意度调查的结果分析提供必要的信息输入；
5）了解客户的新需求，并及时反馈给相关项目或服务团队，并监管需求的落实情况。

业务关系流程经理一般也可以是服务级别管理流程经理。

4. 关键绩效指标

1）客户满意度和客户满意度调查覆盖率；
2）投诉平均响应时长和投诉平均处理时长。

5. 实践案例

对于某银行数据中心来说，业务关系管理的主要对象是该银行的各业务部门，业务关系经理每年制定与业务部门的沟通计划，与业务部门召开服务回顾会，回顾会的内容包括但不限于：服务级别协议达成情况、服务报告内容、客户对数据中心服务整体满意度情况、服务要求及改进建议等内容，会上识别的满意度等相关问题由业务关系经理进行记录，识别问题按照持续改进流程进行整改，并将整改结果反馈给业务部门。

在服务投诉的管理方面，业务部门可通过数据中心 7×24 小时服务台电话、数据中心公共邮箱等方式提出投诉或意见建议，由服务台和邮箱管理员记录投诉或意见建议的基本信息。业务关系经理提交服务投诉处理工单，根据投诉信息将投诉分派到相关处室，由对应处室安排相关人员进行处理。服务投诉处理人员分析服务投诉原因，并在三个工作日内进行服务投诉处理，并反馈业务关系经理。业务关系经理向业务部门反馈并核实服务投诉处理意见，如果业务部门不接受服务投诉处理意见，那么业务关系经理应在一个工作日内将服务投诉升级至管理者代表和最高管理者；如业务部门接受，则将审核意见填入服务投诉记录单，服务投诉方可关闭。

6.2 服务设计

服务设计是对服务及服务管理流程设计和开发的指导。它包括了将战略目标转变成服务投资组合和服务资产的原则和方法。服务设计的范围不仅限于新的服务，它还包括为了保持和增加客户价值而实行的服务生命周期过程中必要的变更和改进，服务的连续性，服务水平的满足，以及对标准、规则的遵从性。它指导了组织开发设计服务管理的能力。

服务设计主要包括七个关键流程，分别是服务目录管理、服务级别管理、容量管理、可用性管理、IT 服务持续（连续性）管理、信息安全管理、供应商管理和设计协调。接下来将逐一对它们进行介绍。

6.2.1 服务目录管理

1. 概述

服务目录管理流程的目标在于保证能够生成和维护服务目录，该服务目录包含有关运营服务和为了实际运营所必需的准确信息。服务目录管理流程的范围是对处于转换或已经转换到生产环境中的所有服务提供和维护正确的信息。

2. 基本概念

服务目录主要有两种类型：

1）业务服务目录：包含提交给客户的所有 IT 服务细节，并将其关联到依靠 IT 服务的业务单元和业务流程，这是客户视角的服务目录。

2）技术服务目录：包含提交给客户的所有 IT 服务细节，并将其关联到提供业务所必需的支持服务、共享服务、组件和配置项。它支撑业务服务目录，而不是客户视角。

两者关系如图 6-2 所示。

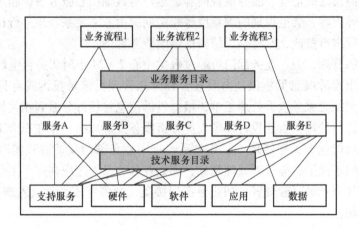

图 6-2　业务服务目录和技术服务目录的关系

6.2.2　服务级别管理

1. 概述

服务级别管理（Service Level Management，SLM）是对 IT 服务的供应进行谈判、定义、评价、管理以及以可接受的成本改进 IT 服务的质量流程（若未做特殊说明，则本章下文提到的服务均指 IT 服务，服务级别管理均指 IT 服务级别管理）。所有这些活动要求在一个业务需求和技术都在快速变化的环境中进行。

服务级别管理的目标是要确保客户需要的服务得到持续的维护和改进，可包括以下几项：

1）通过对服务绩效的协商、监控、评价和报告等一整套相对固定的运营流程来维持和改进服务的质量，使之既符合业务需求，同时又满足成本约束的要求。

2）采取适当的行动来消除或改进不符合级别要求的服务。

3）提高客户满意度以改善与客户的关系。由于 IT 部门更加清楚他们被期望提供什么和他们可以提供什么，因此可以更好地计划、预算和管理他们所提供的服务。

2. 基本概念

服务级别管理涉及的基本概念包括：

（1）服务和服务水平　服务是指在信息系统运行过程中服务水平提供者向服务接受者提供的生产运行、支持服务以及相关数据服务等。服务水平是指提供服务时对服务质量目标及双方的责任达成的共识及标准。

（2）服务提供者和客户　服务提供者（Service Providers）是指按照服务水平要求向客户及其用户提供组织所需服务的单位及人员，它被授权代表组织就服务的供应与客户签订协议。客户是一个组织的代表，它被授权代表组织与服务提供者就获取服务签订协议。从理论上讲，任何获得服务的人都是客户。实际上，服务提供者既可以是组织内部设立的部门，也可以通过与外部供应商（External Suppliers）建立支持合同（UC）而获得第三方的 IT 服务或支持。这将可能涉及一个复杂的关系网络。

（3）服务级别协议　服务级别协议（Service Level Agreements，SLA）是由 IT 部门和客户之间签订的描述将要提供一项或多项服务的一份协议，服务级别协议是指服务水平的合法化文档。SLA 是用一些符合客户体验的非技术语言进行描述的，在协议期间它可作为评价和调整服务的标准。

（4）服务级别需求　服务级别需求（Service Level Requirements，SLR）包括客户需求的详细定义，它可以被用来开发、修改和启动服务。服务水平需求可作为设计一项服务及其相关服务水平协议的一个蓝本，也可被用于评估设计。

（5）服务说明书　服务说明书（Spec Sheets）描述了功能（以客户为中心的）和技术（以 IT 为中心的）之间的关系，并为服务提供了一个详细的说明。说明书将服务级别需求（外部说明书）转化成为提供服务所需的技术细节（内部说明书）。

（6）服务目录　服务目录以客户的语言对服务进行描述，同时对 IT 部门能够提供给客户的相关服务水平做出概要说明。服务目录可以帮助调整客户的期望，从而有助于客户和服务提供者之间的流程整合，因此，它也同样是一个重要的沟通工具。该文档是根据服务说明书中所描述的外部说明制定的，因而应该采用客户的语言进行撰写，而不是采用技术说明的形式。

（7）服务改进方案　服务改进方案（Service Improvement Programme，SIP）通常作为一个项目来实施，它定义了与改进一项 IT 服务相关的活动、阶段和相应的里程碑。

（8）服务质量计划　服务质量计划（Service Quality Plan，SQP）是包含所有用于运营 IT 组织的管理信息的一份重要文档。服务质量计划规定了服务管理流程和运营管理中的相关流程参数。SLA 是关于应该提供什么服务的，而 SQP 则是关于应该怎样提供这些服务的。服务质量计划按服务绩效指标为每一个服务管理流程设立了目标。例如，对事件管理而言，它包含了针对各种影响度级别的解决时间，对变更管理而言，它包含了诸如标准变更的周期时间和成本等内容。

（9）运营级别协议　运营级别协议（Operational Level Agreements，OLA）是与某个内部 IT 部门就某项服务所签订的协议，用于支持 IT 部门提供各种服务。例如，如果 SLA 中包含了一个针对恢复某个具有高优先级的事件的总目标，则 OLA 中应该包括针对整个支持链每个环节的具体目标（如针对服务台响应呼叫、进行事件升级的目标，针对网络支持人员启动调查和解决分配给他们的与网络相关的错误目标等）。在许多组织中，有一个内部的 IT 部门负责提供 IT 服务及相关技术支持，则 OLA 通常是针对内部部门之间所达成协议的一个描述，而不是法律上的合同。

（10）支持合同　支持合同（Underpinning Contracts，UC）是与外部提供商就某项服务的供应所签订的合同，如故障检修工作站或租用一条通信线路。这类似于一份 OLA 的外部实施。然而，与外部提供商签订的合同通常都是一份正式的合同。

3. 流程活动

服务级别管理活动如图 6-3 所示。

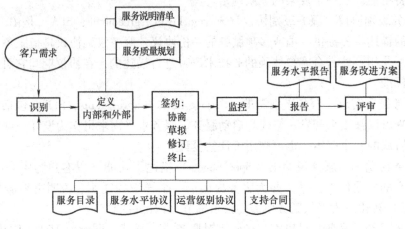

图 6-3 服务级别管理

从图中可以看出，服务级别管理可分为大致平行的两部分流程：左边部分流程是关于协议的制定，而右边部分是关于如何确保这些协议得到切实履行。

服务级别管理是协调服务提供方和服务接受者（客户）的关键性服务管理流程，它为规范双方行为提供了一个管理框架。

服务级别管理流程的任务是确保服务级别协议是根据客户需求而不是服务提供者的技术能力确定的，保证服务级别协议得到有效执行，并在服务双方出现争议时提供有效的证据和解决争议的指导规则。

服务级别管理流程的目标在于确保所有当前的及双方协议过将要交付的未来的 IT 服务的提供处于协议水平。服务级别管理是服务提供商与客户和业务经理联系和沟通的重点，它应当包括已有的服务以及新的或变更服务。服务级别管理应当管理期望，使客户和用户确信交付的服务质量是符合他们的期望和需要的。服务级别管理应当针对当前的服务制定和维护服务级别协议（SLA），并设法满足协议中的目标；它还应当针对新的或变更服务生成服务级别需求（SLR）。

6.2.3 容量管理

1. 概述

容量管理是指为满足当前和未来业务需求而评价、监控、调整信息系统软硬件资源的活动。容量管理范围包含但不限于生产环境的应用容量、系统平台容量、机房基础设施容量、网络容量。

容量管理是服务提供流程中非常重要的一个子流程，它从一个动态的角度考察组织业务需求和 IT 基础设施之间的关系。容量管理流程的实施主要围绕以下三方面的问题展开：

1）IT 服务能力的成本相对于组织的业务需求而言是合理的吗？
2）现有的 IT 服务能力能满足当前及将来的客户需求吗？
3）现有的 IT 服务能力发挥其最佳效能了吗？

容量管理的目的如下：
1）确保组织拥有足够的 IT 能力来满足服务级别要求；
2）为高级 IT 管理人员进行服务能力和需求配比决策提供建议；
3）确保现有 IT 能力得到最佳利用；
4）为服务级别管理流程确定恰当的服务级别提供参考建议；
5）通过前瞻性的容量需求管理增强了组织 IT 服务和业务运营的持续性。

可见，容量管理流程不仅要评价和改进现有服务能力，而且还应分析和预测组织未来的业务需求，从而确定未来应当配置的服务能力的级别。因此，容量管理流程是一个积极的具有前瞻性的服务管理流程。

2. 基本术语

（1）容量管理 容量管理（Capacity Management，CM）是指在成本和业务需求的双重约束下，通过配置合理的服务能力使组织的 IT 资源发挥最大效能的服务管理流程。

（2）业务容量管理 业务容量管理（Business Capacity Management，BCM）是容量管理的一个子流程，其主要任务是根据组织的业务计划和发展计划预测和规划组织未来业务对 IT 服务的需求，并使其在制定能力计划时得到充分考虑。

（3）服务容量管理 服务容量管理（Service Capacity Management，SCM）是容量管理的一个子流程，其主要任务是对服务级别协议中确定的服务项目的绩效进行监控、评价、记录、分析和报告，以及在必要时采取适当的行动以确保服务绩效能满足组织的业务需求。

（4）资源容量管理 资源容量管理（Resource Capacity Management，RCM）是容量管理的一个子流程，其主要任务在于对 IT 基础设施中的所有组件进行监控、评价、记录、分析和报告，以及在必要时采取适当的行动，对现有的 IT 资源进行调整，以确保其支持的 IT 服务能够满足组织的业务需求。

（5）性能管理 性能管理（Performance Management）是指对 IT 基础设施组件进行测度、监控和调整等一系列旨在提高 IT 基础设施服务性能的管理活动。

（6）应用选型 应用选型（Application Sizing）是指对运营新增或改进的应用系统所需的硬件和网络资源进行估计和分析，从而确保资源的配置能够支持正常的服务运营及相应的服务级别需求。

（7）容量数据库 容量数据库（Capacity Database，CDB）是指用于存储容量管理流程中所采集的业务数据、服务数据、技术数据、财务数据以及资源利用数据等数据信息的数据库。

（8）弹性 弹性（Resilience）是 IT 基础设施质量特征的一个方面，具体是指在一个或多个组件出现故障后 IT 基础设施仍能支持系统的充分运行而不影响其主要功能的特性。

3. 流程活动

容量管理的活动贯穿在业务、服务和资源三个管理子流程中，其关注点各不相同。业务容量管理子流程主要关注当前及未来的业务需求，确保 IT 服务提供方在进行容量规划时能够充分考虑组织业务需求的现状及发展趋势；服务容量管理子流程主要关注当前 IT 服务的绩效是否能够支持正常的业务运营，确保组织业务持续正常地运营；资源容量管理子流程主要关注为所有服务提供技术基础，确保 IT 基础设施中所有组件能发挥最大的效能。各子流程均包含了制订容量计划、容量报告、数据建模、应用选型等部分活动，如图 6-4 所示。

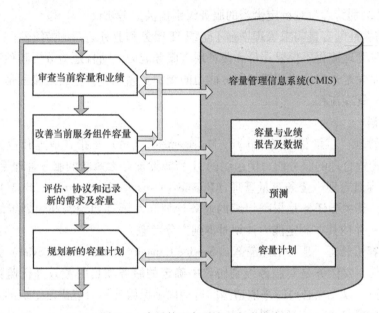

图 6-4 容量管理各子流程包含内容

4. 角色和职责

容量经理（Capacity Manager）是容量管理中的主要角色，其主要职责如下：
1）确保 IT 能力能够满足需要的服务级别；
2）协助服务级别管理人员发现业务客户的能力需求；
3）理解当前的基础设施和 IT 服务的使用情况，充分发挥各个设备的最大能力；
4）负责所有新系统和服务的选型，特别是使用建模技术确定能力需求。

5. 管理报告和关键绩效指标

（1）关键绩效指标　性能容量管理中 KPI 的设置需要能够体现性能容量管理的绩效，促进性能容量管理的运行质量。性能容量管理流程的成功程度可由以下关键绩效指标来确定：

1）客户需求的可预见性方面：对工作量随时间发展和变化的趋势的确认，以及性能容量计划的准确性。
2）技术方面：评价所有 IT 服务绩效的工具、实施新技术的速度以及在使用旧技术的情况下仍然可以持续地实现服务级别协议中所确定的目标的能力。

3）成本方面：临时性贸然采购次数的减少、采购不必要或昂贵的过度能力次数的减少以及在更早的阶段制定投资计划。

4）运营方面：因性能容量方面的问题而导致的事件次数的减少、在任何时候都能满足客户需求的能力以及性能容量管理流程被严格采纳的程度。

(2) 关键成功因素　性能容量管理流程的运行质量取决于以下关键成功因素：

1）准确的业务预期；

2）对 IT 战略和规划的充分了解，以及这种了解的准确度；

3）对当前及未来技术的掌握；

4）与其他流程的协调；

5）实现成本效益的能力。

6. 实践案例

以金融行业数据中心管理为例，容量管理的重要活动主要包括：系统上线前评估，性能和容量的规划和计划、监控、分析评估及预测、优化调整实施等。

(1) 上线前评估　业务部门在制定新系统或新功能需求时，应对上线后的业务量、业务峰谷时段、业务未来发展趋势等业务负载情况进行预估，并提交给信息系统开发部门。

信息系统开发部门应在新系统或新功能上线前，对信息系统进行压力测试，评估系统的承载能力，并结合业务负载预估、业务需求及压力测试情况，确定系统的硬件配置要求，硬件配置应能够满足未来 3~5 年的业务发展。

(2) 性能监控、分析与处置　系统运维部门识别系统性能指标，对指标进行监控，设置不同级别的告警阈值，并积累监控数据。性能指标一般包括但不限于：CPU 使用率、物理内存使用率、IO 传输率、机房机柜使用率、交换机端口容量、交易平均响应时间、批处理时间等。

银行业的容量监控主要根据容量工作计划，突出对重点时段、重点业务的监控，制定容量管理策略，确定各指标的监控对象、监控形式及监控责任人，确定容量分析预测方法及频率，并制定容量管理的监控手册等技术文档。定期收集信息系统的性能指标监控数据并进行分析，分析时应关注性能指标的趋势走向和异动情况，判断是否存在容量隐患，对于存在容量风险隐患的系统应及时通过资源调整或性能调优等手段予以排除，避免引发生产事故。

一般来说金融业数据中心容量分析评估主要分为例行化和特殊时期的分析评估及预测。

(3) 容量规划　信息系统维护部门每年应根据未来外部环境的变化（业务发展规划、交易量增长等）和日常性能分析结果，制定下一年度信息系统容量规划。容量规划应涵盖生产系统、备份系统及相关设备。容量规划中应明确哪些信息系统需要进行资源调整、资源调整的类型（扩容或减容）及原因、资源调整的具体配置等。对于涉及采购的资源调整，应纳入科技预算。

6.2.4 可用性管理

1. 概述

随着 IT 技术的不断进步，组织的 IT 基础设施的可用性和可靠性得到了不断提高，硬件和软件设计中容错和纠错技术的采用也大大降低了 IT 组件出现故障的风险。但与此同时，随着技术的更新和发展，组织所采用的硬件和软件资源也日益庞杂，组织业务对 IT 基础设施和相关技术的依赖性也越来越大。因此，加强对 IT 基础设施及相关技术的可用性管理是组织业务正常运营的有力保障。

可用性管理（Availability Management）是通过分析用户和业务方的可用性需求并据此优化和设计 IT 基础架构的可用性，从而确保以合理的成本满足不断增长的可用性需求的管理流程。

可用性管理流程的目标在于保证在考虑成本效率的情况下，所有服务的可用性水平都能够满足或超出当前和将来的既定需求。

可用性管理流程的范围包括 IT 服务及可用组件的设计、实施、测量和改进。可用性管理需要从业务的视角来理解服务和组件的可用性，从而确保所有服务和组件的可用性的设计和交付满足与客户议定业务需要的目标。可用性管理不包括业务连续性管理，即发生重大灾难后业务恢复的处理，业务连续性管理属于 IT 服务连续性管理流程。然而，可用性管理是 IT 服务连续性管理的关键输入，这两个流程有着密切的联系，特别是在风险评估和管理时，降低风险的实施及弹性的测量。

2. 基本术语

1）可用性：是指一个统计周期内信息系统、机房、网络等自身可正常提供服务时间占事先约定的应提供服务时间的比例，是评价服务质量的重要指标。如某单位网络设备可用率 =（1 - 网络设备故障时间/网络设备运行总时间）×100%。

2）计划性停止服务：是指计算对象自身实施变更、应急切换演练、核心业务系统换日脱机批处理等计划性操作导致停止服务的情况。

3）非计划性停止服务：是指计算对象自身因生产事件等非计划性原因导致停止服务的情况。

4）可靠性：是指用于测量服务、组件或配置项能够不间断地执行其约定功能的时间长短。

5）可维护性：是指用于测量服务、组件或配置项在发生故障后，可以恢复正常工作的速度和效率。

3. 流程活动

可用性管理的主要活动如图 6-5 所示。

（1）明确可用性指标　可用性管理人员在每年年初，根据上一年度的可用性趋势分析结果、可用性指标达成情况和可用性管理要求草拟各类可用性计算对象本年度预计达成的可用性指标。

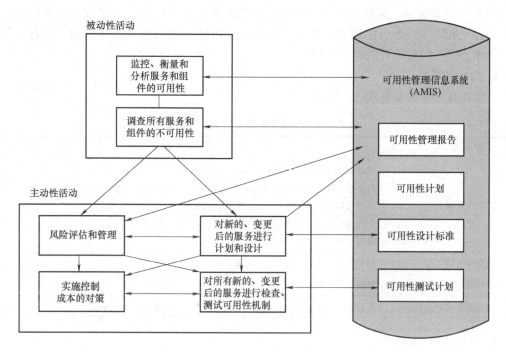

图 6-5 可用性管理的主要活动

(2) 制定可用性指标的术语定义、计算方法、计算规则　可用性管理人员应在每年年初，根据中心明确的可用性指标，制定相关指标的术语定义、计算方法、计算规则。

(3) 评审可用性指标的术语定义、计算方法、计算规则　可用性指标的术语定义、计算方法、计算规则制定或更新后，可用性管理人员组织中心任职干部和可用性支持人员对可用性指标的术语定义、计算方法、计算规则进行评审，如评审不通过应及时退回修改。评审通过后，纳入服务级别管理。

(4) 执行可用性指标　可用性指标的术语定义、计算方法、计算规则审批通过后，可用性支持人员应按照最新的可用性指标执行。可用性执行过程中如涉及生产系统改变的情况，则通过变更管理流程管理。

(5) 监控服务可用性并统计停止服务时长　可用性管理人员定期对因生产事件导致的非计划性停机时长进行可用率计算。

(6) 可用性回顾　可用性管理人员定期进行可用性统计并分析可用性趋势，组织进行可用性回顾。

(7) 更新可用性指标　可用性回顾后，对于以下情况经判断应由可用性管理人员及时组织可用性支持人员更新可用性指标：

1) 对于由于重大变更引起的现有可用性指标不适用于变更结果的情况；
2) 对于可用性按当前趋势发展可能低于可用性指标的情况；
3) 对于实际可用性已经低于可用性指标的情况。

(8)可用率统计、报告与发布 可用性管理人员应对可用率、可靠性、可维护性进行统计,并完成可用性报告的编写。根据对外报送及内部汇报的需要,按每周、每月、每季度、每年提供可用性统计的结果数据。

4. 角色和职责

可用性管理中的角色和职责见表6-1。

表6-1 可用性管理中的角色和职责

流程角色	工作职责
可用性管理人员	明确可用性管理要求,制定年度可用性指标; 负责组织可用性指标的术语定义、计算方法、计算规则制定和评审; 负责可用性数据的统计,以及可用性报告的编写和发布; 负责组织可用性水平回顾及可用性指标更新; 负责可用性管理的持续改进
可用性支持人员	负责分析、执行、更新可用性指标
可用性指标审批人员	负责审批可用性指标
可用性数据提供人员	负责监控服务可用性;负责计划性、非计划性停止服务时长的统计及提供

5. 关键绩效指标

在可用性管理流程评价和报告中使用的指标通常有以下几个:

(1)平均修复时间(Mean Time to Repair,MTTR) 事故发生到服务恢复之间的平均时间间隔,又称为停机时间(Downtime),它由检测时间和解决时间两部分组成。这项指标与服务的可维护性和适用性有关。

(2)平均无故障时间(Mean Time Between Failures,MTBF) 从某次事故修复到下次事故发生之间的平均时间间隔,又称为正常运营时间。这项指标与服务的可靠性有关。

(3)平均系统事故间隔时间(Mean Time Between System Incidents,MTBSI) 连续两次事故发生之间的平均时间间隔。平均系统事故间隔时间等于平均修复时间和平均无故障时间之和。

可用性报告应当包括以下指标:

1)根据MTTR、MTBF和MTBSI计算的可用率(不可用率);

2)总体正常运营时间和停机时间;

3)故障频率(次数);

4)故障影响度;

5)有关可能实际或潜在地导致超过约定不可用性程度的故障的额外信息。

6. 实践案例

以金融行业数据中心为例,信息系统通过可用性为不同等级的划分,实行了差别化管理。同时,针对银行业IT信息服务环境情况对生产、灾备、测试IT服务系统的可用性管理要求不同,可用性管理指标要求也不同。

银行业数据中心可用性管理流程如下：

（1）首先确定可用性需求　确定可用性需求必须在签订服务级别协议之前进行，且需要考虑新的 IT 服务和需要对现有服务做出的变更。可用性需求要对以下几项内容进行确定：

1) 关键业务功能；
2) 约定的 IT 服务中断时间；
3) 可量化的可用性需求；
4) 非计划的 IT 服务中断对业务功能所产生的可量化的影响；
5) 客户的业务运作时段；
6) 有关维护窗口期的约定；
7) 特别安全方面的要求。

需求部门根据实际需求，结合系统的重要程度、范围、优先级别、业务时效性、资源约束及成本等因素，确定可用性管理的初步需求；提供部门应当充分衡量初步需求的资源要求及成本，以确定其资源的承受能力是否能满足需求；提供部门和需求部门对信息系统可用性管理需求充分沟通后，达成一致的信息系统可用性管理正式需求。

（2）可用率目标制定与调整　可用性管理人员应在每年年初组织制定本单位当年的可用率目标，可用率目标应涵盖的范围包括但不限于：重要信息系统、重要运维支撑系统、生产及办公网络（含外联网络线路）、机房基础设施、存储等基础系统平台。

如无特殊原因，可用率目标值原则上应不低于上一年度；可用率目标确定后，可用率管理人员应及时组织制定配套的保障计划，确保年终时可达成目标；当信息系统、机房、网络、基础平台发生技术架构变化、设备升级等重大变更，导致原有可用率目标与变更后实际情况不匹配时，可以进行可用率目标修订。

（3）可用率数据采集与计算　可用率计算可以按周、月、季、年等不同周期进行，至少应每季度计算一次。可用性管理人员应按周期收集本单位可用率目标涉及领域的计划性及非计划性停止服务时间数据，按照可用率计算规则计算可用率。

（4）可用率分析与报告　可用性管理人员应按照本单位可用率计算周期对可用率情况进行分析并形成报告。可用率情况分析应包括可用率目标达成情况：识别即将无法达成或已无法达成的情况；对于可用率无法达到基本要求的情况，如评估短期无法提升，则可用性管理人员应组织及时通知相关业务部门和风险管理部门，协助做好应对策略。

6.2.5　连续性管理

1. 概述

IT 服务连续性管理的目标是通过确保所需的 IT 技术和服务设备能够在规定的业务时间进度内重新运作，从而支持整个业务连续性管理流程。

IT 服务连续性管理主要是针对业务认为足够重要的，被看成是灾难的事件；不同的组织对灾难有不同的定义，通常是通过业务影响分析来测量业务损失的影响，如财务损失以及声誉和规则的破坏。

2. 基本术语

（1）业务持续性管理　业务持续性管理（Business Continuity Management，BCM）流程包括将风险降低至合理水平以及在业务中断发生以后进行业务流程恢复两个方面。业务持续性管理包括启动、需求分析和战略定义、实施以及运营管理四个阶段。

（2）IT 服务持续性管理　IT 服务持续性管理（IT Service Continuity Management，ITSCM）是指确保发生灾难后有足够的技术、财务和管理资源来确保 IT 服务持续性的流程。IT 服务持续性管理包括灾难恢复设施的需求分析、灾难恢复计划的制定、计划的更新、测试的执行以及必要时进行实际的灾难恢复等方面。

（3）逐渐恢复　逐渐恢复（Gradual Recovery）即冷支持（Cold Stand-by）。当组织采用这种恢复方案时，可以不用立即恢复业务流程和重建所有 IT 设施而能在 72 小时或更长的时间内继续保持运行。逐渐恢复要求提供装备了以下设施的未使用的场所：电力、环境控制措施、局域网集线器、通信连接。在发生灾难时，组织可以利用这些设施重新装配计算机系统。

（4）中期恢复　中期恢复（Intermediate Recovery）即暖支持（Warm Stand-by），通常是指在 24 小时到 72 小时内重建关键系统和服务的方法。该方法被组织用于在预定时间内恢复 IT 设施，从而避免其对业务流程造成影响。

（5）紧急恢复　紧急恢复（Immediate Recovery）指发生不可挽回的事故后立即恢复有关服务。紧急恢复不同于热支持（Hot Stand-by），热支持通常是指在较短的时间内（如 2～4 小时内）恢复服务的可用性，而紧急恢复指发生事故后立即恢复服务的可用性。

（6）业务影响分析　业务影响分析（Business Impact Analysis，BIA）是指对关键业务流程以及由于这些流程中断而可能对组织造成的损害或损失进行确认的管理活动。

3. 流程活动

连续性管理的主要活动如图 6-6 所示。

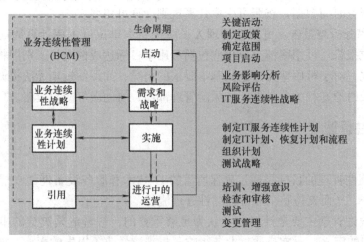

图 6-6　连续性管理的主要活动

(1) 制定 IT 服务持续性策略　随着组织业务对信息技术的依赖性越来越大（如电子商务应用），ITSCM 已成为业务持续性计划不可或缺的一部分。现在，越来越多的组织采用风险降低和灾难恢复二者平衡的方法，将风险降低到能持续提供 IT 服务的水平。组织的 ITSCM 策略应该在风险降低措施的成本与恢复方案的选择之间寻求平衡点，确保以最低的成本将 IT 服务运营的风险控制在最低可接受水平。

(2) 启动前准备工作　在正式实施和运营 IT 服务持续性管理之前，必须做好相关的准备工作。这些准备工作主要有以下几方面：

1) 制定政策：应尽可能明确地定义 IT 服务持续性管理的政策，并在组织内充分沟通，以使所有相关人员都清楚 ITSCM 的要求；

2) 定义 ITSCM 范围及相关领域：包括定义 IT 持续性管理的范围、人员的职责以及工作方法等。

3) 分配资源：为构建一个适当的 ITSCM 环境，必须为 IT 服务持续性管理配备必要的财务和人力资源。

4) 成立项目组织和控制架构：ITSCM 项目往往都很复杂，因而需要精心的组织和控制。

(3) 业务影响分析　决定 ITSCM 需求的关键因素是当灾难发生或其他服务中断时组织能承受的灾难损失的程度和损失扩散的速度。业务影响分析有助于实施风险评估，从而可以明确哪些地方需要重点实施 IT 服务持续性管理。

(4) 风险评估　风险评估可以识别组织中存在的具体风险，其中许多风险涉及组织持续提供 IT 服务的能力。如果缺少对相关风险的评估，则风险评估策略是不完善的，可能导致业务的中断。风险评估可分为风险分析和风险管理两个环节。

风险分析可以为管理层提供 IT 服务运营中存在的威胁和薄弱点方面的信息，从而有助于制定相应的预防措施。风险分析主要包括以下几方面的工作：

1) 识别相关的 IT 组件（资产），如建筑物、系统、数据等；

2) 分析对 IT 基础架构构成的威胁并估计灾难发生的可能性（高、中、低）；

3) 识别 IT 基础架构中存在的薄弱点，并对它们进行归类（高、中、低）；

4) 综合评价 IT 组件中存在的威胁和薄弱点，并据此估计风险的大小。

在综合评估 IT 服务运营中存在的风险后，IT 服务持续性管理需要对这些风险进行管理。一方面，通过制定信息安全政策，采取适当的预防措施与控制方式对事故进行预防和控制，使风险被避免、转移或降至一个可接受的水平；另一方面，可以通过事先制定合理的灾难恢复方案来尽量减少灾难发生后的服务中断时间。

(5) 风险降低措施　典型的风险降低措施包括：

1) 一个全面的备份和恢复策略，包括异地存储备份；

2) 消除可能由单点故障（例如单一电力供应）导致的风险；

3) 构建富有弹性的 IT 系统和网络并保持经常变更，以确保最佳的服务绩效，从而满足不断增长的业务需求；

4）采用更好的控制措施来检测局部服务中断，如结合使用火灾检测系统与火灾抑制系统；

5）采用改进的程序（如变更控制）减少错误或故障发生的可能性。

以上的策略不可能完全解决 ITSCM 问题和消除风险，但以上策略的全部或部分组合可以有效地降低 IT 服务运营中的风险。

（6）组织和实施 ITSCM 一旦确定了 IT 服务持续性策略后，就应当开始实施 IT 服务持续性管理，并针对每一类 IT 组件制定详细的持续性管理实施计划。在组织和实施 ITSCM 的过程中，需要进行下列活动：

1）组织架构安排：IT 部门自身只是总体命令、控制和沟通架构的一部分。ITSCM 的实施需要相应的组织架构安排。

2）实施规划：没有可行的计划很可能导致实施过程的失败。总体协调计划包括紧急事件响应计划、损害评估计划、灾难抢救计划、重要记录保护计划、危机管理和公共关系计划等。

3）实施风险降低措施：故障发生的可能性直接影响服务的可用性，因此实施风险降低措施必须结合可用性管理进行。

4）实施备用方案：恢复方案的实施依赖于一系列的备用方案，包括场所、系统以及通信等方面。

5）制定 IT 服务持续性管理计划：为确保可以持续地提供有关关键系统、服务和设施的必要信息或在可接受的时段内能够恢复这些信息，需要制定 IT 服务持续性管理计划。IT 服务持续性管理计划需要设定各种活动，从而确保必要的系统和设施能够在可接受的状态下持续运营。

6）设计计划实施程序：ITSCM 计划的实施依赖于具体的技术任务程序。这些实施程序必须文档化，从而使 IT 人员可以直接按照该程序实施恢复方案。

7）初始测试：初始测试是 ITSCM 的一个非常关键的方面，一般在变更实施前进行。IT 部门负责测试 IT 服务持续性计划和程序的有效性。

（7）运营管理 一旦规划和实施已经完成，接下来就需要对 IT 服务持续性管理流程进行运营和维护。在运营管理中，需要进行以下活动：

1）教育和意识培养：为了降低服务中断的可能性和保证持续性管理流程的顺利运营，需要对组织的 IT 支持人员和业务人员进行业务持续性和服务持续性方面的意识培养，使他们将维护业务和服务的持续性作为常规的工作。

2）评审：需要对可采用的 ITSCM 程序进行定期评审以确保其时常更新。

3）测试：制定针对 ITSCM 的定期测试程序是必需的，每年至少应测试一次，或由高级管理人员、审计人员进行审查，由此可以确保关键组件的有效性。

4）变更管理：评审和测试以后需要进行日常的变更管理，因此需要 ITSCM 及时更新。ITSCM 必须作为变更管理程序的一部分以确保基础架构的任何变化都反应在第三方提供的持续服务合同上。不正确的计划和不充分的恢复能力都将导致 ITSCM 的失败。

5）培训：培训包括 IT 恢复人员和业务人员的培训，以确保他们有必要的能力去胜任业务恢复工作。

6）确认：ITSCM 生命周期的最后程序是得到高层业务管理人员的确认，以确保高层管理人员认可 ITSCM 流程运营的质量以及运营管理流程能够顺利进行。

4. 关键绩效指标

恢复时间目标（Recovery Time Objective，RTO），指在故障或灾难发生之后，一台电脑、系统、网络或应用停止工作的最长可承受时间。该参数定义了最大可容忍时限，必须在此时限内恢复数据。

恢复点目标（Recovery Point Objective，RPO），指一个过去的时间点，当灾难或紧急事件发生时，数据可以恢复到的时间点，是业务系统所能容忍的数据丢失量。

6.2.6 信息安全管理

1. 概述

信息安全管理是指在实现信息安全的全过程中，人应该做什么、如何做，通常用"七分管理，三分技术"来形容管理对信息安全的重要性。管理是贯穿信息安全整个过程的生命线。

信息安全管理的目标是使 IT 安全和业务安全结合起来，确保在所有的服务和服务管理活动中都能实现信息安全。

安全管理（Security Management）的目标是按照保密性、完整性和可用性的要求保护信息的价值。这个目标的确立基于服务级别协议中所确定的安全性需求，这些安全性需求通常与合同的要求、法律法规以及组织的政策相关。安全管理致力于在独立于外部条件的情况下提供一个基本的安全性级别。

安全管理是顺应信息安全的需求而产生的，其主要目标是确保信息的安全性。安全性是指不易遭到已知风险的侵袭，并且尽可能地规避未知风险。

各种信息安全控制中三个主要的安全原则是：可用性、完整性、机密性。

（1）可用性（Availability） 信息、系统和资源必须在时间上能够保证用户的使用，这样才不会影响工作的进程。可用性是确保信息资产对授权用户随时可用的能力，在实际应用中，可以把有可能损害可用性的威胁分成两类：

1）拒绝服务（Denial of Service）；

2）会造成数据处理所需设备损失的自然灾害（火灾、水灾、地震等）或人为因素（恐怖袭击等）。

拒绝服务通常指因为用户或入侵者的原因导致某个数据服务无法向其用户提供服务的故障，比如系统资源耗尽导致的计算机锁死、存储器资源耗尽导致的文件读写失败、网络资源耗尽导致的网站无法访问等，但拒绝服务通常不会物理损坏数据服务所依靠的设备，进行释放资源之类的相关处理便可恢复正常。而自然灾害和人为因素则是物理损坏，只能重新购置部署设备才能使数据服务恢复正常。可以制定业务持续性计划（BCP），并通过物理（物理安全及设备备份)、技术(设备冗余、数据备份及访问控制)和管理(各种策略流程等管理措施)手段来保证其可用性。

(2)完整性(Integrity) 完整性是确保信息资产不被有意或无意地未授权修改的能力,完整性通常由访问控制和安全程序这两者提供。完整性控制主要遵循以下三个原则:

1)最小权限原则(Need to Know/Least Privilege),用户应该只获得完成其工作的最低限度的资源访问和操作权限。

2)职权分离(Separation of Duties),确保较为重要的工作流程由多人完成,防止出现欺诈行为。比如常见的财务人员和审计人员分属于不同的部门便是职权分离的例子。

3)职务轮换(Rotation of Duties),定期轮换重要职务上的人员,有助于防止出现欺诈,也可以在当前人员缺席的情况下很快由其他人员替代。

(3)机密性(Confidentiality) 机密性是确保信息资产不被未授权用户访问的能力,最近几年很受关注的身份管理和隐私问题也属于机密性这一范畴。常见的机密性威胁有黑客入侵、授权用户伪装成另外一个授权用户、非授权访问、未加保护的机密文档、木马病毒等。

可以通过以下控制手段和方式保障信息的机密性:在存储和传输数据时进行加密、网络流量监控、严格的访问控制、数据分级,以及对职员进行合理的安全意识培训等。

2. 基本术语

信息安全是指信息系统的硬件、软件、网络及其系统中的数据受到保护,不受偶然因素或者恶意行为的影响而遭到破坏、入侵、更改和泄露,保证系统连续可靠正常运行,提供不间断的信息系统服务。

1)安全策略(Policy):是指为保护信息及信息系统安全而制定的技术和管理方面的原则性要求,包括基本安全策略和补充安全策略。

2)安全标准(Standard):安全标准是支持安全策略实施,并通过规定具体的标准和实施的方向来支持使安全策略能更为有效执行的文档,它规定了强制性的活动、行为、规则和制度等,通常会规定具体的技术手段、产品或解决方案等,并在组织内部整体实施。

3)安全基线(Baseline):安全基线和安全标准相类似,也是通过强制性的手段和规定来支持安全策略实施的文档,但安全底线和安全标准不同的地方在于,安全标准更偏重于宏观上要达到或者要实现什么目标,而安全基线则是根据同一类型信息资产中不同子类型的特点分别制定的强制规则,如要求所有的客户端系统都安装某个厂商某一个版本的反病毒软件,就是安全标准;而Windows 2000/XP/2003分别进行什么安全配置,则是安全基线。

4)安全措施:是指通过防范威胁、减少弱点、限制意外事件造成的影响等途径来削减风险的方法。

5)安全指引(Guideline):安全指导是非强制性的,带有建议性质的安全文档,它通过建议组织及其成员,进行建议的行为或活动来获得更高的安全级别,或对信息安全有更深入了解。

6)安全流程(Procedure):安全流程是通过给组织及其成员提供在操作环境中切实可

行并具体的每步操作流程和标准,以达到安全策略、安全标准和安全基线等文档规定要求的文档。

7)访问控制:是指为防止对资源的未授权使用而采取的安全措施。

8)安全例外:是指因特殊原因引起的不符合安全策略要求,但已通过补偿性措施使风险处于可控范围的情况。安全例外必须经过审批。

9)信息安全等级:包括信息的安全等级、系统服务的安全等级、信息系统的安全等级。信息系统的安全等级由系统服务的安全等级和系统内信息的安全等级决定。

3. 流程活动

信息安全管理主要活动如图 6-7 所示。

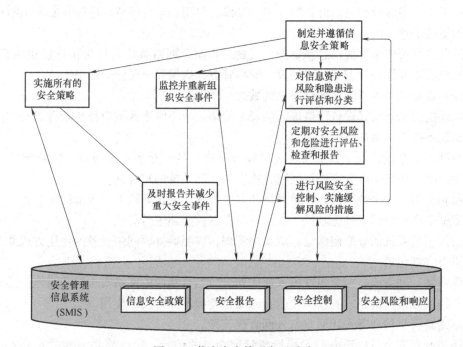

图 6-7 信息安全管理主要活动

(1)信息系统安全策略 信息系统基本安全策略作为信息系统安全保护所必须遵循的基本安全要求和措施,适用于机构内所有信息系统。

信息安全管理部门应结合信息的安全等级划分结果,并以相应等级的安全策略要求和相关安全需求为依据,确定具体的技术实现方式,开发相应的安全控制功能,在信息系统中部署实施相应的安全控制措施。

(2)安全监督与问题整改 安全管理部门应根据安全监督需求及安全监督技术方案明确安全监督的对象、监督内容、执行周期、实施岗位、配合部门和交付件模板,形成各监督对象的监督实施方案,并以此为依据具体实施安全监督工作。

4. 信息安全管理实践

以数据中心为例，信息安全管理对象是对信息系统的安全定级、基础设施及环境安全、网络及通信安全、主机及系统安全、软件安全、安全技术与使用、操作与维护安全、项目与工程安全、应用系统开发安全、密码技术及使用、外来人员安全、科技文档安全、安全监督与问题整改的管理过程。

下面以数据中心网络与通信安全管理为例，说明信息安全管理的各项要求：

对网络设备和通信线路应进行定期的检测和维护，确保其处于可用状态。

对 MODEM、路由器、交换机和网络线路加密器等通信设备须采取严格的管理措施，未经批准不得随意移动和接入。

对计算机网络和数据通信设备的停用、维修、重用和作废环节，应建立安全机制有效清除或销毁敏感信息，防止泄漏。

根据网络系统中包含的信息系统安全级别，将整个网络系统划分为相对独立的安全域，通过安全域的边界防护和安全域内的统一安全管理，确保安全域内的网络安全。

服务器设备的接入不得跨多个安全区域。

制定便携式和移动式设备网络接入的安全策略，核心网络区域应禁止未授权的便携式和移动电脑设备接入网络。

根据网络安全域的安全级别和通过风险分析确定的安全需求来设计、实施网络安全方案，定期组织对网络安全方案进行回顾，检查与实际系统的符合性。

按照相关网络安全技术规范实施网络的安全配置，并定期检查与规范的符合性。对网络设备配置命令和响应信息的完整性、合理性及保密性必须进行验证。

对访问生产系统的外联网络设备应集中管理，应明确外联网络设备的使用方式并对其使用情况进行详细记录。

新建网络、网络改造或变更在投入使用前，应制订相应的网络安全防范措施。必须组织对新建网络或改造后网络实施安全检验，未通过检验不允许投产使用。

严禁擅自将机构业务专用网络与外网直接连接。

严格控制对安全域内设备的远程诊断管理端口的访问，使用前必须经过安全管理部门审批。

按照制定的相关网络安全技术规范要求，对办公用户网、测试网与生产网络实施严格的物理、逻辑隔离措施。

因特殊原因需要开通办公用户网、测试网到生产网络的访问权限时，必须做好严格的审批、登记和撤销工作，并按照有关网络安全技术规范要求做好相关的网络安全控制策略。

应对 TELNET、PC ANYWHERE、WINDOWS 终端服务、X-WINDOWS 等远程访问生产系统方式的使用，限制在只可以从安全的网络进行访问并对系统进行安全配置和记录日志，且使用前需经安全管理部门审批，并定期组织进行检查。

VPN 网络必须采用认证和加密传输等安全技术，并严格按照相关网络技术规范进行建设。

防火墙策略的制定要严格按照相关网络技术规范进行，防火墙策略的变更应经过安全管理部门审批。防火墙日志要定期进行备份，并定期对防火墙策略及日志进行检查。

禁止将含有涉及国家秘密的计算机与互联网连接，禁止用于上网的计算机（包括移动电脑和台式电脑）保留涉及国家秘密的数据和信息。

各级单位建立、健全电子邮件、电话、传真、视频会议等办公系统的安全使用制度，并实施必要的安全控制措施，确保办公系统的安全。

6.2.7 供应商管理

1. 概述

供应商管理流程的目标是管理供应商和供应商提供的服务，为业务部门提供无缝的 IT 服务，使投入物有所值。

供应商管理流程包括为所有需要业务的供应商提供 IT 服务以及合同管理。服务使用方对供应商和合同管理应当有正式的流程管理，该流程应当对重要的供应商和合同有所倾向，供应商贡献价值越大，对其管理和关注就应该越多。IT 供应商管理经常不得不遵从组织和公司的标准、指南和要求，特别是公司法、财务和采购法规。

2. 基本术语

1）外部技术资源：是指在信息系统建设及运行维护过程中，无法完全依靠自有技术力量和资源达成工作目标，而需要从本单位以外的法人、组织或者个人引进的技术产品或服务。

2）供应商：是指在信息系统领域，向本单位提供外部技术资源并获取相应报酬的法人、组织或个人。

3）最终供应商：是指通过采购环节确定的，可进入合同、协议签署环节的供应商。

4）备选供应商：是指列入考察、测评范围并经审核后有可能成为本单位采购项目最终供应商的法人、组织或者个人。

5）供应商信息：是指供应商的资质信息，以及与本单位的合作关系记录、评价记录等与本单位供应商管理工作相关的信息。

职能部门包括外部技术资源需求部门、外部技术资源审批部门、供应商管理部门。

3. 管理活动

供应商管理活动如图 6-8 所示。

（1）确定供应商的战略和政策　目的是设计一种能最大限度地降低风险的合理供应结构，采用一种能使采购总成本最低的采购方法，同时与供应商建立一种能促使供应商不断降低成本，提高质量的长期合作关系。

（2）对新的供应商/合同进行评估

1）质量：首先要确认供应商能否保证产品质量稳定效运行，质量体系要确认内部管理能力能否满足所购产品要求。

2）价格：供应商应该能够提供有竞争力的价格，这并不意味着必须是最低的价格，这

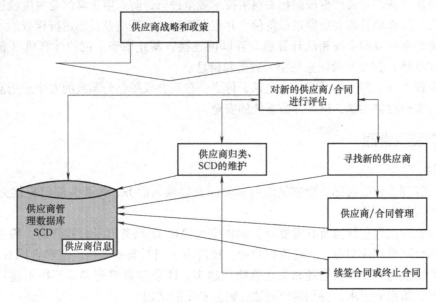

图 6-8　供应商管理活动

个价格是考虑了要供应商满足所需要的时间、所需的数量、质量、服务后确定的,供应商还应该有能力向购买方提供改进产品成本的方案。

3) 信誉:在选择供应商时,应该选择一些有较高声誉的,经营稳定的以及财务状况良好的供应商,同时双方应该相互信任、讲究信誉,并能将这种关系保持下去。

4) 服务:供应商良好服务意识,评价供应商服务水平的指标有响应速度、工作态度、沟通能力、财务流程等要素。

5) 地理位置:供应商的位置对库存量的管理有相当大的影响,如果物品单价较高,需求量又大,那么距离近的供应商有利于管理,购买方总是期望供应商距离自己近一些,或至少要求供应商在当地建立库存,地理位置近送货时间就短,意味着紧急缺货时,可以快速送到。

6) 财务状况:财务状况直接影响交货履约能力,通过对供应商财务报表资产负债表、损益表、资产负债情况及一段时间内销售业绩的考察,确定供应商财务状况。

7) 技术能力:企业要发展离不开产品更新换代,供应商想要保持市场竞争力就需要不断研制新产品,供应商自主研发能力、新技术适应能力、新产品制造能力及新产品工艺流程适应能力等都应作为考察供应商技术能力的要素。

(3) 寻找新的供应商

1) 寻找供应商:通过各种途径寻找供应商,比如网站等媒体、同行介绍、行业刊物、公招标等;在现供应商预选库寻找潜在供应商进行初步评价筛选。

2) 初选供应商:比如通过行业评价、向意向供应商发放调查问卷、第三方评价机构及与供应商相关员工交谈等途径尽可能获得供应商信息。

3）实地考察供应商：对于重要物资供应商，应派遣采购员先行考察供应商现场，对管理状况、设备状况、合规产品等进行初步了解。

4）评估供应商：组织评估团对意向供应商进行评估，对包括质量体系、技术要求符合能力、生产管理、销售服务等方面进行资料现场评估。

5）商务谈判：与评估合格的供应商进行商务谈判过程。

6）试用期：对评估合格的供应商进行一段时间试用，评估核实质量、价格、交期、服务等状况。

7）建立供应关系：谈判成功、试单合格后发出供应邀请函，正式接受供应商，建立合作关系。

4. 供应商/合同管理

1）合同管理：包括合同起草和合同谈判。

2）供应商管理：包括供应商绩效管理和供应商关系管理。

供应商的关系管理包括供应商的评价管理、供应商的准入和禁用管理及供应商的信息管理等过程。

合同或协议的具体执行部门需及时将与供应商在合作过程中存在的与商务相关的风险或问题反映给供应商管理部门。

供应商管理部门负责根据合同或协议约定向违约供应商提出补偿或赔偿要求，相关外部技术资源需求部门提供必要的支持配合。

需求部门作为具体外部技术资源的使用部门负责对供应商进行评价，供应商管理部门负责统一收集、登记供应商评价信息。

供应商管理部门负责辖内供应商信息的管理工作；可根据供应商分类，明确管理流程，制定具体的管理信息模板，建立供应商信息库。

6.2.8 设计协调

设计协调流程是 ITIL 2011 版本新增的流程，在此流程中才真正产生 ITIL 在服务设计阶段的最终产出物服务设计包（SDP）。该流程的目的是提供唯一的接口控制点，对在服务设计阶段所有相关流程的活动和行为进行有效控制，以确保服务设计包的目标能够实现。为了实现以上目的，设计协调流程需要确保通过适合的服务、服务管理信息系统和技术架构等结合的方式来最终达到业务的需要。设计协调流程会协调不同的服务设计活动、供应商和服务支持团队的相关工作，并且在需要时提供服务的变更或新服务的计划、资源、风险和冲突的管理。由此可以看出该流程除了对服务设计活动进行控制之外，还涵盖了针对新服务的项目管理计划、沟通、过程控制和风险管理等诸多目标元素。通常大企业会设置架构评审委员会来评估每个服务的架构设计文档的设计质量和可能的风险，以达到设计协调的接口控制点的目的。

为了达成设计协调对架构设计一致性的检测，该流程对任何新服务或服务变更在服务设计阶段的主要工作范围和业务价值如下：

1）计划、协调、优化资源的供给，解决服务当前和未来的需求冲突；
2）对服务设计的活动进行充分评审和度量，以提高服务设计的质量；
3）确保服务的功能需求和非功能需求能够有效达成；
4）确保服务设计中的服务设计包（SDP）能够有效地移交到服务转换环节。

6.3 服务转换

通过6.2节的服务设计阶段，学习了将战略目标转化为服务组合和服务资产的方法，本节将学习如何将新的或需要改进的服务从服务设计投入服务运营，并在这个转换的过程中学习如何充分控制风险，降低失败的可能性。

6.3.1 服务转换简介

服务转换（Service Transition）是把在服务设计阶段所设计的服务设计包变成可以操作和执行的服务过程，也就是从服务设计到服务运营的转换过程。比如某医院将服务设计阶段所设计的网上挂号的功能投入使用的过程。

服务转换描述了如何有效地将新的或变更的服务从服务设计转换到运营过程中。服务战略需求通过服务设计进行编码，而服务转换则是探讨如何将这种编码有效地导入服务运营体系中，同时控制失败的风险和服务中断。服务转换的目的就是把商业需求和设计变成用户可以使用的服务。

服务转换阶段包括转换规划与支持、变更管理、服务验证与测试、发布与部署管理、变更评估、服务资产与配置管理以及知识管理七个流程，其中变更管理、服务资产与配置管理、知识管理支持整个服务生命周期。

6.3.2 服务转换规划与支持

1. 概述

转换规划与支持流程是为了保证服务能够顺利地投入运营，并使投入运营的过程和质量可控，而对服务转换的资源、时间、成本等相关内容进行规划和协调的过程，并对转换过程提供支持。

转换规划与支持流程的目的有以下几点：
1）通过规划和协调资源，确保服务设计能够在服务运营中有效地实现。
2）对服务转换的时间、成本、质量、人力资源进行统一的计划和管理，使转换过程可控。
3）识别、管理和控制服务转换过程中出现故障和中断的风险。

2. 流程活动

规划和支持的主要活动包括制定转换策略、准备服务转换、计划和协调服务转换。
（1）制定转换策略　转换规划与支持流程首先需要根据服务的规模、性质和特点以及转换的范围、数量和频率来确定最适合的服务转换方法（比如整体交付还是分阶段交付）和资源分配方法。

在制定转换策略时应考虑的内容包括但不限于服务转换的目标、背景、范围；适用于服务转换的策略、流程和实践；转换的资源规划与估算；转换的准备与培训要求；发布与变更授权；重复使用组织的经验、专业技术、工具、知识和相关历史数据等。

（2）准备服务转换 服务转换准备应确认服务设计和所有发布单元可以在与预期的限制条件下和环境中运行并获得支持。服务转换准备活动包括审查和验收来自其他服务生命周期各阶段的输入；审查和检查输入交付物；识别、上报和安排变更请求；在服务转换开始之前，检查配置基准数据是否已记录在配置管理中等。

（3）规划和协调服务转换 服务转换规划所包含的任务和活动有：服务转换的工作环境与基础设施的规划；里程碑的规划、移交和交付日期；要执行的活动和任务；各阶段的人员配备、资源要求、预算和实践范围；要管理的问题与风险；提前时间和意外事故等。

（4）提供转换流程的支持 首先，服务转换应为所有利害干系人提供支持，以使他们能够理解与贯彻服务转换流程框架、支持系统及工具，同时需要将计划和进展及时提供给他们。其次，要对转换过程的进度进行监控，并根据实际情况及时调整计划。

3. 角色和职责

服务转换规划与支持的职能在组织中可能被合并到总体服务管理办公室或IT规划的责任中，职责包括：为转换规划和支持确定需求、流程和工具；制定总体转换计划；维护和监视服务转换进度；维护关于资源利用、转换进度、预算和开销的记录；管理和协调资源要求；必要时，对项目、供应商和服务团队之间的服务转换活动进行协调；发布服务转换的相关统计数据，确定改进点；对服务转换活动进行质量审查；与利益相关方沟通。

4. 关键绩效指标

1）所实施的符合客户协定要求（成本、质量、范围和发布时间安排方面）的发布数量（即占全部发布的比例）；

2）实际与预期范围、质量、成本和时间之间差异的减少；

3）减少由于规划不充分引起的问题、风险和延迟数量；

4）通过改进规划活动的范围和集成，提高服务转换成功率；

5）项目与服务团队对服务转换实践的满意度。

5. 实践案例

在实践中，转换规划与支持流程通常适用于较为重大的变更或大规模组织同时进行多个变更时进行的规划和协调，这些变更通常是作为项目来进行的，往往采用项目管理作为最佳实践。

某银行数据中心计划2017年实施生产中心核心网络优化升级改造工作，将核心交换整合安全控制+模块化分区的设计，升级优化为"增强型二层网络"，将安全控制功能与数据中心核心解耦合，提升性能和容量，全面增强可靠性、可扩展性和稳定性。该项工作有别于同业通过新建核心网络架构后平滑迁移实现网络架构升级换代的方式，该行的网络架构升级采用了替换心脏式的在线升级方式，涉及范围广，实施难度高，因此单独立项进行管理。

该项目首先对项目背景、项目目标、设计原则进行了明确，接下来是架构设计、技术方案制定、迁移方案制定、测试方案制定及实施、迁移实施等阶段。在架构设计阶段按照项目目标和设计原则对网络整体架构以及各网络区域的架构进行了明确；在技术方案制定阶段对网络底层设备、Nexus、交换、路由、网络基础安全等方面的进行了详细设计；在迁移方案阶段制定了部分迁移工作前移以及分批次实施的方案，并对迁移的批次、迁移的实施、验证、回退、应急方案进行了反复论证；对于测试方案，通过新架构自身的可用性、可靠性及性能容量方面的测试，在实验环境下搭建模拟生产网络环境，验证新老架构并行及迁移方案的测试，搭建业务测试环境，验证业务系统在迁移到新架构后的可用性和稳定性等。

实际的情况和过程要比想象中复杂得多，需要项目经理、架构负责人、安全负责人、应用负责人等多方的反复论证，并在不断的讨论和实践过程中对方案、里程碑进行不断地优化。

同时，在转换规划阶段还包括对转换相关交付物的规划，在该项目中，需要交付的文档包括：整体计划文档、相关配置文档、升级前后的网络架构图、转换实施方案和应急回退方案、测试或演练文档、转换后的总结文档。

通过转换计划阶段的整体规划，对项目的实施方法、流程、人员、里程碑、交付物等内容进行了明确，保证项目能够按照预期的时间和质量完成，通过提前评估、测试和演练将转换可能造成的影响降到最低，并通过文档的发布和培训提高了服务水平。

6.3.3 变更管理

1. 概述

在数据中心运维过程中，变更（Change）是使系统或服务发生变化的所有活动，包括对设备、系统、网络、应用、基础软件、配置及参数等方面进行的改变。比如设备故障硬盘的更换，服务器操作系统升级，网络访问控制的开通，应用服务的启停，业务数据的调整等，都属于变更的范畴。变更可能来源于事件、问题、优化升级等内部需求，也可能来源于用户、客户、监管机构等外部单位的需求。需要注意的是，变更管理的系统范围是实际投入运营的系统，尚处于开发、测试过程中的系统不在变更管理的范围内。

变更管理（Change Management）是通过标准化的方法、流程对变更进行有效的管理和控制，以便在变更之前对变更进行记录、对变更的风险和影响进行评估、对变更方案进行审核和评审、对变更进行授权，在变更执行过程中，进行有效的监控、严格按照方案执行并进行充分的验证，在变更结束后进行总结、回顾及持续改进。

变更管理通过一系列的控制过程，使变更实现预期的价值，并将对服务级别产生的影响降到最低，其目的主要有以下几点：

1) 使用标准化的方法和程序，使所有变更处于有效的管控之中。

2）充分评估风险、优化方案、降低变更缺陷,从而降低因变更导致的服务中断的风险,保证系统的稳定运行。

3）提高变更的准确性和成功率,更好地实现各类内部和外部需求。

2. 基本术语

1）服务变更:是指对已授权的、计划的、支持的服务或服务组件及其相关文档的添加、修改和移除。

2）变更请求(Request for Change,RFC):是指用于记录变更请求的书面文档或电子文档。在用集成的服务管理平台记录变更请求时,通常被称为变更工单。

3）变更类型:实际组织中实施的变更种类多、情况复杂,这就需要组织通过差异化的管理,一方面严格控制风险,另一方面提高变更管理效率。通常以下类型的变更会进行差异化的管理:

重大变更:重要信息系统的新建,或涉及重要信息系统的公用模块、数据库结构以及系统架构的修改或新增;重要基础设施的新建、改造、重大升级,或其他可能影响重要信息系统正常运行的变更。部分企业也会通过变更分级管理来实现重大变更和常规变更的区别化管理,不同的级别通常是按照不同的影响范围和程度来判断的,变更分级管理是变更管理更细致化的产物。

标准变更:是指实施风险小、操作简单且标准化、已经预授权的变更。标准变更应具备以下特征:不影响业务和服务;实施风险低,且容易识别;操作简单、固化,且已多次成功实施;经过评审并正式发布。

紧急变更:紧急变更和前两种类型的划分维度并不相同,紧急变更是从需求的紧急程度上来划分的。紧急变更是指因生产事件或问题引发,或根据第三方(含有权机关、合作伙伴等)要求,在收到需求后需要紧急处理的变更。

4）变更窗口:变更窗口是对变更实施日期和变更实施时间点的规定,以对业务影响最小为原则。通常变更实施日期是根据变更类型、变更风险和影响等因素来安排的,比如标准变更可以每天实施,重大变更安排在周六夜间,常规变更可安排在每周三、周六,这就是一个简化版的变更实施日期的规定。变更实施时间点通常是根据信息系统的服务时间来决定的,比如 7×24 小时服务的系统,变更时间点安排在 22:00;5×8 小时服务的系统,变更时间点安排在 18:00 等。

5）变更评审会:是指由变更相关人员参加的变更评审会议,主要包括技术专家组会议或技审会等形式。变更评审会成员定期开会,评估变更,对变更进行排序,并拟定相应的计划。一般,高风险度变更要提交给变更评审会。

3. 流程活动

图 6-9 所示为常规变更的流程(来源:OGC),针对不同的变更类型,可以对此流程进行调整。

(1)创建并记录变更请求 变更请求的发起方通过组织认可的途径提出变更请求。变更请求需要进行记录和建档,提交方式有很多种,可以通过纸质方式、电子邮件方式,或使用工具系统在线提交。

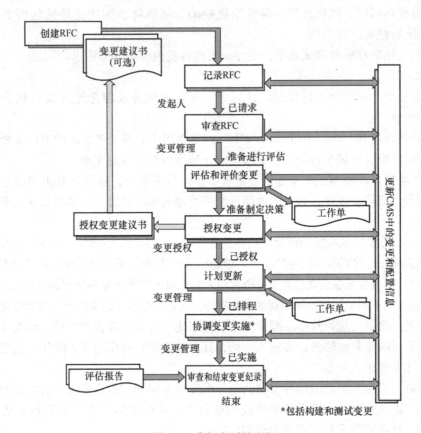

图 6-9　常规变更的流程

通过工具系统来进行服务请求的记录是推荐的方式，除了便于追踪之外，还可以通过系统进行规则的设定，限制不合规的行为，比如：对于没有回退计划或补救计划的变更请求，可以直接拒绝；可以对资产和配置项进行有效的管理，维护它们之间的关系信息，并且能够帮助评估组件的变更对其他组件的影响。

通过工具系统创建的变更请求单通常被称为变更工单。为了记录不同类型的变更，需要设计多种类型的变更工单，这些变更工单应在流程设计和规划阶进行设计和定义。另外不同类型的变更有不同的属性，并可能对应不同的变更流程。对变更工作进行的所有操作都应当记录在变更管理日志中。

以下为变更记录信息的示例，其中一些信息在创建请求时记录，还有一些信息是变更流程中不断完善和更新。包括：唯一编号、变更原因、要变更的配置项与基准版本、联系人和建议变更的人员的详细信息、建议变更的日期和时间、变更类型、变更优先级、风险评估与风险管理计划、回退或补救计划、影响评估、变更是否要相应地调整 IT 服务连续性管理计划、容量计划、安全计划和测试计划、变更决策机构、决策和伴随决策的建议、授权签字（可以是电子方式）、授权日期和时间、计划实施日期和时间、变更实施方的详细信息、变更实施详细信息（成功/失败/补救）、实际实施日期和时间等。

变更请求的状态，如"未提交""待审核""待审批""待实施""待反馈"和"已关闭"等。

（2）审查变更请求　变更请求的审查主要是筛选不合规的变更请求，如不切实际的变更请求、重复的变更请求、提交信息不完整的变更请求。这些变更请求应连同拒绝原因一起退回至变更请求的发起方，同时记录在日志中。

（3）评估变更　变更的评估中要充分考虑失败的变更对服务、服务资产和配置的影响。对变更进行影响评估可以使用基于风险的评估方法。

1）风险分类：对变更风险进行分类可以参考表6-2（来源：OGC）。

表6-2　变更风险分类

	变更影响/风险归类矩阵	
变更影响	高影响 低可能性 风险类别：2	高影响 高可能性 风险类别：1
	低影响 低可能性 风险类别：4	低影响 高可能性 风险类别：3
	可能性	

需要注意的是，对变更风险评估不能仅仅局限于从IT的角度，而要更多地从业务的角度评估风险。

2）变更评估：变更评估者应基于影响、紧急程度、风险、收益和成本来综合评估变更，并得出评估结论，即是否支持该变更，以及变更的调整建议。

3）划分优先级：变更的优先级是根据变更的影响和紧急程度来划分的。变更的影响包括成功实施变更可以为业务带来的利益，或者变更纠正的错误可以挽回的业务损失；紧急程度取决于能够允许多长时间的实施延迟。

4）变更计划和时间安排：变更管理的时间安排应符合业务需求而不是IT的需求，例如避开关键的业务时段。

5）评估补救措施：补救措施是用于应对变更失败情况的处理措施，对降低变更失败的影响是非常重要的。

（4）授权变更　每一个变更都应获得授权方的正式授权。变更的授权级别可能要根据变更的类型、影响和风险来决定，例如银行核心系统的停机升级可能需要最高级别的授权。变更授权方式很大程度上受到组织文化的影响，层级结构可能要求进行多个级别的变更授权，扁平化的组织结构采用的授权方式可能更精简。

（5）协调变更实施　这个过程主要由构建、测试和实施三个步骤组成。已经授权的变更应由相关技术部门进行构建，在这个过程中，变更管理起到控制和协调的作用，以确保所需资源到位，变更按照既定的时间完成；提前准备和记录变更的补救措施，以便在实施过程中或完成后出现异常时，可以及时采取措施；为了防止对服务质量造成不良影响，变更在实施前应该进行全面的测试，在这个过程中，变更管理起到监督的作用；测试完成后就可以正式实施变更了，变更管理必须确保所有的变更按照变更进度安排进行。

（6）审查和关闭变更记录　变更实施完成后，应该上报变更实施结果，以便于对变更进行审查，同时，还应将结果告知利益相关者。开展变更审查是为确保变更实现了其目标，发起方和利益相关者都对结果感到满意，同时没有引发其他故障。

变更审查的开展通常安排在预先规定的时期结果后，其目的主要包括：
1）确定变更获得了预期的效果，实现了其目标；
2）确定用户、客户和其他利益相关者对结果感到满意，未发现不足；
3）确保在功能、服务级别等方面未引发意外或不必要的副作用；
4）确保按照既定的时间和成本完成实施；
5）确保用于实施变更的资源符合规划的安排。

如果变更没有达到目标，则应决定后续的计划，包括提交修改后的变更请求。如果审查的结果是满意的，则应正式关闭变更请求。

审查后，从本次变更得到的经验教训可为以后的变更提供参考。小型组织可能选择当场检查而不是大规模的实施后审查，大型组织在同时进行多个类似变更的情况下，可以采用抽样的形式审查。

（7）管理报告　变更经理应定期整理和提供变更的总结报告，以便管理层、客户或用户了解变更的执行情况。由于不同的报告对象关注的内容不同，因此管理报告需要制定不同的周期和模板来满足不同的需求。

4. 角色与职责

变更流程涉及的角色主要包括：变更主管、变更顾问委员会、变更经理。

变更主管是对变更进行正式授权的角色，不同的变更需要对变更类型、影响范围和风险进行不同级别的授权。

变更顾问委员会（Change Advisory Board，CAB）指一组在实施变更时能够为变更管理提供专业意见的人。变更顾问委员会为变更经理提供接受或拒绝有关变更的建议。变更顾问委员会成员一般由下列人员组成：变更经理、客户、用户经理和用户代表、应用开发和维护人员、专家/技术顾问、服务和运营人员、委托方或第三方供应商代表（比如在外包的情况下）。

变更经理的主要责任有：
1）接收、记录所有的变更请求，并为其划分优先级，拒绝不合理的服务请求；
2）将所有的变更请求列入变更顾问委员会会议的议事日程，在会议前发布议程；
3）为紧急变更召开紧急CAB会议或ECAB会议；
4）主持CAB会议和ECAB会议，并根据会议建议批准可接受的变更；
5）发布变更时间表；
6）与所有必要的各方联系，按照时间表协调变更的构建、测试和实施；

7）审查和分析所有的变更；

8）关闭变更请求；

9）定期提供变更管理报告。

5. 关键绩效指标

衡量变更管理的绩效指标应当可以表明变更管理在多大程度上可以有效地处理变更，并且对约定的服务级别只造成尽可能小的影响。具体来说，这些指标应当涉及以下几个方面：

1）为满足客户需求而实施的变更数量；

2）由于变更准备工作不到位所致的服务中断、缺陷和返工数量的减少；

3）未授权的变更数量的减少；

4）意外变更和紧急修复变更数量和百分比的减少；

5）变更失败率，变更失败数量的减少；

6）由于变更引发的故障数量。

6. 实践案例

下面以某银行数据中心的变更管理流程为例，介绍变更管理在企业中的实践。

首先，该银行数据中心变更管理相关角色的设置见表6-3。

表6-3 银行数据中心变更管理相关角色的设置

流程角色	工作职责
变更申请人员（各处室系统管理员）	负责提出变更申请； 负责对变更结果进行确认
变更审核人员（各处室组长）	负责审核变更需求； 负责审核变更计划与方案
变更管理人员（生产调度处变更经理）	负责受理审核各渠道发起的变更需求，并进行分派； 负责组织召开变更评审会； 负责审核变更并选择变更审批路径； 负责跟踪、定期汇报变更实施情况； 负责定期总结、分析、评价变更管理情况并编写汇报材料； 负责持续改进、优化变更与发布管理流程
变更评审委员会（数据中心各处室负责人、变更经理、各处室变更管理员、变更实施组组长）	负责对变更进行评审并确定其他未决事宜
变更审批人员（数据中心各处室负责人、变更经理）	负责审批由总行实施的变更； 负责审批需由总行审批由分行实施的变更
变更实施人员（各处室系统管理员）	负责制定变更计划； 负责在变更评审会上阐述所负责变更的相关信息； 负责实施变更并反馈实施结果
变更跟踪人员（值班经理、变更经理、各处室值班人员）	负责跟踪变更实施情况及实施结果

该银行数据中心的变更管理流程包括申请、计划、审核与评审、审批、变更实施前准备、实施与反馈、分析与总结七个阶段。该流程以其自主开发的 ITSM 服务流程平台为支撑，对变更单进行处理与记录，并将流程固化至平台中，同时实现变更管理和配置管理联动。

下面以该银行的存储微码升级变更为例进行变更各环节的详细介绍。

（1）变更需求识别　包括来自数据中心外部的变更需求以及数据中心内部的维护需求。对于存储微码升级来说，通常是根据存储厂商发布的微码版本，由数据中心的存储管理员安排微码升级。

（2）变更单创建　识别到存储微码升级的需求后，存储管理员在 ITSM 服务流程平台上进行变更单的创建，填写变更主题、变更原因及目的、期望完成时间等要素，并提交至变更需求审核岗。

（3）变更需求审核　变更需求审核人员负责对变更需求的合理性进行审核，包括变更原因、变更内容描述是否清晰，期望完成时间是否合理等。审核通过后，将变更单提交变更管理人员统一受理。如审核不通过，则退回申请人修改。

（4）变更分派　变更经理负责变更单的受理与审核，并分派至相关团队制定变更计划。对于存储微码升级的变更需求，实施团队和需求团队为同一团队，在实际执行时，对于变更需求提出人自行实施的情况，需求的提出、审核是同变更计划的制定和审核一并完成的，因此也就省去了变更分派的环节。

（5）变更计划制定　变更实施人员负责根据变更需求制定变更方案，分析变更风险，并在服务流程平台内提交变更计划。在这个阶段，存储管理员制定微码升级的影响和风险分析、计划实施时间、计划实施人、具体操作的环境信息、实施方案（包括实施前的检查、相关文件、数据或配置的备份、监控和备份等相关进程的调整、具体实施步骤、系统和应用的验证、监控和备份等进程的恢复、业务验证、应急和回退步骤等内容）。对于承载多个应用系统运行的底层存储来说，即便是联机进行微码升级，也需要对应的应用系统验证升级后的可用性，防止因为异常情况影响对外服务。因此，存储管理员需要提前通知相关的应用团队进行验证计划的准备。

（6）变更计划审核　变更审核人员应对变更计划相关内容进行审核，包括：变更方案是否无误、变更计划时间安排、人员安排是否合理等。审核人可按照实际情况对变更的计划实施人、复核人进行调整。

（7）变更计划评审　变更评审从整体对变更与其他系统的关联、变更影响、运维文档的修订等进行评估，并对涉及多团队的变更执行顺序进行安排和协调。

变更经理负责评审会的组织，并记录评审结论、待确认或需落实的事项、评审未通过的原因等，形成评审会会议纪要，并在会议结束当日以邮件的形式进行发布。

对于评审通过的变更，为进一步降低变更风险，需要变更实施人员在实施前进行方案的测试。

（8）变更审批　首先由变更经理审核变更单填写要素，并提交变更审批人员进行审批，变更审批人对变更进行授权。

（9）变更实施组织　非集中变更日由各处室自行安排当日变更的组织与协调，集中变更日由变更经理整理和发布变更计划清单。

（10）变更实施与反馈　变更实施人员应提前确认变更实施日期及时间、风险评估、验证、应急和回退方案，并根据该方案组织实施；变更实施过程中，必须按照变更计划的执行时间、环境、顺序、条件等要求执行变更，必须在规定的时间窗口内实施，并严格监控整个变更实施过程；变更实施完成后，要认真检查现场执行结果，根据变更验证方案进行验证，并及时反馈变更实施情况和结果；变更实施过程出现生产事件时，应按照事件管理流程处理。变更实施后，需要对变更的实施结果进行反馈。反馈结果包含以下几种：

1）成功：变更结果完全满足变更需求预期的情况；
2）失败：变更结果完全未满足变更需求预期的情况，且未做程序回退操作的情况；
3）失败（回退）：变更结果未满足变更需求预期的情况，且实施了回退操作；
4）未实施：未对变更步骤进行实施的情况；
5）部分完成：实施全部或部分变更步骤，实现部分变更需求预期的情况。

对于变更反馈结果为非成功及变更结果为成功但变更过程存在异常的，还需要对问题的原因、处理过程和改进措施进行反馈。

（11）变更跟踪　变更经理或值班经理负责变更反馈跟踪。

（12）变更分析与总结　变更经理每周汇总上周变更实施情况，分析存在的问题及风险，并在数据中心汇报。汇报内容包括：变更实施总数、各类变更数量、异常变更情况、变更停止服务时长、非计划变更情况等。

6.3.4　发布与部署管理

1. 概述

发布和部署管理是针对构建、测试并为确定的服务（由服务设计完成）提供相应的能力，从而满足利益相关者的需求和预计的目标。发布和部署管理的目标是将部署发布到生产环境中；设定服务的有效使用；将服务传递到服务运营阶段。

发布是指计划部署到生产环境的一组硬件、软件、文档、流程的组合。部署又称为投产，是将新的或变更的硬件、软件、文档、流程的组合移动到生产环境的活动。

发布与部署管理就是通过流程化的方法，有组织、有计划地部署发布，实现部署过程有序、可控，并降低风险。发布与部署管理目的包括以下几方面：

1）确保发布包能够成功、有效、按时构建、安装、测试和部署；
2）通过规范化、流程化的管理，使部署过程有序、可控；
3）确保对生产服务、运营和支持组织的不可预料的影响最小；
4）更快交付变更，优化成本，降低风险；
5）保证客户和用户可以使用新的或变更的服务来支持业务目标。

2. 基本术语

（1）发布包和发布单元　一次集中发布的所有内容统称为一个发布包，发布单元是可以在一起发布的硬件和软件的集合。一般一个发布包包括多个发布单元。发布单元根据服务资产或服务组件的类型、项目而有所不同，比如，对于关键应用，可以将完整的应用定为发布单元，以确保测试的全面性。对于某个网站，可以将发布的单元定为页面级别，发布单元的本质意义在于确定测试的范围以及由此而确定的所需的集成测试的级别。

（2）发布和发布包的设计　设计发布包时可以考虑以下几组策略：

1）"大爆炸"（BigBang）法与分阶段法（Phased）。"大爆炸"法是一次性将新的或变更的服务部署到所有用户区域，在引入一致的应用变更和服务，或很重视组织中服务一致性时，常常使用这种方法。分阶段法是先部署一部分服务，随后再逐步扩展实施。这种方法比较常用，例如零售组织在管理阶段引入新服务时经常采用阶段法。

2）推（Push）式与拉（Pull）式。推式方法是将部署的服务组件从中心推广到目标位置。根据服务部署，向所有用户交付更新的服务组件，"大爆炸"法或阶段法构成了推式方法，因为交付给用户环境的服务不是他们选择的。拉式方法主要用于软件发布，用户可以选择随时获取中心点的软件，例如，病毒库更新。

3）自动（Automation）与手动（Manual）。不管是自动方法还是其他方法，发布与部署机制都应在发布设计阶段确定，并在构建和测试阶段进行测试。自动操作可以确保可重复性和一致性，但需要进行充分的测试验证。手工操作因为效率较低且容易出错，需要监控和度量重复活动所带来的影响。

3. 流程活动

（1）发布与部署规划　针对发布与部署管理，需要重点制定的计划包括发布的范围和内容、风险评估、利益相关方；每个阶段通过和不通过的标准；生产前的构建和测试方法；试运行计划；发布包和构建计划；部署计划；分发和交付计划；财务和商务计划等。

（2）构建、测试和部署准备　在构建和测试之前，必须根据需求确认服务设计和发布设计，并产生确认报告和服务评估的相关结果，以确保服务变更能够交付预期的成果，防止出现偏差。

（3）构建和测试　包括构建发布包、构建相关文档、获取和测试配置项及组件、构建和管理测试环境等活动。

（4）服务测试和试运行　测试活动通过测试管理来协调管理、测试管理计划、控制测试活动。在试运行或服务生命周期的早期阶段，直至最终验收之前，测试能够提供服务能力保障。

（5）计划和准备部署　计划和部署活动为部署人员准备相关部署，提供了一个组织变更的好机会。在实际部署阶段，会开发出详细的执行计划，包括将人员指派到相应的活动中，例如某人被指派到培训活动中去。

（6）实施部署和回退　部署计划中按顺序执行的活动有财务资产转移、业务和组织转换、部署服务管理能力、实施流程和材料、转移服务、部署服务、服务退出、消除多余资产。

(7) 部署检验　部署活动完成后,验证用户、服务运营以及其他人员和利益相关者能够使用或运营服务非常重要。应特别验证的有:服务、服务资产和服务能力或资源是否到位;角色是否已分配好;人员及其他资源已准备好从而能够在各种情况(包括正常情况、紧急情况和灾难发生的情况)下运营和使用新的或变更的服务能力;相关人员能够访问必要的信息,以运营、使用或支持服务。

(8) 早期维护支持　早期维护支持(Early Life Support,ELS)提供了以可控的方式将新的或变更的服务转换为服务运营的机会,并建立新的服务能力和资源。

(9) 评审和关闭部署　在最终评审并结束部署活动时,需要进行以下活动:获得客户、用户和服务提供者对部署满意度的反馈;评审活动、必要的修正与变更是否已完成;评审绩效目标和成绩;评审在部署末期,能力和资源是否存在问题。

(10) 评审和关闭服务转换　为了确定服务转换已经完成,应根据变更的规模实施正式评审。服务转换评审包括:评审所有的转换活动是否已经完成;评审能否得到准确的数据。

服务发布的独立评估使用部署的结果。评估根据预期的绩效和结果来检查新的或变更服务的实际绩效和结果,应生成转换报告以概括结果。转换完成后,应召集所有相关方的研讨会,总结经验教训。

4. 角色和职责

发布与部署管理流程涉及的角色,包括发布和部署经理、发布打包和构建经理、部署人员、早期维护支持人员、构建和测试环境人员。

发布和部署经理负责所有软硬件的规划、设计、构建、配置和测试,以便为服务的新建或变更生成发布包,具体职责包括:管理端到端发布流程的各个方面;更新服务知识管理系统(SKMS)和配置管理系统(CMS);确保构建和测试环境团队与发布团队的协调;确保团队遵守既定的策略和程序;提供关于发布进度的管理报告;服务发布和部署的策略和规划;处理发布包的设计、构建和配置;处理发布包的验收,包括业务验收;处理服务部署规划,包括部署的方法;处理发布包的测试,达到预定的验收标准;处理沟通、准备和培训;在实施发布包变更之前和之后,审核软硬件等。

发布打包和构建经理的职责包括确定最终的发布配置;构建最终的发布交付;确定并报告未解决的已知错误和应对方案等。

部署人员的职责包括:实施服务最终的交付;与变更、知识管理、资产及配置管理联合规划部署;协调发布文档和沟通,包括培训以及客户、服务管理和技术发布说明;在发布的整个过程中提供技术和应用支持;对发布结果进行反馈;记录部署相关的指标,确保在协定的 SLA 之内等。

早期维护支持人员的职责包括在服务运营最终验收前,提供 IT 服务和业务功能支持;确保提供适当的支持文档;为响应故障和错误提供最初的维护支持;修改和完善相关的文档;监视故障和问题,在发布和部署期间进行问题管理,按需提出变更请求等。

构建和测试环境人员的职责有:确保服务基础设施和应用的构建符合设计规范;确保构

建交付组件来自可控的来源；构建、提供和维护所需的测试环境等。

5. 关键绩效指标

发布与部署管理流程中常用的关键绩效指标主要有：

1）服务故障数量的减少；

2）通过服务交付实现客户和用户满意度的提升；

3）发布过程和发布后引发的故障数量的减少。

6. 实践案例

变更管理负责对变更执行的关键环节进行里程碑式的控制，而发布管理需要通过执行一套标准化的发布程序来确保达成变更管理的控制要求。根据目前ITIL在中国的实践来看，由于不同的变更项目其规模、内容、特征各不相同，所以往往很难通过实施一套管理软件平台来单独管控发布过程，通常将发布管理融入变更管理实施。

以某银行数据中心为例，发布与部署计划是在变更流程中完成的，发布对应变更流程的实施阶段。此阶段的重点在于保证发布过程的规范性，控制发布风险。该银行通过以下措施和要求控制发布过程的风险：

1）通过在准生产环境进行发布验证保证发布方案能够顺利完全部署，发布后业务和系统能够正常运行。

2）发布过程中，实施人员必须严格按照发布步骤的执行时间、环境、顺序、条件等要求执行，发布后需进行全面完整的验证。

3）生产环境的部属权限完全按照变更计划实施时间自动下放和回收，保证按照计划实施。

4）实施过程中一人操作，一人复核。

5）如需临时调整实施步骤或实施时间，均须重新审批。

对于跨团队实施的复杂发布，制定总控表进行总控，保证各团队按顺序发布。

发布实施后，通常会根据不同的发布内容和影响范围，安排不同级别的发布后保障，主要是安排相关人员进行发布后的现场值守，以便快速定位和解决问题。

下面以某银行数据中心的发布与部署管理的流程为例介绍发布与部署管理在运维领域的实践。

该银行数据中心的发布与部署管理流程涉及的角色包括发布流程负责人、发布经理、发布测试人、发布实施人和发布验证人。

发布管理流程负责人负责发布与部署相关制度和流程的设计、推广、监督、回顾、报告和改进。

发布经理负责组织、协调、督办和跟踪发布及部署过程的各项活动，包括接收发布通知的材料、制定发布计划、投产日调度、回顾及报告等。

发布实施人负责完成投产准备及投产期间的具体实施工作。

发布测试人负责在测试环境下进行版本安装、网络连通、系统联通、技术参数配置、版本编译、作业编排、安装步骤验证等测试工作。

发布验证人负责投产后的验证。

该银行数据中心发布与部署管理流程的关键环节主要包括计划、测试、投产和后评价等。

1）确定投产计划并制定投产方案：首先，发布经理接到审批后的版本发布请求后，对发布的时间安排、文档合规性等内容进行审核，审核无问题则安排对应的应用管理员制定投产方案。制定投产方案时需要对发布的内容、实施环境、时间点、实施人、实施步骤、影响、风险、是否涉及配置项的更新等要素进行明确，同时要对发布策略进行明确（是否自动化发布，是否分阶段发布等）。对于重要发布，在制定计划前，需要先组织相关方开展发布评估，评估内容主要包括各类技术方案的完整性、基础设施资源落实到位情况、发布的风险及应对措施等。

2）发布方案测试：发布实施人根据发布实施方案进行测试，根据测试结果完善实施方案。

3）实施投产工作：经变更管理的审批后，发布经理组织发布实施人按照实施方案完成投产。发布验证人执行验证，并在变更流程中反馈验证结果。

4）投产后评价：发布实施人负责投产后的试运行，试运行结束后，发布经理组织发布实施人对发布过程进行回顾和总结，编制投产后的评价报告。

6.3.5　服务验证与测试

1. 概述

服务验证与测试流程不同于发布与部署管理中的测试环节，该流程需要站在整个服务全生命周期的角度对处于不同阶段的服务状态进行验证和测试，而不仅仅只是在变更执行阶段的技术测试。

服务验证与测试流程的目的主要有：

1）在服务转换项目规定的成本、能力和约束条件下，通过有组织的检验和测试流程，验证新建或变更的服务符合预期的目标和效果，或达到相关的服务级别；

2）确保发布的质量，并确保服务适合使用；

3）在服务转换过程中识别、评估和解决存在的问题、错误与风险。

服务验证与测试流程适用于整个生命周期，为服务的各个方面提供质量保障，确保服务提供者的能力和资源。测试适用于内部或开发的服务、硬件、软件或基于知识的服务，包括测试新的或变更的服务，检查目标业务单元、服务单元、发布组或环境中的活动。

在发布、构建和部署活动中实施一定级别的测试，可以直接支持发布与部署流程。测试可以详细评价的服务模型，在服务运营之前，确保它们符合目标并适合使用。流程的评价使用测试活动的输出，判断其在可接受的风险范围内，以及服务绩效的交付情况。

2. 基本术语

（1）测试模型　测试模型包括测试计划、测试内容、测试脚本。测试模型要确保测试能够重复执行。测试脚本定义了发布测试条件、相关结果和测试周期。

(2) 测试和测试模型的级别 测试的级别是从系统的设计和构建的方法中得到的，图 6-10 所示的 V 模型（来源：OGC）将测试活动与开发的每个阶段对应起来，说明测试级别怎样才能与服务需求和设计的相应阶段匹配。左边代表服务需求直到详细服务设计的规范，右边关注按左边定义的规范进行的检验活动。在左边的每个阶段，都有右边的相对方直接参与。V 模型展示了服务验证和测试规划从定义服务需求开始。

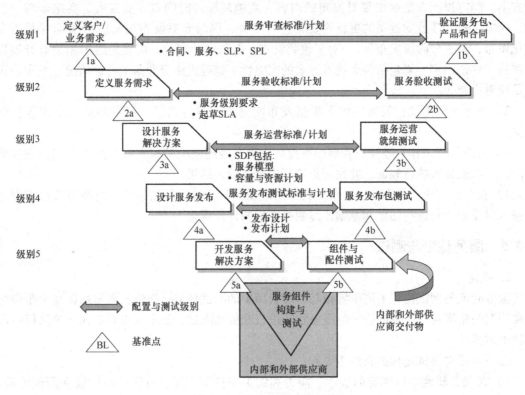

图 6-10 服务 V 模型的示例

(3) 测试的方法与技术 验证和测试活动可以结合使用很多方法，例如文档检查、建模和度量、基于风险的方法、标准合规性方法（比如国际、国家标准或行业相关标准）、基于经验的方法、基于组织生命周期的方法（比如瀑布型测试、敏捷型测试）、模拟器、实验室测试、回归测试、生产试运行等。

(4) 测试类型 从不同的角度看，测试类型分为以下几个类型：

1) 服务需求和结构测试（从服务提供者、用户和客户角度）：服务属性的确认是根据合同、服务包和服务模型，包括整合及适用性等进行的评估，确保完全覆盖且没有冲突。

2) 服务级别测试（从服务级别经理、运营经理和客户角度）：确认服务提供者能够交付满足服务级别的需求。

3) 保障测试，用来提供交付保障：可用性、容量、连续性、安全。

4）易用性测试（使用者和维护者）：当服务变为日常工作的一部分后，易用性测试就会越来越重要。

5）合同和法规测试：审计和测试检查在接受端到端的服务之前，接受合同标准。

6）合规性测试：检查与内部规定及组织承诺的符合情况。

7）服务管理测试：服务模型决定了服务管理流程的测试方法。ISO/IEC 20000 是每个流程都要符合的最低要求。

8）运营测试：根据服务类型的不同，有许多运营测试。典型的测试包括：负载和压力测试、安全测试、还原测试、回归测试等。

3. 流程活动

验证和测试管理包括测试阶段的规划、控制和报告活动，具体来说包括以下活动：

1）验证和测试规划：包括规划测试资源、确定测试优先级和时间安排以及测试指标的收集、分析、报告和管理等。

2）计划和设计测试：测试计划和设计活动应始于服务生命周期的初期，具体内容包括硬件、网络、人员和技能；需要的业务与客户资源；测试支撑服务，包括访问、安全、通信等；里程碑、移交和交付日期；预算和资金要求等。

3）检验测试计划和测试设计：检验测试计划和测试设计可以确保测试模型能够提供适当的测试范围，且包括关键的整合和接口，确保测试脚本准确和完整。

4）准备测试环境，实施测试：通过使用手工或自动技术和流程来实施测试。测试发现的问题、测试失败的详细原因都需要进行完整的记录。

5）提供测试报告：对比测试结果和预期结果，并对测试结果给出解释。通过收集测试数据，总结测试结果生成测试报告。

6）测试清理和关闭：对测试环境进行清理，恢复初始状态。

4. 角色和职责

服务验证与测试流程相关的角色主要是服务测试经理和测试支持团队。

服务测试经理负责定义测试战略；设计和规划测试条件、测试脚本、测试数据集；分配和监督测试资源；提供测试进度、测试结果、成功率、问题和风险的管理报告；按照测试计划和设计进行测试；记录、分析、诊断、报告和管理测试事件、故障、问题，并根据协定的标准重新测试；管理测试环境的要求；检验由发布和部署团队进行的测试；管理测试资产和组件。

测试支持团队的职责是为服务转换计划或项目内交付的所有组件提供独立的测试。

5. 关键绩效指标

服务验证与测试流程中常用的关键绩效指标包括：

1）因服务转换引发的故障和错误数量的减少；

2）减少由于业务原因，延迟的测试数量或比例；

3）建立测试环境的成本；

4）重复错误的减少量；

5)测试阶段发现的错误数目和比例等。

6. 实践案例

验证与测试不仅仅是软件开发层面的事情,对于运维来说,验证与测试同样重要,但是运维团队往往没有像开发团队一样标准的测试流程,对整体服务层的测试也较为欠缺。以下以信息系统数据库参数调整为例说明与运维直接相关的服务验证与测试的相关工作。

数据库的参数调整通常是为解决数据库的性能问题,或对不合规的数据库参数进行调整。此类调整涉及以下四个层面的验证与测试:

1)命令级别的验证与测试:测试参数调整命令是否可以正常执行,验证执行后参数被修改为目标值。

2)参数调整效果的验证与测试:验证参数调整后是否达到了预期的效果,比如调整归档路径后,归档日志是否已经生成新的路径;调整内存参数后,内存的使用情况是否得到了优化,对关联的其他内存参数有没有产生异常影响等。

3)数据库整体可用性与性能的验证与测试:验证数据库是否可用,日志文件是否有异常报错,通过 top SQL 测试数据库的性能是否正常。

4)应用系统的验证与测试:通过发起业务测试案例,验证应用系统的对外服务是否正常,性能是否正常。

以上简单总结了数据库参数调整相关的验证与测试内容,对于不同的参数可能会有不同的测试内容和测试范围,这需要在进行测试规划时做好评估。总而言之,通过服务验证与测试来保证服务转换符合预期的目标和效果,如果能够做到服务验证与测试的流程化、标准化,那么将会更好地实现服务价值,降低转换风险。

6.3.6 评估

1. 概述

评估的范围是对由服务设计确定的新服务或变更后的服务进行评估。在将服务转交给服务运作之前需要完成上述评价工作。比较所有服务变更的实际运作和预期运作情况,并对比较结果进行评价的重要性在于它是服务提供商获得信息的关键来源。服务提供商获得信息后,就可以找出导致生产绩效达不到预期水平的原因。

评估流程的目标主要包括:

1)使用一致的、标准化的手段,确定服务及 IT 基础设施变更的性能;

2)根据变更预期性能对实际性能进行评估,并理解和管理两者之间的差异;

3)在既定的容量、资源和组织限制条件下,评估服务变更的预期影响和意外影响。

4)从评估流程中提供高质量的输出,为变更管理能够批准服务变更提供决策依据。

评估流程与变更管理流程中的评估是有很大差别的。变更管理中的评估侧重于对变更本身从资源和影响两个角度进行评估,从而为授权变更提供决策依据;这里的评估流程需要站在变更执行的视角,评估服务设计方案在通过服务转换进入服务运营状态的整个过程中是否取得了预期的性能、是否遵循了标准化流程。

评估与价值是相关的，有效的评估可以根据交付的价值确定资源的使用，在未来的服务开发和变更管理中更加准确地关注价值。持续服务改进可以利用评估来分析变更流程未来的改进，预测和度量服务变更性能。

2. 流程活动

评估流程的活动如图 6-11 所示（来源：OGC）。

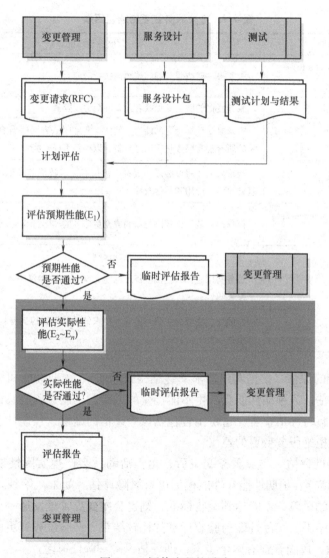

图 6-11　评估流程的活动

（1）评估计划　首先需要制定评估的整体计划。

（2）理解变更的预期效果　除了预期效果外，还可能产生预期外的效果。如果要全面理解服务变更的影响，那么还要考虑这些情况，最有效的方法是与所有利益相关者讨论。

(3) 理解变更的预期外效果　除了预期效果外，还可能有未预期或未计划的结果。如果要全面理解服务变更的影响，也要考虑这些情况，最有效的方法是与所有利益相关者讨论。

(4) 服务变更效果的考虑因素　在评估服务变更效果时，可以参照表6-4所示的内容进行评估（来源：OGC）。

表6-4　考虑服务变更影响的因素

因　素	服务设计的评估
S（Service provider capability）：服务提供商的能力	服务提供商或服务部门按预期执行的能力
T（Tolerance）：容忍度	服务涵盖的服务变更或者发布的能力或容量
O（Organizational setting）：组织设置	组织接受计划变更的能力，例如，实施团队有无适当的访问权力？受变更影响的所有现有服务是否已经更新，以确保平稳转换？
R（Resources）：资源	转换后运营服务必需的资源，包括有相应技能和知识的人员、充足的资金、基础设施、应用和其他资源
M（Modelling and measurement）：建模和衡量	模型产生的行为预测与新的或变更服务的实际行为符合程度
P（People）-人员	系统内部的人员和变更对其的影响
U（Use）-使用	服务功用是什么？提供保证的能力（例如连续可用），有无足够的容量？安全性够吗？
P（Purpose）-目的	新的或变更服务实现目的吗？要求的性能可以得到支持吗？会按计划消除限制条件吗？

(5) 预期性能的评估　根据客户需求（包括验收标准）、预期性能和性能模型进行风险评估。如果风险评估认为预期性能会产生不能接受的风险，不能达到验收标准，那么就要向变更管理发送一个临时评估报告。这份报告包括风险评估的结果、预期性能与验收标准的对比结果以及在当前拒绝服务变更的建议。

(6) 实际性能的评估　实施服务变更后，运营活动就会产生实际性能报告。根据客户需求（包括验收标准）、预期性能和性能模型进行风险评估。如果风险评估认为实际预期性能产生了不能接受的风险，不能达到验收标准，则也会向变更管理发送一个临时报告，临时报告包括风险评估结果、实际性能与验收标准的比较结果、补救服务变更的建议。

(7) 风险管理　风险管理有两个步骤，即评估风险和降低风险。

风险评估主要是分析在服务变更中引入的威胁和漏洞。当威胁能够利用漏洞时，就会有风险。威胁利用漏洞的可能性及其影响是决定风险的基本因素，即风险＝可能性×影响。

服务变更必须评估现有风险和变更实施后的预期风险。如果风险级别增加，则应采取相关措施降低风险。降低风险的措施包括消除威胁和漏洞、使用灾难恢复和备份技术增加服务的恢复能力等。

降低风险之后，需重新评估风险级别，并与最初状况比较。二次评估和以后的评估可以有效地评估残留风险，经过反复评估，直到风险降低到可接受的水平。指导原则是评估后的风险不大于服务变更前的最初风险。否则，评估应建议拒绝服务变更或撤销已实施的服务变更。

3. 角色和职责

绩效和风险评估经理的责任包括：利用服务设计和发布包确定评估计划；通过风险研讨等方式确定与服务转换各方面相关的风险和问题；提供评估报告，作为变更管理的输入。

4. 关键绩效指标

评估流程的关键绩效指标主要包括：

1）服务的功用和功效与客户要求之间的差异度；
2）已经转换且失败的服务设计的数量；
3）评估周期。

6.3.7 服务资产与配置管理

1. 概述

在组织使用 IT 技术的初期，通常是使用简单的表格和零散的记录来管理各类硬件、软件等 IT 资源的，各种 IT 资源之间通常无法进行关联，随着业务对 IT 依赖程度的加深，IT 资产规模的扩大，IT 基础架构的复杂度也越来越高，分散的表格和记录由于信息的一致性和完整性无法保证，导致在支持变更决策、快速定位故障和判断影响等方面无法满足 IT 运维的需要，这就需要一套科学化的资产与配置管理来全面记录和跟踪各种 IT 资产。

服务资产与配置管理（Service Asset and Configuration Management，SACM）是 IT 服务供应商对整个公司或组织内部所有资产配置项（Configuration Items，CI）和配置项之间的相互关系进行精确的定义、控制和管理，以确保它们在服务生命周期的一致性。

服务资产与配置管理的目标是：

1）识别、控制、记录、报告、审计和检验服务资产和配置项，包括服务资产和配置项的版本、基线、组件、属性、关系。

2）通过建立和维护准确完整的配置管理系统，确保控制服务和 IT 基础架构相关的资产和配置项信息的完整性。

3）定义和控制服务与基础设施的组件，规划这些配置信息，并维护整个管理过程。

4）提供准确的配置信息，为变更授权、事件和应急的快速处理提供依据。

5）降低由于不正确的服务与资产配置导致的质量与一致性问题的数量。

服务资产与配置管理的范围包括：

（1）资产管理（Asset Management） 简单地讲，资产是与财务相关的价值和所有权，资产管理涵盖了从采购到销毁整个周期的服务资产，提供资产的详细信息，比如采购日期、供应商、成本、位置、责任人等信息。资产管理面向的是财务管理，关注的是物理信息和财务相关信息。

(2) 配置管理 (Configuration Mangement) 确保服务、系统或产品的组件都能够得到识别和维护，通过记录服务资产和配置项之间的关系，提供服务、资产和基础设施的配置模型。它包括的信息除设备类型、位置、责任人等常规信息外，还包括软件版本、参数、配置项之间的关系等技术细节信息，配置管理面向 IT 运维管理，为其他流程提供信息支撑，关注的是逻辑信息和技术信息。

需要注意的是，配置管理不同于资产管理。后者是一个对 IT 基础架构组件进行确认和计量的过程，用于控制和管理超过一定价值的资产的折旧过程，它记录了资产的购买价格、折旧率、所属的业务单位和资产所处位置等信息。而配置管理除了记录配置项本身的信息外，还记录了各配置项之间的关系，以及有关配置项的标准和授权等方面的信息，同时它还记录了配置项的当前状况和变更情况。因此，资产管理是配置管理的基础，许多组织都是从资产管理开始，然后逐渐向配置管理转化的。

配置管理在服务生命周期中是非常重要的流程，有效的配置管理能确保 IT 环境中所有 IT 软、硬件设备和系统的配置信息得到有效而完整的记录和维护，并且维护的内容还包括各个 IT 设备和系统之间的物理和逻辑关系，从而为实现有效的 IT 服务管理奠定数据基础。通过了解当前的系统配置信息和相关的历史状况，可以迅速而正确地判断故障节点和影响范围，并及时找出有效的解决方案，确保系统的高可用性和高可维护性。

2. 基本术语

(1) 配置模型 (Configuration Model) 配置模型是配置管理通过记录配置项之间的关系，展示服务、资产和基础设施的逻辑模型。图 6-12 所示为一个银行业数据中心配置模型的例子（来源：OGC）。

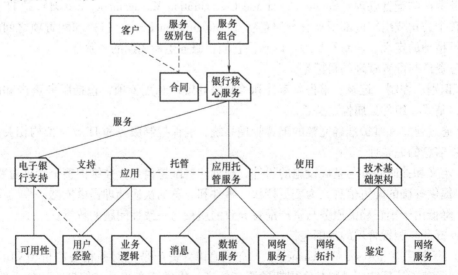

图 6-12 银行数据中心配置模型举例

配置模型可以用于：
1）评估故障和问题的影响和原因；
2）评估所提交的变更的影响；
3）规划、设计新的或变更的服务；
4）优化资产利用率和成本，例如整合数据中心，减少变动及可重用资产。

（2）配置项（Configuration Item）　配置项是配置管理控制的资产、服务组件或其他项目。配置项在复杂性、规模和类型方面可以有很大的不同，可以是包含硬件、软件、文档和人员的一整套服务或系统，也可以是一个软件模块或硬件组件。

在识别配置项之前，应先确定配置项的选择标准，并且在服务生命周期中以可管理、可追溯的方式分组、分类和识别。

配置项的分类有多种方式，不同的组织可以根据自身的实际情况来确定分类方式，以便于配置项的识别和管理。目前较为通用且易于实现的分类方式是按照类型区分，如服务器、操作系统、数据库、中间件、应用系统、存储设备、网络设备、文档等。

（3）配制管理系统（Configuration Management System，CMS）　对服务资产和配置进行管理所使用的支持系统就是配置管理系统，这个系统一般会包含配置管理数据库（Configuration Management DataBase，CMDB）及一系列的工具。

（4）安全库和安全存储（Secure Library and Secure Stores）　安全库是已知类型和状态的软件、电子或文档配置项的集合（一般要做好访问权限管理）。安全存储是存放IT资产的地点。安全存储在保护安全性和连续性方面发挥着重要作用。

（5）最终介质库（Definitive Media Library，DML）　最终介质库是存放和保护所有媒体配置项最终授权版本的安全库，在实践中可能包括一个或多个存储点，一定要区分好开发、测试或运行版本。最终介质库是发布与部署管理的基础。

（6）配置基线（Configuration Baseline）　配置基线是经过正式评审和许可的，可以作为以后活动基础的服务、产品或基础设施的配置。配置基线的变更只能通过正式的变更管理流程实现。

3. 流程活动

配置管理的主要活动包括管理和规划、配置识别、配置控制、状态报告、验证和审计，通用的配置管理流程活动如图6-13所示（来源：OGC）。

（1）管理与规划　在正式运营服务资产与配置管理之前，需要对配置管理进行全面规划。配置管理规划的内容包括配置管理的目的、目标和范围；确定适用的政策、标准和流程；确定资产和配置管理角色和职责；实施配置管理活动的进度和程序；配置识别、控制、状态报告和配置审查；与其他流程（如变更管理等）的接口控制；配置管理系统设计等。。

（2）配置识别　配置识别阶段的主要活动包括：

1）配置结构和配置项的选择：通过建立服务配置结构来确定特定服务中的所有组件，并确定在哪一个级别实行控制。可以按照自上而下的方法进行配置项的识别，并判断是否应该将一个配置项细分为组件配置项，同时，每个资产和配置项都要能够唯一识别。

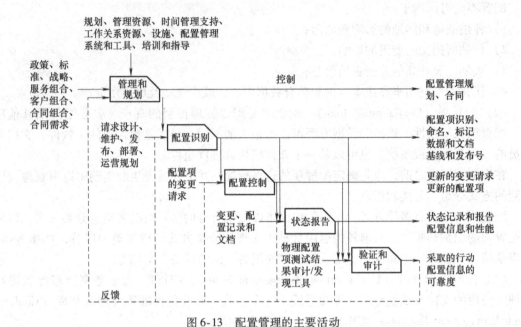

图 6-13 配置管理的主要活动

2）命名配置项：命名规则用来标识配置项、配置文档和变更，以及基线、构建、发布和配件。应通过标识符和版本对各配置项进行唯一标识，一个配置项的多个版本可以在特定时间段内共存。命名规则和配置管理系统中应包含以下信息：

① 一个配置结构内配置项间的层级关系；
② 各配置项内的层级或从属关系；
③ 配置项以及相关文档间的关系；
④ 配置项和变更间的关系；
⑤ 配置项、故障、问题和已知错误间的关系。

所有文档也应有命名规则，如变更请求。文档模板是较好的标准化配置文档的方法。每种类型的模板都有唯一的版本号。

3）标记配置项：所有物理设备配置项都应贴有带标识号的标签，以便进行识别。

4）配置项属性：属性描述了配置项有价值、值得记录的特征，典型的属性包括：唯一的标识号、配置项类型、命名、描述、版本、地点、使用许可、所有人、管理人、状态、供应商、相关文档责任人、相关软件责任人、历史数据、关系类型、使用的服务级别协议等。

5）定义配置文档：配置项的特征通常包含在文档中，例如服务定义、需求说明和服务级别协议描述了服务配置项的特征。

6）定义关系：配置项之间的关系描述了配置项是如何协同工作以交付服务的。这些关系可以是一对一、一对多或多对一，并应保存在配置管理系统中。配置项之间关系的示例如下：
① 一个配置项是另一个配置项的一部分，例如内存是服务器的一部分；
② 一个配置项连接到另一个配置项，例如存储设备和光纤交换机相连。

7）确定配置项类型：将组件归类为资产或配置项类型，有助于识别和记录使用中的配置项、配置项状态及其所处的位置。典型的配置项类型包括服务、硬件、软件、文档和人员。

8）最终介质库的识别：最终介质库应在配置管理系统中唯一标识和记录，并应包括介质库的内容、位置和媒介等内容。

9）配置基线的识别：配置基线是配置控制的基准，配置基准及批准的基准变更共同构成当前批准的配置。

10）发布单元的标识：发布单元是可以在一起发布的硬件和软件的集合。发布信息记录在配置管理系统中，支持发布和部署流程，并根据发布策略中规定的方案为发布标识一个唯一的标号。发布标识包括它所代表的配置项的索引和版本号。

（3）配置控制　为了保证配置数据和信息的准确性，需要对配置项的增加、修改、替换或移除进行控制。许多流程都可以改变配置信息，应尽量采用标准化且易于实施的配置控制方法，以减少错误。将变更管理和配置管理相结合，在变更请求关闭之前，关联进行配置信息的修改是较为有效的控制方式，同时，可以结合自动化配置扫描工具，定期对纳入配置管理的配置项进行自动扫描和配置变动提示。

（4）配置状态说明与报告　配置状态说明和报告是指在整个生命周期内当资产或配置项的状态发生变化时，所有配置数据和文档都被记录下来，它能够提供各配置项的当前和历史数据，并提供配置状态变更的跟踪。

（5）验证与审核　配置验证与审核是通过一系列评价和审查以确认配置项是否实际存在，以及是否在配置管理系统中正确记录了它们的活动。定期对配置管理数据库进行校验和审核是确保配置管理数据库实时更新的有效手段，进行这项活动有多方面的目的和作用，比如在进行重大发布或变更时，评审某个配置以确保客户方的实际情况与配置管理数据库一致。

配置验证和审核可以使用自动审核工具支持，自动审核工具可以在规定的时间间隔进行定期检查，如每周。

4. 角色与职责

配置管理需要许多相关管理流程和活动的支持，如变更管理、版本发布管理等；另一方面，配置管理也为这些流程和活动提供支持。它作为事件管理、问题管理、版本发布管理和变更管理的基础，既以资产管理为基础又超出资产管理的范围。在配置管理流程的日常工作中，多数的配置更新需求来自变更任务或工单、事件问题记录和服务报告。另一方面，配置管理根据这些需求为服务流程提供最新的配置项信息，提出配置管理数据库结构的重大变更请求，定期生成相关审计报告，制定配置管理流程改进计划。配置管理与其他流程的关系如图 6-14 所示。

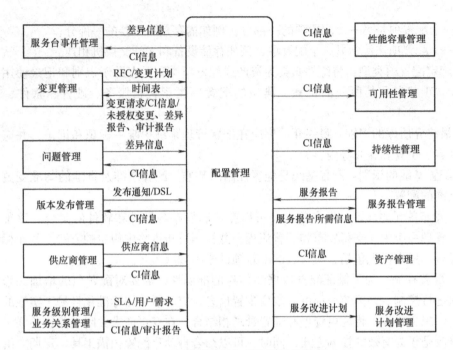

图 6-14 配置管理与其他流程的关系

  服务资产与配置管理涉及的角色主要包括服务资产经理、配置经理、配置管理员、配置控制委员会等。

  服务资产经理的职责主要有：实施组织的服务资产管理策略和标准；建立、推广和优化资产管理系统；协定要控制的资产管理流程、功能、项目的范围，以及要记录的信息；制定资产管理标准、资产管理计划和程序；协定需要用命名规则进行独特识别的资产，并确保人员遵守识别标准；建议或协定与变更管理、问题管理、发布管理、财务管理等功能的接口；提供资产管理报告等。

  配置经理的职责包括：实施组织的配置管理策略和标准，建立、推广和优化配置管理系统；协定要控制的配置管理流程、功能、项目和范围，要记录的信息；制定配置管理的标准、配置管理计划和程序；管理配置管理计划、原则、流程以及落实；协定要用命名规则进行独特识别的配置项，并确保人员遵守相关的识别标准；建议或协定与变更管理、问题管理、发布管理、财务管理等功能的接口；提供配置管理报告等。

  配置管理员是资产和配置管理所管辖软件、资产和文档配置项的管理者和保护者，主要职责包括：负责所管理的配置项的接收、识别、存储和回收；提供有关配置项状态的信息；编号、记录、保存和发布资产和配置管理问题等。

  配置控制委员会需要确保在整个服务管理生命周期中，配置管理的全面计划和策略得到采用，其职责主要包括：定义并控制服务配置的基准（包括核心和支持服务、应用、信息、服务、技术、基础设施），确保它们满足服务设计中确定的要求；审查服务配置的变更是否符合标准、合同和内部要求等。

5. 关键绩效指标

服务资产与配置管理流程的关键绩效指标主要包括：

1）在配置管理数据库中发现的配置项属性出现错误的比例；

2）CMDB 数据错误导致的变更请求失败的数量；

3）未授权配置的数量；

4）因 CMDB 错误而违反 SLA 的数量。

6. 实践案例

某银行的配置管理系统集成在 ITSM 系统中，通过建立和项目管理系统的接口和开发中心进行信息的同步，并通过和环境搭建流程、变更流程、资源回收流程的联动进行配置信息的更新。下面以新建 A 系统为例说明配置信息的建立和维护过程。

数据中心收到 A 系统的环境搭建需求后，由环境搭建团队在环境搭建模块新建搭建流程，在该流程中，由应用系统配置管理员进行应用系统信息的录入，此时应用系统的状态为"在建"；由环境搭建团队负责 IP、主机名等基本资源信息的录入，由机房运维团队负责物理信息的录入，这些信息与应用系统自动建立关联关系。环境交付至应用运维团队，并由应用运维团队进行应用部署和发布，发布成功后，应用系统的状态及关联的主机状态自动更新为"投产"。

投产状态的配置信息更新可以通过变更流程关联修改，在新建变更请求时，可以同步提交配置信息修改申请，经过变更的审核、审批、实施，如实施结果为成功，则配置信息自动更新，如实施结果不为成功，则需要实施人确认是否进行配置信息的自动更新。

若 A 系统因某种原因不再使用，则进入下线资源回收流程，由应用系统运维团队在资源回收流程中新建回收流程，该流程审批完成后，A 系统的状态自动由"投产"改为"下线"，该系统关联的相关资源也进入资源回收状态。

配置管理是运维服务的基础工作，配置管理涉及的内容广泛、关系复杂、更新频繁，特别是随着微服务、容器化、云计算、Devops 等新技术形式的不断发展，给配置管理带来了新的挑战。这里给出几点建议：

1）配置管理的建设没有统一的标准，建设规划应结合实际，适当超前但不应盲目追求大而全，要从实际的管理需求出发，选择适当的颗粒度，根据管理需求和管理成本做出适当的平衡。

2）保证配置信息的准确不是一件容易的事，配置信息的自动扫描工具可以起到一定的作用，是一种很好的辅助手段，但是并不能解决所有问题，自动发现也需要和人工维护相结合，二者的边界则需要根据实际情况来界定。

3）随着微服务、容器化、云计算、Devops 等新技术形式的不断发展，对配置管理的要求越来越高，传统使用分散的配置文件进行应用配置的方式，在配置变更的热生效、分布式环境下配置的一致性、配置审计及历史追踪、配置信息的容灾等方面有明显不足，集中化的企业级应用配置中心应运而生，配置管理除了管理资源，也要面向应用，这样才能更大地发挥配置管理的作用，为持续交付、弹性扩容等需求打好基础。

6.3.8 知识管理

1. 概述

知识管理（Knowledge Management）是对组织积累的各类信息和知识进行收集、整理、传递和使用的流程。知识管理旨在将准确、可靠的信息和知识以一种可高效利用的方式传递给所有的IT服务人员，从而为组织的IT服务管理提供各种决策、运营、持续改进等方面的支撑。

知识管理流程的目标包括：

1）提高服务质量，提高用户满意度，降低服务成本；

2）确保服务转换和服务运营环节的各项工作顺利进行，比如通过故障处理知识的传递和使用，提高故障恢复的效率，提高服务的可用性；

3）确保组织在整个服务生命周期中可以通过准确、可靠的信息与数据来改进决策管理。

4）提高知识转移的效率，提高团队整体技能，降低对关键技术人员的依赖。

2. 基本术语

（1）DIKW模型　DIKW模型是指由数据（Data）、信息（Information）、知识（Knowledge）和智慧（Wisdom）所构成的广义知识的四种表现形式，DIKW模型如图6-15所示（来源：OGC）。

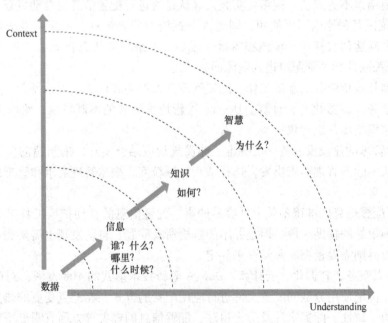

图6-15　DIKW模型

1）数据：是关于事件的一系列离散的实施。数据仅仅代表数据本身，并不包含任何潜在的意义。例如：服务台每个月收集到 5000 个故障单，这仅仅表示一个数量，并不代表其他的意义。

2）信息：是数据的背景信息，譬如：谁？什么？哪里？什么时候？通过对故障单的信息进行分析处理，可以得知谁在使用服务台？他们遇到的是故障还是服务请求？哪些客户遇到了故障？他们遇到的是什么问题？进一步分析可能会发现，在这些故障单里，简单的问题咨询占了多少的比例，各类应用系统、基础设施的故障占了多少的比例等。

3）知识：知识是对信息的应用，是一个对信息判断和确认的过程，这个过程结合了观察、背景、经验、价值观和判断。基于前面的数据和信息，可以知道哪些用户使用的服务出了故障，综合经验和背景的分析，可以确定故障对业务的影响范围和程度、故障的优先级、如何处理故障等。

4）智慧：是对目前服务状况的洞察能力和判断能力，可以简单地归纳为做正确判断和决定的能力，包括对知识的最佳使用。比如在前面的例子中，根据故障对客户的业务影响去识别改进点，又比如制定一个培训计划或者对故障发生频率较高的某系统进行服务改进等。

（2）服务知识管理系统　服务知识管理系统是 IT 服务管理中对所有的数据、信息、知识、智慧进行管理的信息系统。服务知识管理系统能够规范知识库条目的创建、审核、检索流程，提供强大的检索功能，为故障、问题、变更和发布等流程中各个角色提供所需要的知识信息，为组织的 IT 服务管理提供各种决策、运营、持续改进等方面的支撑。

图 6-16 所示为配置管理数据库（CMDB）、配置管理系统（CMS）和服务知识管理系统（SKMS）三者之间的关系（来源：OGC）。

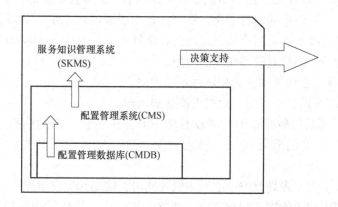

图 6-16　CMDB、CMS、SKMS 三者之间关系图

3. 流程及运作

1）知识管理战略：首先需要制定知识管理的总体战略，包括知识管理模型，知识管理

的政策、流程、过程和方法，技术、人员及其他资源需求等。

2）知识传递：在服务生命周期中，组织需要通过解决问题、动态学习、战略规划和决策来获取、共享和利用知识。知识传递就是将知识传递到组织的其他部分。传统的知识传递一般通过文档和培训。很多情况下，工作组的代表最先接受培训，之后再培训其他同事。在知识传递中也可以考虑其他的形式，如研讨会、期刊、简讯等。

3）数据和信息管理：数据和信息是知识的基础，数据和信息的获取范围、获取方式、带来的价值、维护的成本等都需要进行管理，以保证数据和信息是最新的、完整的、有效的，且易于和便于组织使用。

4）使用服务知识管理系统：要提供实时、充分的知识共享需要依赖于服务知识管理系统，实施服务知识管理系统可以提高运营管理流程的效率，降低服务的维护和管理成本。

4. 关键绩效指标

知识管理流程涉及的关键绩效指标主要包括：

1）知识普及率；

2）为诊断和修复的故障、问题而进行信息查询所减少的时间；

3）对人员知识依赖的减小。

5. 实践案例

知识管理不仅仅是构建一个知识库或知识管理系统，更重要的是知识的使用和普及。实际上，在知识管理的实践中，很多企业确实很重视，而且也在知识库的建立上投入了很多资源，但是最终的效果却差强人意，甚至以失败告终。知识管理的效果无法达到预期，往往有以下几方面的问题：

1）知识的质量难以保证。比如知识库的内容不全，很多有经验的老员工没有多余的时间进行知识的整理；知识库的内容老化，没有在技术或者应用系统更新后及时更新知识库，导致知识库的内容已经不再适用；知识库的内容质量不高，不易于理解，即便是找到对应的知识，也可能因为录入的质量较差而无法使用。

2）知识库的录入者和使用者的积极性难以调动。

3）知识管理的培训渠道有限，效果无法达到预期。

要解决以上问题是比较复杂的，并没有统一的方法能够"药到病除"。要做好知识管理，需要企业结合自身的实际情况，摸索和建立适合自身现状的知识管理流程和管理工具。

某银行数据中心为了提高数据中心知识管理能力，推动知识在组织中的共享和传承，提高工作效率，制定了知识管理流程和制度，建立了知识库，规范了知识提交、审核、更新、废止和回顾等工作流程。该数据中心知识的来源包括但不限于以下方面：

1）事件：常见的事件处理的解决方案；

2）问题：问题处理的步骤及解决方案；

3）配置：配置管理中形成的经验；

4）变更：变更管理中形成的经验；

5）内部归纳：IT 内部在日常工作中积累总结出的经验；

6）内部规范：IT 内部的项目文档、配置文档以及使用操作的规范和手册；

7）外部：外部部门颁布的影响到 IT 运维的策略和使用规范或外部厂商提供的文档等。

其次，为了保证知识的质量和知识的普及，该数据中心建立了如下原则：

1）知识管理应以知识的质量和利用率为核心，建立知识的准入条件、更新策略及配套的激励措施；

2）员工在知识的学习和使用过程中可通过系统对知识进行评价，各专业部门可以知识评价为参考衡量是否需要更新或废止知识；

3）对于员工整体知识阅读率高的部门，可在部门考核中酌情加分；对于知识贡献量排名较前的员工，可在个人考核中酌情加分。

6.4 服务运营

6.4.1 服务运营简介

服务运营描述如何通过有效的工具、技术和既定的流程实施服务和运维管理来为客户创造价值和收益。服务运营的目的是在承诺的服务级别协议基础上成功实现服务的价值，它是一种非常重要的能力，战略目标最终需要通过服务运营来实现。

服务运营是 IT 服务管理生命周期中负责日常运行管理的阶段。相对于服务设计和转换来说，服务运营的重要性容易被各职能部门或客户忽略。因为服务设计和转换提供服务从无到有的过程，客户很容易感知新服务发布或服务变更，而服务运营是为保证 IT 服务持续运行，服务运行越稳定，客户越容易忽视服务运营的价值，而当服务出现中断并产生损失后，客户才会意识到服务运营的重要性。IT 系统新服务发布后，业务需要从 IT 中获得支持，那么就需要服务运营阶段的管理和控制，涉及人员、流程、基础架构、管理制度等多方面的内容。

服务运营总体框架如图 6-17 所示。

服务运营关注日常运行活动，稳定的基础架构、适当的流程和支持工具、技术娴熟的人员，能够确保组织对服务运营和服务交付实现总体控制，及时检测服务异常，并为服务的改进优化提供基础。下面将依次介绍服务运营的关键流程。

6.4.2 服务台

1. 概述

当有内外部用户发起服务请求、变更申请，或出现服务中断时，服务台作为联络点为内外部用户提供帮助，并协调 IT 团队和流程运作。

IT 运维服务管理

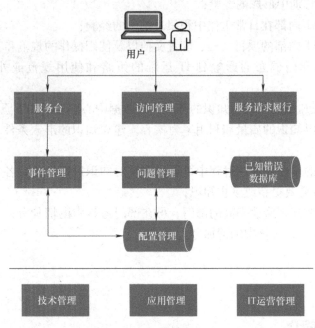

图 6-17 服务运营总体框架

服务台（Service Desk）一方面成为客户提供联系信息科技部门的单一联系点，确保事件、咨询、请求甚至投诉发生时，他们能找到合适的支持人员来帮助解决，避免无方向地寻找必要的支持而导致客户满意度和忠诚度的下降；另一方面，作为信息科技服务的前台，对于简单、重复发生的已知错误等事件，服务台可以直接进行处理而无需再联系相应专家，既提高了效率又降低了运营成本。同时，服务台还负责跟踪来自信息科技部门内部的各种呼叫或请求，例如，信息科技部门内自动或人工检测到的事件以及其他来自信息科技部门内部的服务请求。作为首次联系点，服务台通过过滤不相关问题和容易回答的问题减轻了支持小组的工作量。这样，服务台就充当了一个过滤器，从而只有那些真正必要的故障事件才会被转到二线和三线支持。作为一个首次联系点，服务台在处理用户请求时应该具备一定的专业性，从而确保用户不需要无休止地寻求解决问题的方法。

服务台是支持 IT 运维服务的核心功能，与各个流程联系密切。所有管理流程都要通过服务台为用户提供单点联系，解答用户的相关问题和需求，或为用户寻求相应的支持人员。

服务台所接收的请求可以分为涉及技术架构的事件、有关应用系统使用方面的事件和疑问、有关服务状态（事件变化态势）的问题、标准化变更以及其他请求。依据服务台类型和服务组织的服务范围不同，服务台可能处理全部的呼叫，也可能只处理技术问题和请求，而由业务部门组织自行处理应用系统支持方面的问题。

2. 服务台结构分类

服务台的结构分类即构建模式，目前使用较多的有本地（分布）式、集中式和虚拟式三类。

（1）本地（分布式） 此类服务台一般被分成多个服务台分布在多个地点，如在不同的大楼、城市甚至在不同的国家，它能更好地满足本土化、个性化的服务需求，对某个单一地点而言响应速度快，但是技术和资源的重复建设会大大提高运营成本，如选用此类服务台，那么运营操作的标准规范制定是非常重要的，同时各服务台之间的交流成为最大的挑战。

（2）集中式 此类服务台，即使组织架构本身处于不同的地点，所有的客户请求都会被指向到某一个物理集中服务中心，目前大多数金融行业都普遍采用此类模式，如图6-18所示（资料来源：OGC）。

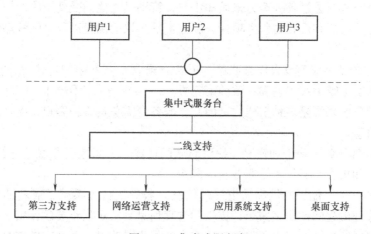

图6-18 集中式服务台

服务台负责所有请求的接收、记录、监控及事件升级的控制，同时将业务运作支持作为服务台的一项职责。选用此类服务台可以很好地降低运行成本，使得管理层能更全面更系统化地了解生产运行现状，提高现有人力物力的使用效率。

（3）虚拟式 随着网络及通信技术的发展及经济全球化背景下跨国运营的需要，能够不受时间地点限制提供的虚拟式服务台也被广泛采用。它可以协助降低运营成本，提供资源利用率，同时在一定程度上便于统一管理，虚拟式服务台看起来是一个统一的实体，服务台和支持人员现在可以分布在任何地方，因此此类服务台的缺点在于由于物理空间的限制，专家或替代技术人员的现场支持变得非常困难。

3. 服务台主要职能

服务台应实现以下功能：

1）支持通过电话、网络、电子邮件等方式向用户提供单点联系接口；

2）支持对所有的故障和服务申请进行预处理，检查用户输入信息的正确性和完整性；

3）支持用户通过服务台咨询、短信或电子邮件等方式了解投诉或服务申请的处理过程；

4）支持对故障和服务申请的跟踪，确保所有的故障和服务申请能够以闭环方式结束；

5）能够提供对知识库的查询功能。

服务台是一种服务职能，与变更管理、事件管理等服务管理流程不同，它没有严格的日常基本运营步骤。日常的主要工作有以下几种：

（1）响应呼叫请求　呼叫请求是指用户、客户与服务台进行的联系。服务台需要对所有的呼叫请求根据规范进行记录，以便后续进度的监控，为流程控制提供具体量化指标。服务台负责相应的呼叫请求，主要有事件及变更这两个最重要的客户需求。

（2）信息发布　服务台不仅是客户需求响应中心，也是客户关系管理中心，因此还应充当用户主要信息来源的角色。在正式提供新的产品或服务前、例行维护前、发生预期已知错误前，服务台都需要通过各种努力来通知用户，特别是在他们受到影响之前。服务台还应当向用户提供有关新的和现有的服务项目、服务水平协议的供应以及订购程序和成本等方面的信息。

（3）第三方产品供应商及合作方联络　服务台通常负责与第三方产品供应商及合作方进行联系，而事实上维护统一的和一致的第三方产品供应商及合作方信息数据库并不容易，原因在于这些信息的来源是多种多样的。因此，服务台需负责维护客户、支持人员和第三方供应商的详细信息。

（4）运营管理任务　备份和恢复、提供局域网连接、对当地服务器进行磁盘空间管理、创建账号、设定和重设密码等也是服务台的职责。

（5）报告和评审　能否提供高质量管理信息是服务支持体系是否成功的关键标志，服务台作为服务管理流程间的协调纽带，提供的管理信息具有更加重要的作用。服务台需要向客户、服务管理层、支持小组进行报告。给客户的报告是改进业务的有效工具，是判断、开发及持续改善服务的有效方式。给管理层的报告是管理层分配资源、费用的有效依据。给支持小组的报告有利于发现不足，提高服务质量。

4. 关键绩效指标

客户或用户的满意度是反映服务台运作效果的主要指标。具体而言，可从以下几个绩效指标进行评价：

1）电话应答或服务台内事件或变更请求的受理是否迅速；
2）呼叫是否及时准确地分派处理人或被转到二线支持（如果它们不能在服务台得到解决）；
3）服务是否在可接受的时间内得到恢复并且符合 SLA 的要求；
4）针对当前和未来的变更、错误，用户是否及时得到了通告；
5）事件首次解决率；
6）用户是否得到了良好的建议来防止事件的发生。

6.4.3　监控管理

1. 概述

监控管理流程是收集、分类和处理监控对象信息的流程，用于实时掌握运行状态，及时发现和处理运行异常。监控管理是运维保障的基础，监控的对象包括数据中心内的各种设施和设备，如机房环境、网络、计算、存储、平台软件、应用软件等。

监控管理的目标是：通过对应用及IT基础设施运行信息的收集、分类和处理，实现运行状态的实时掌握，以及运行异常的及时发现和处理。

2. 基本术语

监控告警：是指任何可监测或可识别和生产环境相关的软件、硬件、网络、基础设施、业务状态有意义的监控通知信息。

监控告警根据涉及的影响程度、所采取的处理策略的不同，一般分为故障类、警告类、提示类。

1）故障类：一般是指业务办理受到影响或生产系统的正常有效运行出现异常，需要立即进行人工干预、处理的监控告警。比如应用系统交易成功率骤降、服务器异常宕机、数据库进程异常停止等。

2）警告类：一般是指暂无实际业务影响，但某一项服务或者设备即将达到阈值，需要及时采取恰当的行动来避免意外发生。比如交易处理的时长比正常情况增长了10%、服务器的某文件系统使用率达到了90%等。

3）提示类：一般用于输出IT组件的状态信息、某项操作的成功信息等，不需要采取相应的处理动作。比如批处理中的一项作业顺利完成、预设的检查任务完成等。

3. 流程活动

监控管理的关键活动一般包括监控方案的制定、监控方案的实施、监控回顾与调整。

（1）监控方案的制定　分析确定监控需求，制定监控方案。具体包括：

1）接收、分析并确认监控需求；

2）根据监控需求，制定监控方案，包括但不限于明确监控范围、定义监控对象及属性、监控方式和方法、监控的指标和阈值、控制活动的触发条件和操作步骤；

3）对监控告警进行分类。

（2）监控方案的实施　制定监控实施计划并执行监控。具体包括根据监控方案，制定监控实施计划，部署适当的监控工具，并对监控中发现的异常进行记录；执行监控，并对监控进行分类处理。

另外，根据目前监控管理的实践来看，在工具层面，监控管理一般会与事件管理的入口联动，以便于事件的快速记录和处理。

（3）监控回顾与调整　定期回顾监控的效果并进行持续优化。具体包括定期的分析回顾，如定期对监控盲点进行排查、对监控指标的合理性进行评估、检查监控系统状态的有效性等；触发式的回顾，如通过事件流程发现的目前监控管理存在的问题。

4. 关键绩效指标

1）监控告警及时响应率；

2）监控告警及时关闭率；

3）监控覆盖率（已经部署了监控的服务器占所有服务器的比例）；

4）生产故障事件通过监控告警发现的比率。

5. 实践案例

某银行数据中心监控管理的范围包括了应用系统的交易监控（包括交易量、交易成功率、交易相应率、交易响应时长等方面的监控）、系统层面的监控（含操作系统、数据库、中间件等基础软件的监控）、网络层面的监控、机房动力环境层面的监控等。

根据监控告警的影响程度和处理优先级，该数据中心把监控告警分为紧急告警、重要告警、一般告警和提示告警，并在一体化监控管理平台进行展现。

（1）紧急告警 该类告警是指监控到的已造成生产异常的紧急告警，需要立即进行人工干预、处理。产生紧急告警的原因一般为IT组件不可用、功能受限或性能下降。

（2）重要告警 该类监控告警需要及时进行人工干预和处理，处理紧迫度低于紧急告警，一般表示IT组件的某项参数接近警戒值。

（3）一般告警 该类监控告警紧急程度低于重要告警，发生预警时，IT组件尚且可用，但如在一定时间内得不到处理，将会增加安全生产风险，或发生IT组件不可用。

（4）提示告警 该类监控告警不需采取相应处理动作，一般存储于日志文件中，用于输出IT组件的状态信息、某项操作的成功信息等，可作为监控告警统计、分析的数据来源。

为了保证监控管理的准确性、有效性，并对监控进行持续优化，该数据中心在监控管理方面制定了如下的几项原则：

1）监控维护人员应定期对监控对象、监控方案进行回顾更新；

2）监控告警处理的基本原则：及时响应，快速处理，正确解决；

3）应对监控告警进行分级管理，根据不同级别的监控告警，明确处理时间要求、通知要求等；

4）严禁人为擅自规避、禁用、卸载生产运行监控系统；

5）重大变更实施之前，需要针对对应的系统设定报警屏蔽期，以减少监控误报的情况。

从流程上来看，该数据中心的监控管理主要分为两大管理活动，即监控需求管理和监控告警处理，其中监控需求管理用于为应用系统、网络设备、机房基础设施等监控对象进行监控需求的识别和部署，主要包括监控需求的识别、申请、评审、实施和回顾几个环节。下面主要介绍监控告警处理的主要流程。

1）监控告警生成：监控告警通知来自于监控管理平台，统一通过可视化监控平台展现。

2）监控告警处理：当告警级别为紧急、重要和一般告警时，通过可视化监控平台自动将告警信息推送给事件流程，生成事件工单，并自动根据受影响系统分派至相应运维部门进行处理。各运维团队收到事件工单后，对于符合应急启动条件的应按照应急处理流程处理，对于不满足应急启动条件的，按照事件处理流程处理。如果是提示告警，则不生成事件单，仅在可视化监控平台中进行提示。

3）监控告警升级：当监控告警满足应急启动条件时，根据应急管理相关要求启动应急流程。

4）监控告警跟踪：服务台通过可视化平台和 IT 交易监控系统对监控告警处理情况进行实时跟踪，及时督促相应运维处室处理。

5）监控告警关闭：当监控告警转入事件流程后，监控告警服务台将告警关闭。

6）监控告警统计分析：由值班经理等人员按照既定的时间间隔对监控告警情况进行统计分析，并进行汇报。

6.4.4 事件管理

1. 概述

事件管理（Incident Management）是 ITIL 及 ISO 27000 标准中的重点流程之一，也是目前行业内最受关注的流程之一。该流程的管理目标旨在快速减少或消除存在或可能存在于 IT 服务中的干扰因素带来的影响，快速恢复服务，保证 IT 服务的治理及可用性。

实施事件管理流程的主要目标就是尽可能快地恢复服务至服务级别协议规定的水准，尽量减少事件对业务运营的不利影响，以确保最好的服务质量。事件管理通过保留事件的有效记录以便后续能够权衡并改进处理流程，给其他的服务管理流程提供合适的信息，以及正确报告进展情况。

实施事件管理后，能够为业务带来的好处是更及时地解决事件，以减少事件对业务的影响，提高用户的工作效率。

成功的实施事件管理流程带来的好处是显而易见的，同时实施事件管理流程的失败也会带来一定的负面影响，使得业务部门和科技部门耗费的资源比正常的高出许多。这些负面影响主要包括：

1）由于无人负责监控和升级事件，事件可能会无谓地加剧并降低服务的等级，导致事件得不到解决，用户不断地被迫求助于其他部门。

2）支持人员经常会受到用户打来电话的干扰，这意味着他们将不能正常地完成工作。结果可能导致几个人同时参与到对同一事件的处理工作上，既浪费时间，又可能会得出相互冲突的解决方案。

3）与用户和服务相关的管理信息的缺乏。

2. 基本术语

（1）事件（Incidents） 事件是指引起或可能引起服务中断或降低服务质量的异常、故障、隐患。事件可能由基础设施的任何一个异常引起，这通常是由用户报告的，事件也可能由业务部门或者是科技部门发现并且通过已建立起的监控系统自动跟踪。

根据对高安全性的需求，事件可被细分为生产故障事件和安全事件。

生产故障事件是指影响或可能影响业务应用、系统环境、网络通信、机器设备、机房设施的正常有效运行的事件，而计划内停机是不列入生产故障事件范围的。

安全事件是指由于人为恶意因素，造成信息及信息系统的机密性、真实性、完整性、有效性、不可否认性遭受不同程度的威胁或破坏。安全事件又分为三种情况：

1）因人为恶意因素造成信息系统重要数据及信息系统相关核心技术资料损毁、丢失、泄露、被篡改。

2）病毒攻击、非法入侵、木马植入、外部网络攻击等使信息及信息系统遭受安全威胁或造成不同程度的故障、破坏。

3）因人为恶意因素对信息系统或基础设施的正常使用造成不同程度的破坏或威胁，包括对自助设备和环境的恶意破坏，如恶意放置非法装置或提醒物，针对信息系统的敲诈、恐吓等。

（2）影响度（Impact） 影响度是指就所影响的用户和业务数量而言，事件偏离正常服务级别的程度。影响度是衡量事件影响业务大小程度的指标，通常相当于事件影响服务质量的程度。

（3）紧急度（Urgency） 紧急度是指解决故障时对用户和业务来说可接受的耽搁时间。紧急度是评价事件的紧迫程度，是根据客户的业务需求和事件的影响度而制定的。

（4）优先级（Priority） 优先级是指根据影响度和紧迫性而制定的处理事件的先后顺序。当数个事件需同时得到处理，但受时间、资源和人力等的限制而无法实现时，就需要排定处理的先后次序，即确定每个事件的优先级。优先级需在综合考虑用户和服务水平协议的要求及其他因素之后确定。当生产故障事件或安全事件出现后，没有用户会说他的事件优先级低，可以放到以后解决，相反，他们总是认为自己的才是需要最优先解决的。因此，就需要根据一些量化的指标来决定优先级。这样做即使用户感到公平，又便于组织安排有关的人力和物力。

优先级设定方法举例：某银行数据中心根据自身特点，对于生产故障事件，根据是否在业务时段内、影响范围、持续时间等因素，将生产系统事件分为六个级别。一、二、三级为重大事件，定义为产生重大业务影响的事件。四、五、六级为一般事件，定义为产生业务影响，存在引起重大事件隐患，需要及时消除的事件。

（5）事件升级（Incident Escalation） 事件升级是指如果某一事件不能在规定的时间内由一线支持小组解决，那么便将其交给更多有经验、更高权限的人员支持。升级分为职能性升级和结构性升级。

1）职能性升级（Functional Escalaltion） 又称为水平升级或技术升级，职能性升级意味着需要更多时间、专业技能和访问权限的人员来参与事件的解决。

2）结构性升级（Hierarchical Escalaltion） 又称为垂直升级或管理升级，结构性升级意味着当经授权的当前级别的机构不足以保证事件能及时满意的得到解决时，需要更高级别的机构参与进来。

3. 流程活动

事件的处理流程线路是由所需的专业等级、紧急度和权限等因素决定的。一线支持通常由服务台提供；二线支持通常由运维管理部门提供；三线支持则多由软件开发人员和系统结构人员提供。

事件管理流程可分为事件报告、事件处理、事件关闭、事件总结等管理步骤。

1）事件报告：事件发生后，服务台应及时报告事件，并对事件进行初步分析。如果判断为对业务服务产生影响的事件，则应及时升级至事件协调人。服务台应通过运维管理平台创建事件工单，记录内容应包括事件发生时间、事件发生系统、事件来源、事件现象等，并将事件工单派发给一线工程师进行处理。

2）事件处理：事件处理人应及时受理事件，对事件进行处理。针对可以解决的事件，落实解决方案，及时解决事件；针对无法解决的事件，采取临时方案进行处理，保证业务的连续性和服务不中断，并派发事件，跟踪事件的处理过程。针对需要通过变更解决的事件，由事件处理人创建变更单，变更的处理应按照变更管理流程的有关规定进行处理。事件需要跨部门或单位提供解决方案时，事件处理人如果无法协调，则应及时报告事件协调人组织协调相关人员提供解决方案。事件需要协调业务部门解决时，事件处理人应及时报告事件协调人组织落实业务部门的协调工作，直到事件解决。服务台负责跟踪事件处理情况，针对不及时响应或解决的事件，应及时通知事件处理人进行处理。针对长时间不响应或解决的事件，应升级通知事件协调人。事件解决后，事件处理人应及时与服务台反馈事件的处理结果。

3）事件关闭：事件解决后，服务台应及时与客户确认事件是否解决，确认解决后，关闭事件。对于采取临时解决方案解决的、未获得根本原因的、频繁发生的事件，应由事件处理人创建问题，进行深入诊断分析，避免再次发生事件。有整改措施的事件，应创建问题，并进行持续跟踪和整改。问题的处理应按照问题管理流程的有关规定进行处理。

4）事件总结：事件处理人应在事件解决后完成事件分析报告，并提交给事件流程经理。事件流程经理应对事件分析报告进行统一编号、整理和归档。事件流程经理定期对事件进行分析和总结，持续对事件管理流程进行改进，逐步提高事件管理的处理效率，提升服务质量。

4. 角色和职责

事件管理流程涉及多项职能部门。因此，要有效实施事件管理流程，与其有关的责任和权限必须定义清楚。而采用基于角色的流程定义方法可使事件管理流程具有较好的灵活性。

事件管理的职能部门主要包括事件处理部门、事件协调部门、事件管理部门。事件处理部门下设事件处理人（服务台、一线工程师、二线技术专家、三线技术支持人员），事件协调部门下设事件协调人，事件管理部门下设事件流程负责人和事件流程经理。

服务台主要负责及时报告和登记事件，派发事件至一线工程师处理，并跟踪事件的处理过程，确认事件的处理结果。一线工程师主要负责对事件进行处理，针对不能解决的事件应及时分派至二线技术专家处理。二线技术专家主要负责解决一线工程师升级的事件，针对需要三线技术支持人员解决的事件，应及时协调三线技术支持人员协助处理。三线技术支持人员主要负责协助处理事件，提供技术支持。事件处理协调人主要负责管理和协调事件的处理，确保各部门在事件处理过程中步调一致并协同处理。事件流程负责人主要负责跟踪事件管理流程的有效性和效率，对事件管理过程进行持续改进。事件流程经理主要负责对事件进行分析总结，有效地对流程的运行情况进行监控和改进。

5. 关键绩效指标

事件管理流程的关键绩效指标可包括：

1）事件的总数、平均解决时间、按优先级计算的平均解决时间；

2）在 SLA 的目标之内解决的事件所占的百分比；

3）每个服务台工作站或每个服务台员工平均解决的事件数。

例如某银行数据中心事件管理流程的指标包括事件总数及趋势、主要告警响应及时率、一线响应及时率、次要、警告告警响应及时率、告警清除及时率、二线直接解决率、二线及时解决率等。

对事件管理应持续跟进和定期总结分析，需定期对相关管理制度及其执行情况进行回顾，分析流程执行结果，形成事件流程报告。

6. 实践案例

某银行数据中心事件管理的职能部门主要包括事件处理部门、事件协调部门、事件管理部门，其事件处理流程图如图6-19所示。事件处理部门下设事件处理人（服务台、一线工程师、二线技术专家、三线技术支持人员），事件协调部门下设事件协调人，事件管理部门下设事件流程负责人和事件流程经理。

事件的来源包括电话、邮件、机房运维监控、集中监控平台、网络监控平台、批处理监控、其他等类别。事件的分类包括应用运维类、基础环境类、网络类、信息安全类、其他类等。事件的根本原因包括基础架构引起、应用质量引起、第三方因素引起、人为因素引起等。

以下为某银行真实发生的事件案例，具体处理过程如下：

【08:40】××银行服务台接到客户反馈在个人网银系统无法进行大额转账，立即通知故障系统所属中心的一线值班人员，服务台同时通知相关人员（包括应用运维人员、网络值班人员、数据库值班人员等）。

【08:42】系统运维值班人员收到一线值班人员电话，反馈客户在个人网银系统无法进行大额转账，并协调网络、数据库、基础环境等值班人员协助故障分析。

【08:44】系统运维人员登录系统排查交易是否正常，检查应用日志是否有异常报错信息。

【08:45】运维人员联系个人网银系统开发与业务人员一起排查问题。

【08:47】运维人员联系新二代支付系统运维人员，确认大额通道设置正确，系统运行正常。

【08:49】运维人员排查个人网银系统节假日设置是否正常。开发人员联系业务人员通过后管进行检查。

【08:52】运维人员发现个人网银系统把当天设置成了节假日，而业务人员一直没有反馈。应立即联系开发启动应急处理流程，值班人员上报事件处置决策人，事件处置决策人协调各岗位技术资源协助处置事件。运维人员和开发人员一起确认节假日参数配置修改方案，整理出具体操作步骤。

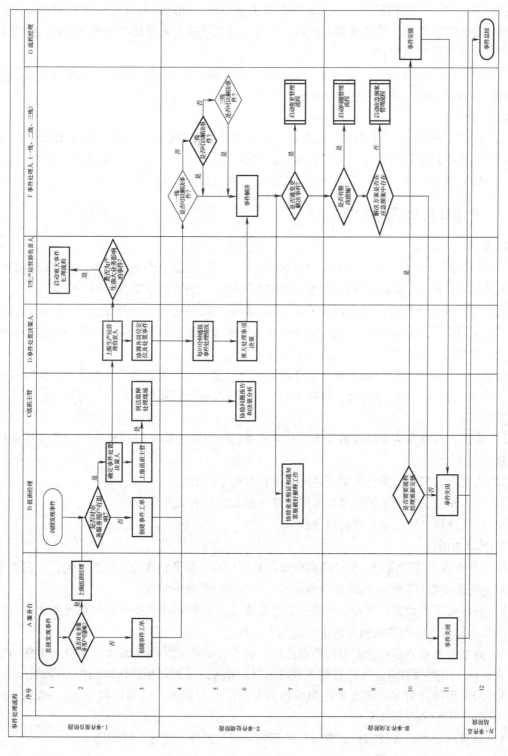

图 6-19 某银行数据中心事件处理流程图

【08:57】事件处置决策人进行问题报告和决策分析，同时通知运营管理部的业务联系人，做好业务应急准备。经过观察和评估，个人网银系统决定紧急修改节假日参数，将当天日期数据从节假日列表中删除。

【09:01】运维人员检查转账流水，逐渐有大额转账成功交易，验证应急操作生效。值班经理协助业务验证，并通知客服做好解释工作。

原因分析：

个人网银系统在 xx 年年底时，由业务人员通过个人网银后台配置全年的双休日和节假日列表，用于控制是否可以进行大额交易，此次事件是由于把当日错误配置在了此列表中，系统会当作双休日处理，因此大额转账功能无法正常使用。

6.4.5 请求履行与访问管理

1. 概述

"服务请求"一词是用户对 IT 部门施加的各种不同类型要求的一般描述。其中许多实际上是小的变更，具有低风险、频繁发生、低成本等特征。例如请求更改密码，请求在特定工作站上安装额外软件应用，以及请求重新分配一些桌面设备选项，或者可能只是问题请求信息。但类似请求的规模和频率、低风险特性意味着通过单独流程而非阻塞和妨碍正常的事件与变更管理流程，能够使它们得到更好的处理。

请求履行管理流程的目标是提高服务请求处理效率、业务服务和产品的质量，保障系统安全、可靠、平稳、高效地运行。具体来说，实施请求履行管理流程的好处可以从以下几个方面来看：

1）为用户请求和接受标准服务提供一个渠道，针对这些服务制定预定义的审批和资格鉴定流程；

2）为用户和客户提供有关可用性的服务获取程序的信息；

3）收集和提供所请求的标准服务的组件（例如授权和软件介质）；

4）帮助处理一般信息、投诉或意见。

2. 基本术语

针对服务请求管理流程，例如某商业银行数据中心将服务请求进行分类，包括咨询类服务请求、数据类服务请求、网络类服务请求、日常运行类服务请求。

1）咨询类服务请求：需要提供关于信息系统某方面专家或专业意见与解释的请求，针对行内员工的业务应用类的服务请求，优先级较高；

2）数据类服务请求：业务部门根据账户、客户、资产数据调整需要、上级管理部门文件、有权机关的查询需求、生产数据下载需求以及业务需求等对生产数据操作的请求；

3）网络类服务请求：需要提供网络相关方面信息的请求，包括访问申请、VDPN、固定 IP 申请、分行网络支持等；

4）日常运行类服务请求：日常运行所需的申请、报备、优化改进等请求。

3. 流程活动

服务请求处理流程主要包括服务请求的提交、受理、审批、处理、关闭等管理步骤。

1）服务请求提交：服务请求提交人通过在线或热线方式提交服务请求或进行报告，服务台创建并受理服务请求，此外，记录服务请求发生时间、服务请求现象、服务请求分类等。

2）服务请求受理及审批：服务请求提交后，服务请求处理人在规定的服务时限内受理并审批服务请求。服务请求申请内容不在服务请求范围内时，服务台应通知服务请求提交人，或将服务请求退回给服务请求提交人，反馈退回原因；针对不符合要求的服务请求，退回至服务请求提交人或服务请求处理人修改。

3）服务请求处理：服务请求处理人应在规定的服务时限内受理服务请求，有些简单的服务请求可以由服务台作为一线支持来解决，其他的请求需要转派给专家支持人员或供应商处理。部分服务请求的实施需要通过变更解决，服务台负责跟踪服务请求处理情况并及时通知服务请求提交人，服务请求处理完成后，服务请求处理人将处理结果反馈给服务台，由服务台统一反馈给服务请求提交人。

4）服务请求关闭：服务请求处理完毕，服务台与服务请求提交人确认服务请求处理结果并反馈满意度，服务台根据客户满意情况决定是否关闭服务请求。对于需要后续跟踪整改的服务请求或重复发生的服务请求，一般通过问题管理流程深入诊断分析和持续跟踪整改。

4. 角色和职责

服务请求管理流程角色包括服务请求提交人、服务请求处理人（服务台、一线工程师、二线技术专家、三线技术支持）、服务请求审批人、服务请求协调人、服务请求流程负责人以及服务请求流程经理，他们各自的工作职责见表6-5。

表6-5　服务请求管理流程各角色的工作职责

流程角色	工作职责
服务请求提交人	负责提交 IT 服务请求申请； 负责对服务请求处理提供必要的信息支持； 负责确认服务请求处理结果； 负责配合进行服务请求满意度调查
服务请求审批人	负责批准或拒绝服务请求的执行
一线工程师	负责在规定的时限内完成服务台派发的服务请求； 对于无法处理的服务请求，应采取临时方案进行处理，并分派至二线技术专家处理
二线技术专家	负责处理一线工程师升级的服务请求； 如果需要三线技术支持处理，负责协调三线技术专家协助处理服务请求
三线技术支持	负责协助服务请求的处理，提供技术支持
服务请求协调人	负责管理和协调服务请求的处理

(续)

流程角色	工作职责
服务请求流程负责人	负责总体协调服务请求的执行过程； 负责服务请求管理流程的有效性和效率的跟踪； 负责服务请求管理流程的持续改进
服务请求流程经理	负责服务请求管理流程的组织、协调和跟踪，保障服务请求及时有效处理； 负责定期对服务请求管理情况进行分析和总结，并定期向服务请求流程负责人进行汇报

5. 关键绩效指标

关键绩效指标包括：
1）服务请求的数量；
2）服务请求平均响应时间；
3）客户满意度评价。

6. 实践案例

某商业银行数据中心员工需要下载生产数据，该员工提交生产数据下载类服务请求工单，清晰描述数据请求，此工单提交至服务请求受理人，受理人对工单进行初审，对于描述不清楚或不办理的给予退回，并填写退回原因。此员工再次提交工单并通过初审，工单流转至服务请求审批人员（多个）进行审批，审批通过后派发给服务请求处理人进行生产数据下载，并将需要脱密的数据进行脱密后，反馈给提交人员。提交人员下载使用后，对数据进行回收和删除，提交人员使用完毕后对工单进行关闭操作，并填写满意度。

6.4.6 问题管理

1. 概述

之前介绍过发生事件时应启动事件管理流程对事件进行处理，而当服务恢复正常，受影响用户恢复工作时，就应停止对该事件的处理活动。但是事件的终止并不意味着导致事件发生的根源都解决了。只要事件的根源还没有找到并解决，事件就还有可能会再次发生。深挖事件背后的根源，从而彻底解决事件时就需要启动问题管理流程了。

问题（Problem）是指存在某个未知的潜在原因的一种情形，这种潜在原因可能会导致一起或多起事件的发生。问题经常是分析多个呈现相同症状的事件后发现的某种情形，也可能是从单个重要的事件中确认的某项错误中提炼的。这种错误产生的原因虽然是未知的，但其产生的影响却可能是非常严重的。

实施问题管理流程，主要是为了预防问题或者事件的重复发生，并将未能解决的事件的影响降低到最小。问题管理强调的是事件产生的根源，事件与问题的关系不是一对一，而是多对多的，一起事件可能由多个原因导致，而其中的每个原因都可能作为一个问题去分析处理；同样，多起事件可能由同一个问题导致。问题管理流程包括了诊断事件根本原因和确定问题解决方案所需要的全部活动，并通过合适的控制过程，尤其是变更管理和版本发布管理，负责确保解决方案的实施。问题管理还将维护有关问题、应急方案和解决方案的信息，以使组织能够减少事件的数量和影响。

实施问题管理流程的最终目标就是消除引起事件的深层次根源以防止事件再次发生，它包括主动性问题管理和被动性问题管理两类活动。被动性问题管理的目标是找到导致已发生事件的根本原因，以及提出解决措施或纠正建议；而主动性问题管理的目标是通过找出基础设施中的薄弱环节来阻止事件的再次发生，以及提出消除这些薄弱环节的建议。

通过实施问题管理流程将可以大幅度降低事件发生的频率，减少科技部门的人力投入，提高信息技术提供服务的质量。

2. 基本术语

问题管理流程几个密切相关的概念包括已知错误、问题管理、主动性问题管理、被动性问题管理、问题控制、错误控制。

（1）已知错误（Known Error） 已知错误是经过诊断分析后，发现事件产生的根本原因并制定出可能的解决方案时处于一种已明确原因待提供解决方案的状态。在这种状态下，一种临时性的权宜措施或永久性的解决方案已经存在。如果一个问题转化成了一个已知错误，则应当提出一个变更请求并实施变更解决。但是，在通过变更将此已知错误永久性地解决之前，它将仍将作为一个已知错误。

（2）问题管理（Problem Management） 问题管理是通过调查并获取相关可用信息后（来源于事件数据库），来确定引起事件发生的真正的潜在原因以及提供的服务中可能存在的故障。一旦确定了根本的原因，同时产生了可接受的应急措施，就可把问题当成一个已知错误来处理。因此，一旦找到了永久解决这些根本原因的方法，就可以发出一个变更请求来消除这些已知错误。而在此之后，问题管理会继续跟踪和监控这些基础设施中的已知错误。因此，需要记录所有已确定的错误，它们的症状以及可用的解决方案等相关信息。

（3）主动性问题管理（Proactive Problem Management） 主动性问题管理是指在事件发生之前发现和解决有关问题和已知错误，从而使事件对服务的负面影响及与业务相关的成本减小到最低的一种管理活动。通过化被动为主动，从而提供更好的服务并提高自身的资源使用效率。

（4）被动性问题管理（Reactive Problem Management） 被动性问题管理是指在事件发生后找到事件的根本原因并提供解决方案，使事件对服务的负面影响及与业务相关的成本减小到最低的一种管理活动。

（5）问题控制（Problem Control） 问题控制是一个有关怎样有效处理问题的过程，其目的是发现事件产生的根本原因（如配置项出现故障）并为服务台提供有关应急措施的意见和建议。问题控制负责找出问题并调查其根源，其目标是通过确定问题根源并采取应急措施来把问题转化成已知错误。

（6）错误控制（Error Control） 错误控制是指解决已知错误的一种管理活动。由于财务、技术或其他各方面的因素，已知错误不可能全部得到纠正。错误控制就是要对这些错误进行管理从而使受其影响的用户能够意识到这些错误的影响。除了消除错误之外，错误控制也可能只是将现有错误的负面影响降到最低。

3. 流程活动

根据问题报告部门、问题管理部门、问题解决部门等各个部门负责的内容，问题管理流程可包括以下四个主要的活动，即问题控制、错误控制、主动性问题管理及制作问题报告。问题管理的整个生命周期，包括问题报告（主动萃取）、受理、解决、反馈、汇总都应遵守相应的制度。

对无法解决或根源不明确的事件，事件管理部门要及时通知问题管理部门。问题管理部门要对事件管理部门提供的各类事件进行分析，对事件进行主动萃取，创建问题报告。

问题管理部门根据问题报告内容确定问题解决部门，敦促有关问题解决部门查找问题的根本原因。

问题管理部门组织问题解决部门对问题进行根源分析，协调落实相关问题解决方案、协调制定问题防范措施。问题解决部门解决问题后，将问题处理结果提交问题管理部门。需通过变更解决的问题，问题解决部门按照变更管理办法中的规定执行。

问题管理部门要在规定时间内反馈问题解决情况，要将问题资料统一编号、整理、归档。

问题管理部门定期收集、跟踪各类问题，特别是对问题发生的根本原因、处理结果要进行全面的记录汇总，编制问题简报，并进行上报。问题管理部门要定期组织相关部门召开问题分析会，通报问题的解决情况，分析未解决问题的原因，研究解决方案。问题管理部门要定期对各类事件进行分析，并向各相关部门汇报工作处理情况和问题分析结果，研究解决问题管理工作中存在的问题和不良趋势，并采取有效预防措施。全行要建立统一的问题管理知识库，对问题分类存档备查。

（1）问题控制　问题管理流程的第一项活动是问题控制。

问题控制负责找出问题并调查其根源，其目标是通过确定问题根源并采取应急措施来将问题转化成已知错误。问题控制过程如图 6-20 所示。

1）发现和记录问题。问题控制的第一步是发现和记录问题。原则上所有原因未知的事件都可称为问题，但通常只把重复发生的或非常严重的事件归类为问题。发现问题的途径有多种，常见的有：

① 在事件初步归类和支持阶段，没能把事件与问题或者已知错误匹配成功；
② 分析事件数据时发现重复出现的事件；
③ 分析事件数据时发现事件还未与存在的问题或已知错误成功匹配的事件；
④ 分析基础架构时发现可能导致事件的问题。

问题也可能由问题管理流程组以外的人发现，但不管是谁发现的，所有问题都应由问题管理流程来处理。问题记录与事件记录类似，同时问题记录应该关联到所有与其相关的事件，事件的解决方案和应急措施也要记录在相应的问题记录中。

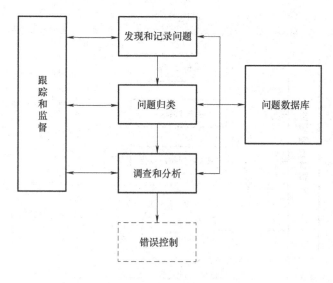

图 6-20 问题控制过程

对无法解决或根源不明确的事件,事件管理部门要及时通知问题管理部门。问题管理部门要根据事件管理部门提供的各类事件进行分析,对事件进行主动萃取,创建问题报告。

2)问题归类。查明和记录问题后,为便于评价问题对服务水平的影响,确定查找和恢复服务所需的人力和资源,需先对问题进行归类定级。延续对生产故障事件的定义标准及其级别,可以对问题按影响程度、影响范围和涉及的系统类别、紧急程度分级。

3)调查和分析问题。调查问题的过程与调查事件的过程类似,但两者的主要目标明显不同:问题是发现事件产生的潜在原因,而事件是尽可能快速地恢复服务。因此,问题比事件调查得更细致深入,需要调查人员拥有更多的经验和技巧,更需要专家支持组的支持,同时,问题调查的范围也比事件调查的要大,它包括对事件管理中使用的应急措施的调查等。当发现更好的或新的应急措施时,问题管理还要将其在问题记录中更新以便后续事件得到更好的管理。

4)临时修复。在解决问题的过程中,如果问题导致了严重的事件,那么找到一个规避解决的办法是非常必要的。但是如果规避解决需要对基础设施进行一些改动,那么必须首先提交变更请求(这主要是指在找到问题的最终原因之前)。如果特别严重而且不容耽搁,则必须启动紧急变更请求处理程序。

(2)错误控制 错误控制是管理、控制并成功纠正已知错误的过程,它通过变更请求向变更管理部门报告需要实施的变更,确保已知错误被完全消除,避免事件再次发生。

错误控制对所有已知错误从其被发现至被解决的全过程进行控制,涉及许多不同部门,如图 6-21 所示,其中跟踪和监督错误活动覆盖问题的整个生命周期。

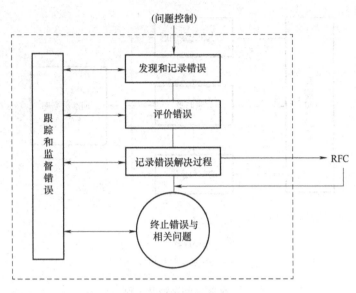

图 6-21　错误控制过程

1）发现和记录错误。一旦确定了问题产生的根本原因，问题就转变为一项错误；如果找到对付错误的应急措施，错误又成为已知错误。错误或已知错误的确定是错误控制过程的开始。错误控制系统中有关已知错误的数据来源主要有两个，即运行过程和开发过程。运行过程主要指在问题控制过程中将某个问题升级为已知错误时，问题调查和分析阶段记录的数据可直接作为错误控制所需错误信息的基础；开发过程，如新的应用系统包含开发阶段形成的错误，但直到正式实施时才发现，则有关这些错误的信息应该按要求输入错误控制系统的数据库中。

2）评价错误。发现和记录错误后，问题管理人员与支持小组一起对解决错误的可能方法进行初步评估。如果发现不能消除错误，则通过变更请求向变更管理报告有关情况。变更管理根据错误对业务影响的紧迫性和严重性确定变更请求的优先级。关于变更请求的优先级别将在后续的变更管理章节详细展开。

3）记录错误解决过程。错误控制系统应该详细记录每个已知错误的解决过程，特别是与已知错误有关的配置项、症状和解决方案（或替代方案），记录的信息可保存于已知错误数据库。这些信息可用于事件匹配中，为以后的事件调查和解决提供指南，也可用于问题报告中。

4）终止错误。在实施变更以成功消除错误后，可以终止已知错误及其相关的事件和问题，并通过实施后评审确认已知错误的解决效果。对事件来说，实施后评审也许是简单地打电话询问客户是否满意，但对问题和已知错误来说，实施后评审应该是一个正式且规范的过程。

5）跟踪、监督问题和错误的解决过程。变更管理流程负责处理变更请求，而错误控制需要对已知错误的解决过程进行监控。在整个解决过程中，问题管理需要从变更管理获取有关问题和错误解决情况的正规报告。问题管理还应监控问题和已知错误对用户服务的后续影响。如果这种影响有不断加强的趋势，则问题管理应当将该问题升级并建议变更顾问委员会提高该项变更请求的优先级，必要时还应当实施紧急变更以消除这种影响。

（3）主动性问题管理　到目前为止所说明的主要是一些被动的问题管理活动，事实上，问题管理完全可以化被动为主动，在事件发生前发现和解决有关问题和已知错误，以尽量减少问题和已知错误对业务的影响，这就是本节要讲的主动性问题管理，在某个程度上也可以将主动性问题管理称为问题预防。

主动性问题管理的范围非常广泛，既涉及单个问题，如与系统某一特性相关的重复性故障，也包括有重要影响的战略性决策，如投资建设更好的网络，或者为客户提供多种帮助信息，甚至可以是为问题解决人员提供在线支持以提高他们解决问题的速度，减少用户等待时间。

主动性问题管理流程主要包括两项活动，即趋势分析和制定预防措施。

1）趋势分析。趋势分析的目的是为了能够主动采取措施提高服务质量，它可以从以下几个方面进行：

① 找出基础架构中不稳定的组件，分析其原因，以便采取措施降低配置项故障对业务的影响；

② 分析已发生的事件和问题，从而发现某些趋势；

③ 通过其他方式和途径分析，比如系统管理工具、会议、用户反馈、与客户和用户的座谈会以及客户和用户调查等。

2）制定预防措施。通过趋势分析，问题管理人员既可以发现和消除存在于基础架构中的故障，也可以了解哪些问题是支持小组必须重点关注的。

为了将有限的服务支持资源有效地引导并配置到恰当的问题领域，主动性问题管理需要调查哪些领域占用了最多的服务支持。通过从整体上对已出现的和可能出现的问题的分析，可以确定哪个或哪类问题是需要重点关注和优先解决的。比如，当有些事件出现次数多但影响不大，而有些事件出现次数少但影响巨大且解决这类事件的效益更好时，显然应该优先解决后者。这个优先级别也就是之前一直提到的事件及问题级别。

一般根据事件或者问题级别判断优先级的方法避免了将过多的精力放在一些数量较大但对业务影响较小的事件和问题上，从而可能忽略了那些数量较小但影响巨大的事件和问题。事实上，将服务支持资源投入那些出现次数虽少但影响重大的事件和问题往往能取得更大的效益。

在确定服务支持人员应重点关注的问题之后，问题管理人员就应当采取适当的行动以预防其发生，这些行动包括：

① 提交变更请求；

② 提交有关测试、规程、培训和文档方面的反馈信息；

③ 进行客户教育和培训；

④ 对服务支持人员进行教育和培训；

⑤ 确保问题管理和事件管理规程得到遵守；

⑥ 改进相关的流程和程序。

（4）问题报告　问题管理部门应定期或不定期地提供有关问题、已知错误和变更请求等方面的管理信息，这些管理信息可用作业务部门和科技部门的决策依据。其中，提供的管理报告应说明调查、分析和解决问题和已知错误所消耗的资源和取得的进展。

最后的管理报告与问题管理的范围有很大关系。如果范围扩展到产品和服务开发阶段，则问题管理甚至从这个阶段就要开始定义和监督致命问题和已知错误，从而管理报告也要包括这个阶段的有关问题和已知错误的解决和预防情况。

4. 角色和职责

问题管理流程涉及的角色包括问题经理和问题管理人员，他们各自的工作职责见表6-6。

表6-6　问题管理角色和职责

流程角色	工作职责
问题经理	组织开发并维护问题控制和错误控制规程； 评估问题控制和错误控制的效率和效果； 提供管理信息并运用这些信息来主动预防事件和问题的发生； 对问题管理人员进行管理； 获取问题管理流程各项活动所需的资源； 组织开发和改进问题控制和错误控制系统； 进行事后检查和重大问题审查； 分析和评价主动问题管理活动的有效性
问题管理人员	通过详细分析事件来确认和记录问题； 根据问题的优先级对其进行调查和管理； 提交变更请求； 监控已知错误的进展情况； 给事件管理提供应急措施和临时性修复方案方面的建议和意见； 实行重大问题评审； 识别问题的发展趋势； 防止问题扩散到其他系统

5. 关键绩效指标

关键绩效指标主要有：

1）通过管理和解决问题，使事件的数量减少；

2）解决问题所需的时间减少；

3）与解决故障相关的成本降低。

6.5　持续服务改进

通过前面章节学习，可以初步建立起一套IT服务管理流程体系，但并不代表建立之后就万事大吉了，在流程的执行过程中不断地进行优化是必不可少的。本节将对持续服务改进的方法进行介绍，以指导服务提供商持续不断地提高 IT 服务水平。

6.5.1 改进目的与要求

持续服务改进（Continual Service Improvement，CSI）是通过对 IT 服务管理流程和 IT 服务本身全生命周期的不断改进来持续保持服务对客户的价值，包括持续度量和改进 IT 服务提供商的服务能力，改进服务流程的有效性并提高 IT 服务的效率等。

从本质上来说，持续服务改进 CSI 是关于寻找提高流程的效果、效率和成本效率的方法。持续服务改进最主要的目的是改进 IT 服务，使得 IT 服务能够不断与业务需求的变化相适应。这些改进活动支持从服务战略到服务设计、服务转换和服务运营的整个生命周期。其目标在于：

1）对服务生命周期每个阶段（服务战略、服务设计、服务转换和服务运营）改进的可能性进行评估和分析，并提供可行建议；
2）评估并分析服务水平实现的结果；
3）识别和实施各项改进活动，以改善 IT 服务的质量，提高 ITSM 流程的效果和效率；
4）在不降低客户满意度的前提下，改善提供 IT 服务的成本效益；
5）运用切实可行的质量管理方法辅助持续改进活动。

6.5.2 改进方法

戴明环（PDCA）对于持续服务改进是非常适用的，前面的章节已经讲过，下面介绍持续改进模型和七步改进流程。

1. 持续服务改进模型

图 6-22 所示为一种持续改进的模型（来源：OGC），该模型结合组织的商业愿景及当前的现状设定未来的具体目标，根据目标来实施服务和制定相应的度量标准，并根据度量结果进行迭代式的改进。

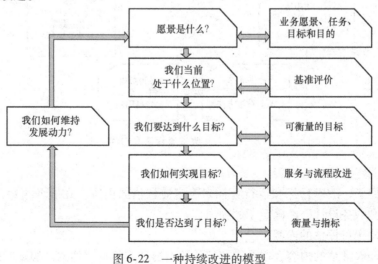

图 6-22　一种持续改进的模型

持续服务改进模型可以总结为以下六个步骤：

1）了解组织的业务目标及愿景，IT 服务战略必须与业务战略保持统一；

2）评估当前现状，根据对目前业务、组织、人员、流程和技术等情况的分析来设立基准；

3）通过组织的愿景，设立具体的目标和时间计划，确定实施改进的优先级；

4）制定详细的持续改进计划，并对现有流程进行改进，提供质量更高的服务；

5）确定服务度量方法和指标，验证指标是否达成，以确保里程碑的实现，确保服务级别达到业务目标和优先级的要求；

6）确保组织中设立了支持持续改进的角色和相应的机制，保证服务的持续改进。

2. 七步改进流程

持续服务改进定义了一个关键的流程，即七步改进流程，通常被视为服务持续改进的最佳实践流程。它根据既定的目标驱动，包括了收集有效的数据、分析数据趋势、分析当前存在的问题、执行改进和提高。该流程基于量化的结果进行服务改进，从而使改进计划更加具有针对性。图 6-23 所示为七步改进流程的基本步骤（来源：OGC）。

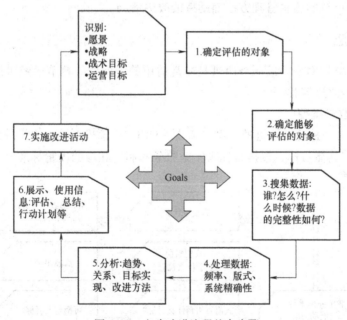

图 6-23　七步改进流程基本步骤

第一步：确定应评估的内容。

根据战略愿景、战术目标和运行目标来确定应评估的内容。在服务生命周期的开始阶段，服务战略和服务设计已经确定了此项内容。

第二步：确定可评估的内容。

分析实际能够评估的内容，以及需要评估的内容和实际可评估的内容之间的差距，并根据组织的决策，最终确定评估的内容。

第三步：收集数据。

通过监控工具和手工处理来收集定义好的度量数据（通常通过"服务运营"环节来获取各种数据）。通常，需要收集以下三类指标，以支持持续服务改进活动：

1）技术指标（Technical Metrics）：这些指标主要是指基于组件或应用系统的性能或可用性等技术参数。比如某银行的个人网银系统（提供7×24小时的服务）需要具备99.999%的可用性，即全年该系统的停机时间不能超过5.256分钟。

2）流程指标（Process Metrics）：这些指标以关键成功因素（CSF）、关键绩效指标（KPI）和活动指标的形式提供，确定流程的总体状况。比如问题管理流程的问题单平均解决时长、事件（故障）流程的平均故障恢复时间等。持续服务改进流程可以基于这些流程指标来发现流程改进的机会。

3）服务指标（Service Metrics）：这些指标用来衡量端到端服务的质量，比如服务的可用性或服务的在线时间等。服务指标的达成常常依赖于组成此服务的IT技术架构或组件，以及配套管理流程等指标的达成。

第四步：处理数据。

数据处理是将来自多个来源的数据进行核对、处理，并转换成需要的格式（例如结构化的报表）。在数据处理活动中需要明确以下问题：数据处理的周期、输出信息的格式、可以采用哪些工具和系统、如何评估所处理的数据的准确性。

第五步：分析数据。

当数据经过处理得到规范的数据之后，需要对数据进行分析，把数据和信息转换成有意义的、能够影响组织的知识。比如可以从以下方面展开分析：数据是否呈现出某种趋势？是正面趋势还是负面趋势？是什么导致这种趋势？是否达到了服务级别协议或服务目录中制定的目标？是否需要纠正措施等等。

第六步：呈现和使用信息。

将获得的知识按照容易理解的方式展现出来，根据不同的目标受众，加工成各层次均可以理解的报告。比如业务部门，真正关注的是IT是否提供了其所承诺的服务级别，如果没有，则应采取哪些纠正措施来改进这种情况；高级（IT）管理层，更关注客户满意度、实际情况与计划的差距、成本和收入目标等；内部IT人员，通常关注可以帮助他们实施改进的KPI。

第七步：实施改进计划。

将数据分析的结论与各方进行沟通之后，需要根据组织现有的资源和能力状况制定恰当的服务改进计划，并组织实施服务改进计划。

6.5.3 服务度量

服务度量是在充分理解业务流程的前提下，结合组织的战略目标和运营指标来具体定义需要度量的内容和指标，以确保服务度量的目标和度量手段符合业务持续的改进需求。

1. 制定服务测量框架

制定服务测量框架的首要工作是要了解业务流程，并确定向业务部门提供价值流程中最关键的环节。IT 部门的目标必须支持业务目标，在充分理解业务需求的基础上，需要结合组织的战略、战术和运营目标，定义具体的度量指标。

要建立一个成功的服务测量框架，需要充分考虑以下四个方面的关键成功因素：

1）绩效框架应具备符合业务规划，聚焦于业务和 IT 的最终目标（Goals）和具体目标（Objectives），测量成本合理等特征。

2）绩效度量应具备准确可靠，明确定义，具体、清楚，与达成目标相关，不会引起负面效果，可带来改进机会等特征。

3）绩效目标应符合 SMART 原则，即 Specific（具体）、Masurable（可度量）、Attainable（可实现）、Relevant（相关性）、Time-bound（有时限）。

4）明确定义角色和责任，谁负责定义度量和目标？谁负责监视和测量？谁负责收集数据、处理和分析数据？谁负责撰写服务度量报告？等。

2. 定义度量内容

指标是针对需要测量的流程的一套参数或量化评估方法，定义了需要度量的因素。支持 CSI 活动和其他流程活动的指标前面已经提到，一般有三类，即技术指标、流程指标、服务指标。

3. 设定目标

设定目标是由管理人员为度量内容设定要达到的定量目标（比如设定平均故障恢复时间的目标是不超过 30 分钟）。这些目标代表了所有级别上的服务或流程目标，并为发现问题、尽早找到解决方案和改进机会提供基础。

设定合理的目标与选择正确的度量同样重要。目标切合实际且富有挑战很重要。目标的设定应该符合 SMART 原则，目标应清楚、明确，且易于为此目标提供服务的人员理解。

4. 解释和使用指标

指标的结果必须在目标、环境和外部因素中进行检查。因此，在收集结果后，组织将进行测量审查，以确定该指标的作用和结果对目标的贡献。

在解释结果时，需要了解该结果的数据元素、生成该结果的目的，以及该结果的预期正常范围。

5. 使用测量和指标

服务度量和指标一方面用于推进决策，根据测量内容，来为战略、战术或运营做出决策；另一方面用于对比，包括与基准做比较、与其他组织做比较、与之前的时间做比较等。

6. 创建计分卡和报告

平衡计分卡是从财务、客户、内部运营、学习与成长四个角度，将组织的战略落实为可操作的衡量指标和目标值的一种绩效管理体系。平衡计分卡强调，传统的财务会计模式只能衡量过去发生的事项（落后的结果因素），但无法评估企业前瞻性的投资（领先的驱动因素），因此，必须改用一个将组织的远景转变为一组由四个视角组成的绩效指标架构来评价组织的绩效。此四项指标分别是：财务（Financial）、客户（Customer）、内部流程（Internal Business Processes）、学习与成长（Learning and Growth）。

平衡计分卡作为一种绩效管理的工具，是跟踪指标和执行趋势分析的常见方法，可以用于多种组织形态，IT 服务组织也同样适用。平衡计分卡用于 IT 服务领域，不仅帮助用户关注财务目标，同时还关注内部流程、客户、学习和发展问题，在这四个方面之间实现平衡，这四个方面可以围绕以下问题展开：

1）客户：客户期望 IT 提供什么服务。
2）内部流程：IT 必须在哪方面有突出表现。
3）学习和成长：IT 如何保证业务部门在未来不断创造高附加值。
4）财务：IT 的成本是多少。

在运用 IT 平衡计分卡进行 IT 服务绩效评价时，关键的是针对平衡计分卡的四个主成效区（KRA）设计具体的关键绩效指标（KPI）。

表 6-7 是基于平衡计分卡的 IT 服务绩效评价实例（来源：IT 服务管理指南）。

表6-7 基于平衡计分卡的 IT 服务绩效评价实例

主成效区（KRA）	关键绩效指标（KPI）	定 义
财务	单位用户 IT 服务运维成本下降率	评价摊销至单位用户的 IT 运维成本相比于上一个年度（或季度）的下降程度
	IT 服务项目预算节约率	评价某项 IT 服务实际成本相对于其预算成本的节约程度
	IT 人力成本节约率	评价 IT 服务组织在 IT 人力成本方面的节约情况，可以根据交付一定量的 IT 服务前提下 IT 人力成本节约数与上年 IT 人力成本的总额计算确定
客户	客户服务满意度	评价最终用户对 IT 服务组织所提供的 IT 服务的满意度，可以根据客户满意度调查问卷的结果进行计算确定
	客户需求满足率	评价 IT 服务组织对客户提出的有效需求的满足情况，可以根据 IT 服务组织满足客户需求的次数与客户提出的总需求数的比例计算确定
	客户成熟度提升率	评价客户在遵从 IT 服务组织相关政策和流程等方面的成熟度的改善情况，可以根据本年度客户违反 IT 服务相关流程和政策的次数减少情况与上年度违规次数的比例计算确定
内部流程	服务管理流程标准化率	评价 IT 服务组织在流程标准化建设方面的状况，可以根据组织现已明确建立的流程数量与 ITIL 等最佳实践框架进行对比分析后得出结论
	服务管理流程成熟度	评价 IT 服务组织内部服务管理流程的成熟度，可以根据 ITIL 等最佳实践方法的流程成熟度模型并结合相关的测评问卷进行评定
	服务管理流程合规率	评价 IT 服务组织内部服务管理流程被违规的次数占总体服务次数的比例

(续)

主成效区（KRA）	关键绩效指标（KPI）	定义
学习与成长	员工接受培训比例	评价IT服务团队内部员工接受培训范围与程度，可以根据接受培训的员工与团队总员工的比例计算确定
	知识贡献率	评价内部员工在知识共享方面的情况，可根据知识提交次数与故障记录单、问题记录单与变更请求单等总数的比例计算确定
	员工内部晋升率	评价内部员工成长与晋升情况，可以根据获得晋升的员工人数与团队内员工总人数的比例计算确定

6.5.4 服务报告

服务报告是IT服务提供商对服务质量数据的采集和监控工具，一般指按照与客户达成的服务级别协议每月或每季度呈现的SLA达成情况的报表。服务报告不仅仅是展示其工作业绩的一种方式，更是与业务部门实现有效沟通的一种方式。

在创建报告时，需要了解其目的和要求的详细信息。报告可用于为某一个月提供信息，或者与其他月份比较，以提供特定时期的趋势。在开始设计任意报告之前，需要了解报告的目标受众、报告的目的、报告的创建人、报告创建方法、频率等信息。

6.5.5 实践案例

下面介绍某银行在持续改进方面的一个典型案例：通过运维指标体系的建立和跟踪进行运维服务的持续改进。

某银行在对运维服务目标、服务内容以及服务度量进行归纳和提炼的基础上，制定了包含考核类、安全运行类、业务交易类、IT资源类、内控合规类、重点工作类6个大类15个小类的56个指标项，按照不同的度量周期定期进行基础数据收集和处理，得出指标值，进行指标趋势的呈现，分析改进点，落实改进活动并跟踪改进结果。

以下为某银行数据中心的运维管理指标体系部分内容举例：

××银行数据中心运维管理指标			
数据分类	数据项	指标项	指标周期
数据中心指标	总体指标	四级、五级事件数量	每月
		业务事件工单平均处理时长	每月
		重要系统可用率	每月
安全运行类	运行质量	各系统可用率	每周
	变更管理	基础设施变更执行情况	每周
		…	每周
	…	…	每周

(续)

××银行数据中心运维管理指标			
数 据 分 类	数 据 项	指 标 项	指 标 周 期
业务交易类	业务数据	对私业务客户数量	每月
		…	每月
…	…	…	…

对于以上指标体系，需要对每个指标有明确的定义和计算规则，以便于进行度量，例如：

指 标 项	术 语 名 称	术语定义及计算方法
系统可用率	可用率	(对外应服务时长 − 停机总时长)÷对外应服务时长
数据中心内部原因故障事件数量	本月事件数	本月数据中心内部原因导致的六级及以上生产事件数量
	事件总数	本年度由数据中心内部原因导致的六级及以上生产事件累计数量

定义了指标体系、指标定义及计算规则后，按照固定的度量周期，比如每周一次或每月一次进行各项指标的计算，并进行趋势的展示和分析，如图6-24所示。

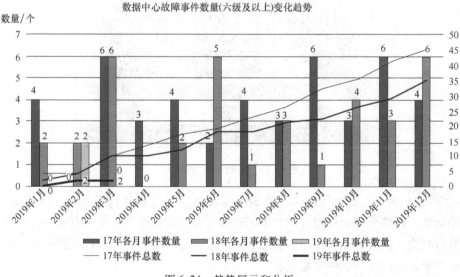

图6-24　趋势展示和分析

如果通过具体指标和细节的分析，发现仍然有需要优化改进的方面，则可以通过该银行的整改流程落实到具体的负责人进行整改，并通过该流程进行整改落实情况的跟踪。

6.6　IT 服务管理应用举例

虽然ITIL在全球范围的IT服务管理领域具有普遍意义，可以为企业带来很多的好处，但在国内实际应用中,由于企业规模、企业文化、IT 服务需求、监管环境等方面的不同,在 ITIL 的引入及应用上大都不尽相同。

大中型企业的 IT 部门、数据中心由于业务对信息系统稳定运行的依赖程度高,对系统的可用性、安全性、响应速度等方面要求严格,同时这些企业的信息系统和基础设施的种类和数量繁多,运维工作难度较大。因此,这些企业在 ITIL 的应用方面的实践较多,下面以某银行为例,从人员、流程、技术三方面介绍 ITIL 在数据中心的应用。

某银行信息科技运行维护在 ITIL 最佳实践和 ISO 20000 标准的基础上,根据预防为主、服务高效、达到管理精细化、行为规范化、手段自动化、人员专业化、评价指标化的服务方针,通过对人员、流程、工具三大要素的同步建设和均衡发展,保障银行信息系统的持续稳定运行,向分行及业务部门提供快速、高质量的服务。其运维体系如图 6-25 所示。

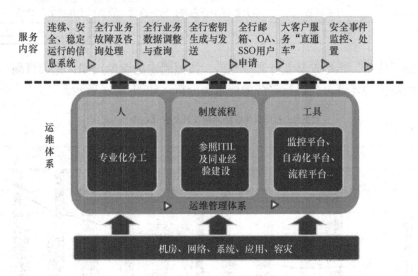

图 6-25　某银行运维体系

1)人及组织方面:设立了 7×24 小时的保障体系,包括总行服务台、一线值班团队,以及应用运维、网络管理、机房管理、系统管理等专业二线团队,实现对事件及服务请求的快速、有效响应。同时,设置专门的服务管理团队对运作过程进行流程把控和持续改进,设置专门的安全运营团队以确保信息安全。

2)流程方面:建立了事件管理、应急管理、变更管理、问题管理、资产与配置管理、性能容量管理、可用性管理等全面的管理流程,将各项运维活动结构化、标准化,并不断精细化,各流程指派专门的流程经理整体负责,保证流程的落实和持续改进。

3)工具方面:构建了具备完整"监管控"功能的运维支撑系统体系,包括多层次、立体化的监控体系,运维自动化平台,具备 4A 功能的堡垒机,功能全面延伸至支行的服务流程平台,自主掌控的安全运营管理平台,以应用系统为中心的配置信息库(CMDB),以及实现应用日志集中管理和基于日志的实时监控和分析功能的应用日志中心。

在人员、流程和技术三大要素中，首要的要素就是人员，其次是流程，最后是技术。人员方面对人员意识文化的养成、工作方式和工作习惯的调整都需要长期的过程，同时，领导层的支持也是 ITIL 成功实施的关键。

以上是 ITIL 在大型企业 IT 部门中的典型应用，而对于大多数中小企业，在 IT 运维服务方面，还面临着很多基础性问题，例如人员素质较差、人员数量较少、基础设施薄弱、内控制度缺乏、信息化程度不高等，亟待完善基础运维体系，尚无能力和精力开展 ITIL。但 ITIL 带来的并不仅仅是一套实施流程，而是一套完整的理论体系，中小企业可以结合自身现状去学习 ITIL 相关知识，并有选择性地实施其中的某些流程或者流程中的某些部分，这样不仅能避免全流程实施导致的实施周期长、费用高、见效慢等问题，还能发挥 ITIL 的部分价值。

综上所述，虽然 ITIL 可以给企业带来很多的好处和价值，但在企业真正考虑或实施的 ITIL 的过程中，还需要结合企业自身情况，充分考虑到可能遇到的困难或问题，制定完备的方案，避免由于实施而带来的负面效果或产生新问题。

第 7 章

IT 运维服务管理体系建设

前面章节已经对 IT 运维服务管理相关含义、意义、标准、流程、实践等进行了全面讲解，阐述了 IT 运维服务管理在企业治理、满足业务需求、保障 IT 系统安全稳定运行并有效控制风险方面的重要作用和如何灵活运用 IT 服务平台、工具实现管理目标。从本章开始将主要讲述如何在一个组织内，从无到有地进行 IT 运维服务管理体系的建设。

企业 IT 运维管理体系建设可以围绕信息化工作的"建、管、用"全过程进行组织。

"建"——主要是针对以项目为单元完成的应用系统开发实施、基础软硬件采购等信息化建设工作。通过"项目管理"，可以实现从项目需求分析、系统设计、开发测试、实施部署、项目验收、运维服务的全过程管理。

"管"——主要是对信息化工作涉及的软硬件资产、应用系统、信息化人员、安全等相关对象进行信息记录、配置操作和流程管理。通过"资产管理"实现信息化软硬件资产从入库、使用、维修到报废的全过程管理。"运维管理"实现对系统上/下线、资源变更、故障处置、权限申请、日常巡检等运维相关工作过程的管控。"安全管理"实现对 IP 地址、域名、策略等网络资源使用分配及联动安全产品对网络环境中的安全风险进行态势感知和安全事件处置等相关工作的安全联防联控。"综合管理"实现对人员、供应商、文档、知识库等其他对象的信息维护、授权审批等管理。

"用"——主要是对信息化资源使用过程的管理监控。实现对信息化资源的使用状态、安全隐患等进行实时监测，对异常情况进行预警和告警，并触发相应的管理流程及时进行处理。

在 IT 服务流程的设计方面可以遵照 ISO 20000 标准以及 ITIL 最佳实践，结合企业 IT 运维和服务工作现状，确保管理流程设计的科学性与实用性。IT 服务管理流程是指为达到既定的 IT 服务管理目的而组织起来的逻辑上相关的有规律性并可重复的活动。它在操作层面提供了对企业 IT 系统所在支撑业务和最终用户的技术支持与服务。具体流程包括服务台、事件管理、问题管理、变更管理、发布管理、配置管理、容量管理、IT 服务连续性管理、可用性管理、服务水平管理、IT 服务财务管理、IT 客户关系管理以及安全管理等。

不同的组织在性质、规模、管理诉求等内部环境，以及监管要求、客户要求等外部环境方面千差万别，如何建立起一个既符合组织实际情况又能推动管理发展，既能满足相关专业标准又能实际落地的 IT 运维服务管理体系，是对体系设计与建设人员的挑战。例如，同样是变更流程，一个 20 人规模的组织和一个 300 人规模的组织在流程控制要点上可能类似，但在控制要点的实现形式上可能相差巨大。想要建设一个能够有效运转、持续改进的 IT 运维服务管理体系，有如下要点：

1）全面、准确地了解组织的实际情况。知己知彼，百战不殆。如果说建立 IT 运维服务管理体系是为客户定制服装的过程，那么了解组织情况就是为客户量体的过程。这是建立"合适"体系的前提。

2）一定要知道管理者的期望并获得其支持。建立 IT 运维服务管理体系的本质是帮助管理者做好管理，提高运维的整体质量和效率，并有效控制风险。所以必须知道管理者希望通过建立 IT 运维服务管理体系达到什么效果，这决定了具体流程控制"度"的把握，是建立"合适"体系的关键。

3）适用及持续改进。实践证明，效果最好的管理体系往往是贴近实际且能够不断自我改进的体系，即在体系建设完成后，可能运维管理水平并不能马上达到一个很高的水平，但通过体系的运转，能够使管理水平不断提高。如果片面追求流程环节完美，而不顾组织在人员、成本等方面的情况，往往会造成流程无法落地，最终成为"纸面流程"。

4）尽量使用工具固化流程。在有条件的情况下，应尽量使用工具将流程环节固化，使流程像流水线般按照既定设计及规程走完，达到流程控制目的，同时提高流程流转效率，并有效记录过程。

一般来讲，从头开始建立一个 IT 运维服务管理体系要经过以下几个阶段：

1）筹备阶段。在这个阶段完成组建团队、确定范围、目标、计划、资源需求、工作分工、工作开展机制等，解决做什么、谁来做、什么时间做、怎么做的问题。

2）现状评估及差距分析阶段。通过这个阶段达到了解组织及体系现状的目的，通过将实际情况与希望达到的标准（如 ISO 20000）进行对照，对体系现状进行评估，找到需要改进之处。

3）体系建设方案制定阶段。根据差距分析结果，结合管理诉求，有针对性地进行具体改进或建设方案的制定。这个阶段是整个体系建设过程中最重要的阶段。

4）体系建设阶段。这个阶段主要是对体系建设方案进行落地实施。

5）体系试运行及认证阶段（可选）。如果需要进行标准认证则需要该阶段，这个阶段主要在体系建设完成后启动体系的运转并观察运转效果，对发现的问题进行纠正和优化。之后由具有认证资格的外部认证机构对体系是否符合对应标准进行检查评价，并获得认证证书。

以上阶段中，除了标准认证阶段外，其他阶段对具体流程的建设同样适用，其体现了一个完整的 P（Plan，设计）D（Do，实施）C（Check，检查总结）A（Act，处置改进）过程。

整个过程如图 7-1 所示。

图 7-1 建立 IT 运维服务管理体系流程

7.1 筹备阶段

7.1.1 筹备的目的

筹备阶段的主要目的是确定 IT 运维服务管理体系建设的工作范围、目标、时间计划、组织形式,以及工作开展方式等重要前提内容,解决做什么、做到什么程度、谁来做、什么时间做、如何做的问题。

7.1.2 筹备的主要内容

1. 确定工作范围与目标

确定工作范围主要为确定建立 IT 运维服务管理体系的组织范围和物理范围,即 IT 运维服务管理体系建成后的管理范围是什么。确定工作目标主要为确定在何种时限内按照何种标准建立一个什么水平的 IT 运维服务管理体系。

(1) 确定组织范围 确定组织范围的过程也是确定需要建立管理体系的服务范围的过程。对于 IT 运维服务管理体系来说,一般是一个企业或单位中负责 IT 运维的部门,或对外提供 IT 运维服务的公司整体;对于具有分支机构的组织来说,还需要明确的是是否包括分支机构,在我国大型国有企业中普遍存在分支机构。

例如,某公司或企业计划建立 IT 运维服务管理体系,该公司总部设在北京,在各地建立有多家分公司,那么就需要确定 IT 运维服务管理体系建设的组织范围仅为总部还是包括其分支机构。

(2) 确定物理范围 在确定组织范围后,如果该组织存在多点工作的情况,则需要确定需要将哪些地点纳入 IT 运维服务管理体系。

目前金融行业普遍采用"两地三中心"架构保障业务持续运行,例如某银行数据中心计划按照 ISO 20000 建立 IT 运维服务管理体系,该数据中心主要工作地点在北京 A 处,在北京 A 处及 B 处有两处数据中心机房,在武汉有一处数据中心机房,均属数据中心管理,则在确定工作范围时需确定将哪些地点纳入管理体系。

(3) 确定工作目标 确定工作目标主要包括几方面的目标:

1) 时间目标:即使用多长时间或在何时间点前完成 IT 运维服务管理体系的建设。

2) 标准及认证目标:即按照什么标准建设 IT 运维服务管理体系,如在前述章节所列的

ISO 20000、ISO 27001 等，以及是否通过相关标准认证。

3）程度目标：即在完成 IT 运维服务管理体系建设后，组织的 IT 运维服务管理水平预计达到什么样的水平。

2. 确定工作开展的组织架构

确定工作开展的组织架构主要为确定建立 IT 运维服务管理体系的团队组成及主要职责。一般情况下，一个 IT 负责建设运维服务管理体系的团队主要包括三个层面的人员：

（1）领导层（领导小组、项目总监） 主要为组织的负责人或组织分管该项工作的负责人。职责主要为对体系建设的方向进行指导，对体系建设的重要事项进行决策，对体系建设提供管理层的支持。

（2）指挥层（指挥小组、项目经理） 主要为组织中负责 IT 运维服务管理体系建设的具体负责人，如果有咨询机构参与，则还包括咨询机构的项目经理。主要负责 IT 运维服务管理体系建设的计划安排、组织开展、进度控制、质量把控、具体工作指导等工作。

（3）执行层（执行小组、项目成员） 主要为 IT 运维服务管理体系建设涉及团队的人员，如果有咨询机构参与，则还包括咨询机构的咨询人员。主要负责 IT 运维服务管理体系建设具体工作的执行。

以某银行数据中心为例，一个典型的 IT 运维服务管理体系建设团队的组织架构如图 7-2 所示。

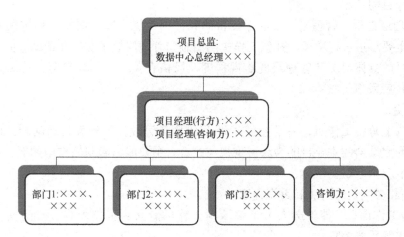

图 7-2 典型 IT 运维服务管理体系建设团队的组织架构

3. 确定时间计划

确定时间计划主要是制定 IT 运维服务管理体系建设工作的时间安排。主要包括：明确阶段的开始及完成时间，明确重要里程碑。其具体内容需依据之前明确的工作范围与目标，综合资源投入情况等因素制定。

例如，一个简单的 ISO 20000 IT 运维服务管理体系建设时间计划见表 7-1。

表 7-1　一个简单的 ISO 20000 IT 运维服务管理体系建设时间计划

时间	主要工作	重要里程碑
2018 年 3 月	完成项目准备工作	项目启动
2018 年 4~5 月	完成体系现状评估及差距分析	完成体系差距分析
2018 年 6~9 月	完成体系建设方案制定及体系建设	完成体系建设
2018 年 10~12 月	完成体系试运行	完成试运行管理层汇报
2019 年 2 月	完成标准认证审核	通过认证

4. 确定工作开展方式

确定工作开展方式主要为明确建设 IT 运维服务管理体系的团队如何开展工作，包括例会、工作坊、向管理层汇报机制等。

（1）例会　一般情况下，IT 运维服务管理体系建设团队应定期召开工作例会，例会的主要作用是把握工作进展，明确下一步安排，并对具体事项进行沟通讨论。时间周期可以为天、周、双周等，可根据具体情况而定。方式可以结合具体情况有现场、电话会议、视频会议等。

（2）工作坊　工作坊一般针对某个主题或问题，组织相关人员共同参与，通过相互对话沟通、共同思考、进行调查与分析、提出方案与计划、讨论推进等方式实现达成共识、形成解决方案等目的。

（3）管理层汇报　管理层汇报的主要目的和作用为使管理层获知工作进展和下一步工作安排，对重要事项进行决策，并就工作中的困难向管理层寻求支持和帮助。向管理层汇报的周期与项目的具体情况和管理层的重视程度及风格有关，可以为定期、特殊时间点（如重要里程碑）触发等。

5. 启动会

在完成以上筹备工作后，一般会召开 IT 运维服务管理体系建设的启动会，以示工作正式开始。召开启动会的主要目的为获得重视与配合，主要能够起到的作用如下：

1）增加工作仪式感；

2）提高相关人员参与感和重视程度；

3）宣传工作信息，使参会人员了解该项工作的意义、工作内容、时间安排、人员安排、工作要求等重要信息。

启动会参与人员至少应包括以下人员：

1）组织的负责人；

2）体系建设涉及的相关团队负责人；

3）体系建设团队成员。

启动会一般由体系建设的负责人（项目经理）主持，议程为项目经理介绍 IT 运维服务管理体系建设的工作背景与意义、工作范围与目的、工作内容与计划、工作组织架构及职责、工作开展方式、工作要求等。之后由组织的负责人进行总结陈词,对 IT 运维服务管理体系建设工作的重要性、意义进行强化,并强调工作要求。

7.2 现状评估和差距分析阶段

7.2.1 现状评估的目的

现状评估的主要目的是掌握组织在 IT 运维服务管理领域的具体情况,为后续的差距分析及建设方案制定奠定基础。

7.2.2 现状评估的内容与方式

在现状评估阶段应尽量全面、客观、细致地调研了解组织在 IT 运维服务管理领域的各方面情况,调研主要内容见表 7-2。

表 7-2 调研的主要内容

调研领域	调研内容	说明
内部环境	管理层期望	了解组织管理层认为目前在 IT 运维管理中存在的问题,以及期望通过建设 IT 运维服务管理体系实现的效果
	流程现状	了解各流程的实际建设情况
	组织及人员现状	了解组织具体情况及组织内人员对 IT 运维服务管理的认识及接受程度
	工具现状	IT 运维服务管理流程支撑工具的实际建设情况
外部环境	监管要求	组织所在行业如果存在政府监管机构(如在金融行业有银保监会、证监会等),则需要了解对应监管机构在 IT 运维服务管理方面是否有特殊要求
	服务对象满意度	了解组织所服务的对象对所提供服务的满意度及意见

调研的方式一般包括以下四种:

1)对话访谈。按照提前准备的调研提纲,通过采用与调研对象谈话的方式进行,谈话可以是面对面,也可以是通过电话或视频进行。该方式一般适用于对重要人物的调研、需要快速了解概况,或无法简单回答的情况。

2)问卷调查。针对想要调研的领域事先制定问卷,并由被调研人填写回答。该方式一般适用于对较大数量人群的调研。

3)资料调阅。通过查看想要调研领域的纸质或电子形式文件资料的方式进行。该方式一般作为进一步深入了解的手段,而与对话访谈等其他方式组合使用。

4)现场查看。通过现场查看实际操作、系统界面等方式进行。该方式一般作为进一步深入了解的手段,而与对话访谈等其他方式组合使用。

不同调研内容和对象一般选用不同的调研方式。

7.2.3 调研的开展

下面就各项调研内容的具体开展进行详细阐述。

1. 管理层期望

管理层期望调研的开展主要是根据既定访谈提纲，通过与管理层对话访谈的方式进行。目的是了解组织管理层认为目前在 IT 运维管理中存在的问题，以及期望通过建设 IT 运维服务管理体系实现的效果。

管理层期望调研的开展一般包含制定访谈提纲、约定访谈时间、进行访谈、访谈结果整理四个阶段，如图 7-3 所示。

图 7-3　管理层期望调研开展的流程

首先，根据想要建立的体系类型（如符合 ISO 20000/ISO 27001 等标准）、体系建设目的（改善优化还是新建）等因素制定访谈提纲，之后与访谈对象约定时间开展访谈，访谈过程中做好记录，最后在访谈结束后对结果进行整理。

下面列举一些访谈提纲常用的问题（以 ISO 20000 为例，ISO 27001 等情况类似）：

1）组织的基本情况，包括组织定位、服务对象、组织架构、人员情况等；组织目前在 IT 运维服务管理方面的基本情况，包括机构设置、流程建设情况、人员认知情况、工具建设情况等。

2）当前管理中的主要痛点和难点；迫切需要解决的问题。

3）当前在管理中做得比较好的方面。

4）对体系建设的期望或建议。

2. 流程现状

流程现状调研的开展主要按照将要建立的体系流程划分，通过对话访谈、资料调阅，以及现场查看的方式了解各流程的现状。目的是对流程现状进行全面、深入、客观的掌握，为后续的差距分析打下基础，对流程现状的调研是所有调研内容中最耗时的内容。

流程现状调研一般综合对话访谈、综合资料调阅和现场查看的方式，由粗及细地开展。即先建立对各流程的整体认识，之后对具体情况进行深入细致的了解，对流程的了解应包括流程设置情况、流程执行情况、工具支持情况。具体涉及的流程与需要建立的体系有关，如果流程数量较多，则可由不同人分工开展。

1. 建立整体认识

在之前的管理层期望调研中，已请组织中的管理者对流程现状进行了介绍，在此阶段可以直接使用，同时，需要通过对流程管理职能部门负责人及流程经理的调研，对流程情况进一步具象化，调研方式一般为对话访谈。

与流程管理职能部门负责人或流程经理的访谈内容主要包括：
1）已经建立的流程及已建立流程的基本情况和主要服务对象；
2）流程制度建设情况，流程的运转过程、服务对象、流程各环节的工作内容和要求；
3）流程管理组织设置情况；
4）流程支持工具建设情况，流程工具对流程的支持情况；
5）流程执行的整体情况；
6）流程体系存在的问题和困难。

2. 深入详细了解

在这个阶段，应按照流程中的先后顺序对流程中的各环节逐一详细了解，通过调阅流程制度的方式了解流程的设置与各环节要求，通过现场查看的方式了解各环节如何具体开展，产生哪些记录。在了解的过程中，应同时结合相关体系标准进行差异评判，记录改进点。

3. 组织及人员现状

组织及人员现状调研的开展见表7-3，主要为通过对话访谈、资料调阅、调查问卷的方式，了解各组织及人员的现状。目的是对组织架构、职责、人员情况进行全面掌握，作为后续体系建设方案的输入之一。

表 7-3 组织及人员现状调研的开展

调研内容	调研对象	调研方法	调研目的
组织及人员现状	组织主要负责人或综合类部门负责人、普通员工	对话访谈、资料调阅、问卷调查	对组织架构、职责、人员情况进行全面掌握

组织及人员现状调研主要包括对以下方面的了解：

（1）组织在地理上的分布　即是在一处办公还是多处，如果为多处，那么考虑是否涉及异地办公。该部分内容一般可通过对话访谈或资料调阅的方式获得。

（2）组织架构及职责　主要为组织内部的部门或不同职能团队的设置情况，以及各部门或团队的职责，该部分的内容一般可通过对话访谈或资料调阅的方式获得。

（3）岗位情况　主要包括设置了哪些专业岗位以及不同岗位的职责。主要通过对各部门负责人进行访谈或资料调阅的方式获得。有些管理较为成熟的组织一般会设置岗位说明书，对岗位职责、主要工作、需要具备的主要技能等方面进行描述。

一般情况下，岗位说明书中关于岗位的描述会与实际情况存在一定差异，差异大小因组织的管理成熟程度不同而异。所以最好在了解岗位说明书的基础上，与岗位所在团队负责人进行沟通确认。如组织尚未制定岗位说明书，则需要通过调取已有相关材料及访谈的方式进行梳理。最终形成岗位设置情况表，示例见表7-4。

表 7-4 岗位设置情况表

岗位名称	所在部门	岗位职责	人数及性质
数据库管理岗	技术支持部门	1. 负责数据库、中间件和集中备份相关工作流程的制定 2. 负责数据库、中间件和集中备份系统日常运行管理与维护，包括应急、事件、问题、变更的处理，版本升级，性能优化与软件版本补丁管理，并保障数据库、中间件和集中备份的稳定运行 3. 负责数据库、中间件和集中备份的性能容量、架构评估、新系统方案评审，并组织后续的扩容和优化改造 4. 负责数据库、中间件和集中备份相关监控点的制定、风险梳理与整改	××名银行工作人员
……	……	……	……

（4）人员情况　主要包括人员总数、人员在不同团队的分布情况、人员在不同办公地点的分布情况、人员类别情况（正式员工、外包人员等）。主要通过对组织主要负责人或综合类部门负责人进行访谈或资料调阅的方式获得。

4. 监管要求

监管要求调研的开展主要为通过对话访谈、资料调阅的方式，了解组织所在行业对 IT 运维服务管理方面的监管要求。目的是对后续体系建设方案的制定提供指导，使建设完成的 IT 运维服务管理体系符合监管要求，见表 7-5。

表 7-5 监管要求调研的开展

调研内容	调研对象	调研方法	调研目的
监管要求	组织主要负责人、流程管理职能部门负责人、流程经理	对话访谈、资料调阅	了解组织所在行业对 IT 运维服务管理方面的监管要求，对后续体系建设方案的制定提供指导，使建设完成的 IT 运维服务管理体系符合监管要求

可通过访谈组织主要负责人、流程管理职能部门负责人、流程经理的方式了解到行业的监管机构名称，以及与 IT 运维服务管理相关的制度，并请其协助提供。如通过该方式无法获得，则可通过登录监管机构网站下载的方式或网络搜索的方式获得。

如在银行业，则与 IT 运维服务管理相关的监管制度见表 7-6。

表 7-6 银行业与 IT 运维服务管理相关的监管制度

序号	监管制度名称
1	《银行业重要信息系统突发事件应急管理规范（试行）》（银监办发［2008］53 号）
2	《商业银行信息科技风险管理指引》（银监发［2009］19 号）
3	《银行业金融机构重要信息系统投产及变更管理办法》（银监办发［2009］437 号）
4	《商业银行数据中心监管指引》（银监办发［2010］114 号）
5	《商业银行业务连续性监管指引》（银监发［2011］104 号）
6	《银行业金融机构信息科技外包风险监管指引》（银监发［2013］5 号）

在证券行业，证监会与 IT 运维服务管理相关的监管制度见表 7-7。

表 7-7　证监会与 IT 运维服务管理相关的监管制度

监管制度名称
《证券期货业信息安全保障管理办法》（2012 年 9 月 24 日证监会令第 82 号）

5. 服务对象满意度

服务对象满意度调研的开展主要通过调查问卷的方式，了解组织所服务的对象对组织所提供的服务的满意程度，对服务存在的问题，以及对服务改进的意见和建议。目的是找到当前 IT 运维服务管理体系中存在的问题和改进点，对后续体系建设方案的制定提供指导，使建设完成的 IT 运维服务管理体系能够有效提升服务对象满意度。

服务对象满意度调研的开展一般包含调查问卷设计、调查问卷组织填写、调查结果整理分析三个阶段，如图 7-4 所示。

图 7-4　服务对象满意度调研开展的流程

1. 调查问卷设计

调查问卷的设计一般按以下三个步骤进行：

（1）第一步　识别服务对象及服务内容。

了解 IT 运维服务的服务对象，以及组织向不同的服务对象提供的服务内容。这可以通过之前的管理层期望调研及流程调研获得，如果组织已经建立了服务目录，则可以直接从服务目录中获得。

对于不同类型的组织，服务对象可能会完全不同：

1）对于对外提供外包运维服务的组织来说，服务对象主要为购买或使用外包服务的单位或企业，如对外提供机房基础设施租赁的企业，其服务对象主要为租赁机房基础设施的单位或企业。

2）对于不对外提供外包服务的组织来说，服务对象主要为内部的其他部门，如银行的数据中心，大部分不对外提供外包运维服务（也有提供外部运维服务的情况），而作为银行内部专门负责 IT 运维的部门，其服务对象主要为银行内使用到 IT 运维服务的业务部门及分行。

不同类型的组织向服务对象提供的服务内容有可能相似。具体的服务内容对于提供外包运维服务的组织来说，一般会列入与服务对象签署的服务水平协议（SLA）中；而对于不对外提供外包服务的组织来说，向服务对象提供的服务内容则往往来自约定俗成的历史沿革。表 7-8 为某服务提供商向其服务对象提供的服务内容。

表 7-8　某服务提供商向其服务对象提供的服务内容

服 务 领 域	服 务 项
服务台	设置服务台，7×24 小时受理并响应服务对象提出的服务请求
事件处置	处理并反馈服务对象提出的系统功能性及非功能性异常
变更服务	受理并实施服务对象提出的变更需求
数据服务	及时受理并反馈服务对象提出的数据查询及调整需求
服务报告服务	每月向服务对象提交服务报告，报告中列出服务内容的执行情况、服务指标达成情况、存在的问题及改进措施
非现场审计服务	配合服务对象进行非现场审计相关工作，包括但不限于：提供审计调阅材料，接受审计访谈、审计问题整改
现场审计报告服务	配合服务对象的现场审计相关工作，包括但不限于：审计人员接待、安排审计场所、提供审计调阅材料，接受审计访谈、安排审计现场查看、审计问题整改
系统监控服务	监控服务对象信息系统及网络运行情况，及时发现并处置异常告警

（2）第二步　编制调查问卷内容。

调查问卷的内容应紧扣以下三个方面的内容：

1）服务对象对服务内容的总体满意程度；

2）服务对象对具体服务内容的满意程度，如果满意度较低，那么原因是什么；

3）服务对象对服务提供机制与渠道的了解程度。

（3）第三步　调查问卷内容确认。

在完成调查问卷编制后，需要对内容进行确认，确认的目的是确保问卷内容符合实际情况。

2. 调查问卷组织填写

在完成调查问卷内容确认后，即可开始进行调查问卷的填写。

1）在作为咨询机构角色时，可由体系建设方协助协调服务对象填写。

2）在作为组织内部体系建设角色时，可根据与服务对象的具体情况，选择双方认可的、尽量正式的方式协调服务对象填写。

3. 调查问卷结果整理分析

在完成调查问卷填写后，应对结果进行收集汇总，并对汇总结果进行分析。分析结果应包含服务对象对现有服务体系的了解程度、满意度如何？有哪些其他方面的建议？以上结果将作为后续进行体系差距分析和体系建设时的输入。

7.2.4　差距分析

体系差距分析的主要目的是根据之前确定的 IT 运维服务管理体系建设目标和相关体系标准，对体系现状进行分析评估，识别不足和改进之处。为后续的体系建设方案制定和建设阶段提供输入。

严格来说，体系差距分析并非在现状评估完成之后才开始，而是融入了现状评估的过程。即在进行管理层访谈、组织及人员调研、流程现状调研、监管现状调研、服务对象满意度调研等体系现状评估的过程中，同时进行差距的判断和积累。而在体系差距分析阶段，主要进行前期结果的整理与分析、讨论与确定、补充完善，最终使之体系化。

简单来说，进行体系差距分析可以比喻为拿着对标标准的尺子去量现有体系，发现短板。在实际开展过程中，除参考对标标准外，还需要同时参照管理层预期、监管要求，以及服务对象调查结果等因素综合进行，如图7-5所示。

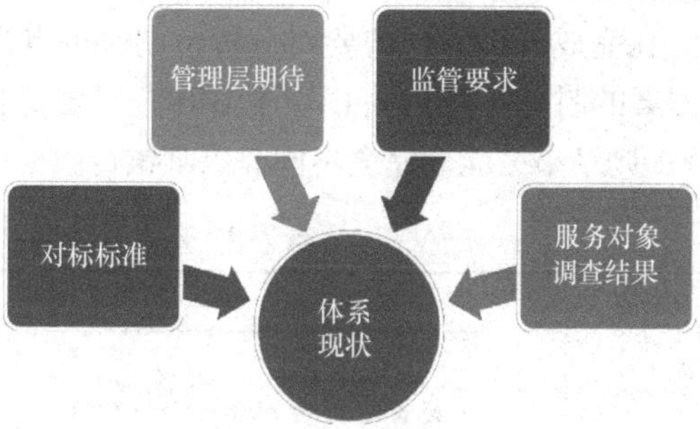

做好体系的差距分析需要具备扎实的前期调研，客观、全面、细致地了解体系现状；对对标标准及监管要求的深刻理解。

差距分析一般主要在以下四个方面展开：

1) 文化方面：包括各级人员对IT运维服务管理体系相关知识及理念的了解程度、接受程度、习惯与意识养成程度等。

图7-5 差距分析主要内容

2) 组织方面：包括组织设置、组织职责、人员岗位设置等。
3) 流程方面：包括流程设计、流程执行、流程持续改进等。
4) 工具方面：包括IT运维服务管理体系支持工具的完整性、有效性等。

在进行体系差距分析的过程中，经常会同时进行改进方案的初步讨论，作为后续进行体系建设方案制定时的输入。一般情况下，会根据差距分析情况，对组织在IT运维服务管理的不同方面进行量化评价，即进行打分。比较常见的有五分制和十分制，一般在对具体评价项进行打分后，进行加权平均或算数平均，得出该方面的总体得分，以量化体现该方面的总体水平，具体打分机制可根据具体情况确定。

1. 文化方面的差异分析

对组织在文化方面的差异分析，一般仅限于IT运维服务管理体系领域，包括但不限于对IT运维服务管理体系相关知识及理念的了解程度、对IT运维服务管理体系相关理念和方法的接受程度、IT运维服务管理相关习惯与意识养成程度等。相关信息主要来自现状评估阶段。

在完成分析后，需要对分析出的改进点进行记录，同时可进行量化评价，并进行初步改进方案的制定。

2. 组织方面的差异分析

对组织方面的差异分析，包括但不限于：团队设置与体系要求的符合程度以及岗位设置与体系要求的符合程度。相关信息主要来自现状评估阶段的组织及人员现状环节。在完成分析后，需要将分析出的改进点进行记录，同时可进行量化评价，并进行初步改进方案的制定。

3. 流程方面的差异分析

对流程方面的差异分析是差异分析的重点，主要为结合将要对标的相关体系标准，对当前流程现状与对标标准的匹配程度进行分析，主要关注流程的设计、执行、持续改进，即流程在设计或要求层面与相关标准是否符合，流程及相关要求在实际执行中是否得到了落实。同时，对流程的差异分析应同时考虑流程支持工具的情况。相关信息主要来自现状评估阶段的流程现状调研结果。

在完成分析后，需要对分析出的改进点进行记录，同时可进行量化评价，并进行初步改进方案的制定。需要注意，评估时应以要对标的具体体系为基础，如对标 ISO 20000 和 ISO 27001 则结果可能会完全不同。以某银行数据中心的 ISO 20000 变更管理流程为例，见表 7-9。

表 7-9 某银行数据中心的 ISO 20000 评估分析

分析点	改 进 点	分值（五分制）	对应体系建设点
变更管理	1. 未设置变更管理委员会（ECB），对变更进行评审 2. 未及时、有效反馈变更的实施结果 3. 未对变更实施的异常情况进行分析，发现改进点	3.5	1. 设置变更管理委员会（ECB），明确工作职责和组成人员，对变更进行评审 2. 采取管理及技术手段加强变更反馈的及时性和准确性 3. 对变更实施过程及结果中的异常情况进行定期分析，发现工作改进点
……	……	……	……

最终得出该组织在 IT 运维服务管理流程方面的差异评估结果（表中总分采用算数平均法），见表 7-10。

表 7-10 该组织在 IT 运维服务管理流程方面的差异评估结果

差异分析领域	改 进 点	分值（五分制）	对应体系建设点
IT 运维服务管理流程	1. 未设置变更管理委员会（ECB），对变更进行评审 2. 未及时、有效反馈变更的实施结果 3. 未对变更实施的异常情况进行分析，发现改进点 4. 存在服务对象私下联系具体运维人员报障的事件未记录的情况 5. 对于事件的处置进展缺乏跟踪机制 6. 尚未建立配置管理库（CMDB） 7. ……	3	1. 设置变更管理委员会（ECB），明确工作职责和组成人员，对变更进行评审 2. 采取管理及技术手段加强变更反馈的及时性和准确性 3. 对变更实施过程及结果中的异常情况进行定期分析，发现工作改进点 4. 向服务对象明确事件的受理渠道，制定事件不记录的考核 5. 安排人员对事件是否得到及时处理进行跟踪，并在流程工具中设置提醒功能 6. 结合自身情况，建立适用的配置管理库（CMDB），并实现与变更流程的衔接 7. ……

7.2.5 差距分析成果

在完成所有领域的差距分析后,一般会对差距分析结果进行汇总整理,形成差距分析及现状分析报告(或称差距分析报告)。报告的形式可以是幻灯片,也可以是文字。一般情况下,该报告将作为 IT 运维服务流程体系建设工作的重要里程碑,向组织进行汇报。

差距分析报告的内容一般包括以下方面:

1)总体评价。对体系现状及差距进行总体的评价,以形成总体概念。

2)具体评价。对体系各部分内容进行具体评价。

3)体系建设路线图及建议。结合体系建设目标及现状,对后续体系建设策略及规划提出建议。

1. 总体评价

该部分的具体内容依所对标的体系标准各异而有所不同,但总体来说,包括组织的体系建设目标是什么,在对标标准下,体系当前的总体水平在哪里,一般不列举具体问题。对于某些体系来说,如数据中心服务能力成熟度,在该部分会列出成熟度的整体得分,对于其他体系(如 ISO 20000 体系)则列出差异分析表。

2. 具体评价

在该部分,主要采用尽量直观的方式,利用文化、组织、流程、工具等方面差距分析的结果进行展示。为便于展示,在实际情况下较多采用文字 + 表格 + 图形的方式,其中图形部分较多地采用了雷达图的形式。以之前所列某银行数据中心建设 ISO 20000 体系在组织、文化、流程、工具方面的差距分析为例,见表 7-11。

表 7-11 某银行数据中心建设 ISO 20000 体系在组织、文化、流程、工具方面的差距分析

差异分析领域	改 进 点	分值(五分制)	对应体系建设点
IT 运维服务管理体系文化	1. 员工普遍了解 IT 运维服务管理的相关基本知识和理念,但缺乏深入了解 2. 不具有 IT 运维服务管理相关资质认证人员 3. 部分员工对进行 IT 运维服务管理体系建设存在抵触思想 4. ……	3	1. 组织对 IT 运维服务管理体系相关知识的培训 2. 安排体系建设及管理主要人员进行体系知识的深入学习和认证 3. 进行 IT 运维服务管理体系理念及意义的多方位宣传 4. ……
IT 运维服务管理组织	1. 目前尚未明确牵头负责 ISO 20000 整体体系建设与完善的团队 2. 未设置可用性、连续性流程经理或类似角色 3. ……	2.5	1. 明确牵头负责 ISO 20000 整体体系建设与完善的团队 2. 明确所有流程的流程经理人员,每个流程应有唯一的主负责人 3. ……

例如：在流程差异方面，作为差距分析报告的核心内容，一般会占用较大篇幅，就具体流程的差异分析情况进行展示，该部分内容可以为：

××体系流程差距分析，在体系流程方面总体得分为3，各流程具体得分及主要改进点见表7-12。

表7-12　××体系流程差距分析得分

流 程 名 称	分值（五分制）
变更管理	3.5
事件管理	3.5
配置管理	2.8
连续性管理	3.1
……	……

变更管理方面主要改进点如下：

1）未设置变更管理委员会（ECB），对变更进行评审；

2）未及时、有效反馈变更的实施结果；

3）未对变更实施的异常情况进行分析，发现改进点。

事件管理方面主要改进点如图7-6所示。

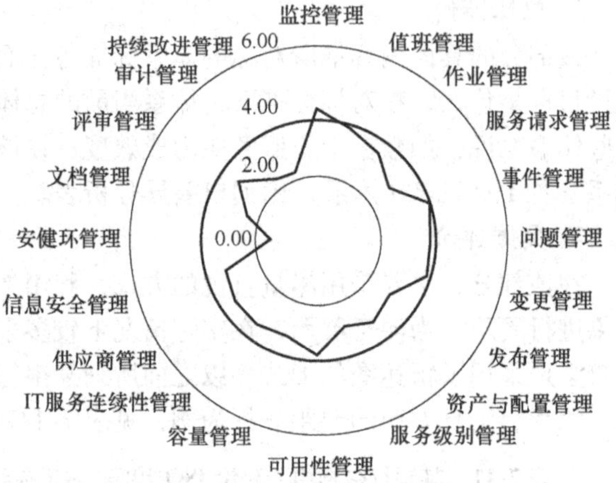

图7-6　各流程雷达图

3. 体系建设路线图及建议

在该部分，主要结合组织在体系建设方面的目标，进行体系建设路线图的规划及建议。如果目标在短期内暂时无法实现，则应明确中期甚至远期的路线规划。

建设路线图简单来说就是将最终目标的实现过程分成不同阶段，明确每个阶段的时间、要达成的目标，以及为了达成目标要进行的主要举措。

7.3　体系建设方案制定阶段

7.3.1　体系建设方案制定的目的

IT服务管理体系建设的总体目标是：树立面向业务服务的IT服务管理理念，建立科学合理的绩效考核指标，由粗放管理向精细管理转变；实行集中统一的IT服务管理模式，由分散管理向集中管理转变；建立统一高效灵敏的IT服务管理平台，由无序服务向有序服务转变；建立规范标准的IT服务管理流程，由职能管理向流程管理转变；应用先进、实用、高效的IT服务管理工具，由被动管理向主动管理转变。

具体而言，按照"制定科学有序的管理流程和规章制度，建立统一的运行维护、客户服务模式和规范，应用先进的技术工具，搭建统一高效的 IT 服务管理平台。IT 服务管理平台一般包括信息展示、服务台、服务流程管理、知识库、集中管理与监控（机房环境管理、网络管理、安全管理、系统管理、存储备份管理、应用系统管理、客户端管理）等功能模块和子系统"的内容建设。

7.3.2 体系建设方案的制定方法

IT 服务管理体系建设思路是：按照 IT 服务管理理论、方法和标准，结合本单位实际和建设需要，遵循立足需求、统一规划、保障重点、分步实施、务求实效的原则，建立一套融合组织、制度、流程、人员、技术的 IT 服务管理体系，建立组织机构，制定规章制度，规范管理流程，明确职责分工，强化技术支撑，实现对网络及信息系统的综合管理监控和日常技术支持，快速响应和及时解决信息系统运行过程中出现的各种问题和故障，确保本单位网络及信息系统正常、稳定、高效运行。

7.3.3 体系建设方案成果

以某单位 IT 运维服务管理体系建设为例，其 IT 服务管理体系涵盖组织管理模式、制度规范体系、技术支撑体系三个层面的内容。

（1）组织管理模式　确定和规范 IT 服务管理体系运行的管理方式和与之相配套的人员岗责安排、机构设置，对 IT 服务相关的全部活动进行统一决策与规划，形成集中统一的 IT 运维管理机制，实现对客户的端到端服务。在集中统一的 IT 运维管理模式下，按照 IT 服务管理任务科学设置或调整组织机构，划分任务、角色、岗位，合理配置 IT 服务管理资源，达到人、工具、流程的有机融合。

（2）制度规范　分别从管理与操作方面建立 IT 服务管理过程中各个参与要素（人、流程、工具）的行为准则与工作程序，从 IT 服务管理体系总体运行、流程执行和岗位职责三个层次建立考核评价体系，确定运维费用的组成与计算方式，规范运维费用的来源保障，实现 IT 服务管理的量化管理。具体内容包括管理制度的制定、管理流程的设计、评价考核体系的执行、运维费用的管理等。

（3）技术支撑体系　建立针对面向业务客户的 IT 服务请求响应窗口和面向技术支持人员的体系运行管理窗口，建立负责 IT 服务管理流程运行的流程管理平台和负责 IT 基础设施和业务应用系统运行监控的集中监控管理平台，根据不同类型 IT 基础设施和业务应用系统的管理职能，建立技术管理子系统，建立知识库、配置库、报表及日常操作等共享支持子系统和为业务管理提供服务的业务服务管理子系统。

7.4 体系建设阶段

接下来继续以某单位 IT 运维服务管理体系建设为例，说明 IT 运维服务管理体系建设阶段主要工作。

　　首先从总体方案的角度，制定IT服务管理体系建设的指导方针、实现目标、规划方法，并设计IT服务管理体系的总体架构、阶段过程说明、里程碑定义、列出资源计划表，对项目风险进行分析和规避。

　　接下来，在总体规划的基础上，针对每个子系统的具体范围进行详细设计，同时还会按照本单位现阶段IT服务管理的实际需求，分别进行IT服务管理流程体系设计（主要包括服务台、事件管理、问题管理、配置管理、变更管理、服务报告等流程）、组织架构设计、管理制度与规范设计、绩效考核指标、运维成本核算体系等的详细设计。此部分的设计将按照业界最佳实践ITIL和国际标准ISO 20000的要求，符合服务标准，确定服务目标，定义服务活动，设计服务流程，明确服务角色，分配服务资源，规范服务模板。对于大多数IT运维部门，其运维体系建设一般应从IT运维服务范围、服务方式和服务级别、运维体系框架和各服务管理工作流程、运维服务组织结构及岗位职责、相关服务规范和管理制度、相关数据表单的格式设计与填写说明、相关统计报表的格式设计与数据来源、IT资产管理和运维服务管理系统软件的需求分析与设计说明等几个方面进行展开。在本例子中：

　　1) 运维服务体系框架主要对所有的运维服务管理流程及其相互之间的关系进行总体规划和说明，并通过服务管理流程关系图对各流程的前后衔接关系进行描述和说明；然后通过各服务管理工作流程的详细流程图对各工作流程在各种情况下的处理规则进行描述和说明。运维服务管理流程主要包括服务级别管理、IT资产管理、日常工作管理、常用服务流程、备件管理流程、桌面运维流程、网络运维流程、其他工作流程等方面，每个方面又包括多个服务管理流程。究竟应当包括哪些流程，应当根据具体运维服务项目的实际情况和客户需求，结合ITIL最佳实践和ISO 20000标准进行梳理和设计。

　　2) 相关服务规范和管理制度一般是指在IT运维服务管理流程以外，无法或不便于通过流程方式进行规范的管理制度和相关规定。它作为运维服务管理流程的有效补充，使IT运维服务的提供过程实现进一步的科学化和标准化。在本例中的相关服务规范和管理制度主要包括服务台工作规范、日常运维服务规范、网络运维服务规范、资产普查工作规范等方面。其中服务台工作规范又包括服务热线接听规范、故障判断技术规范、事件类别判断方法、事件优先级判断方法、服务单回访规范等；日常运维服务规范又包括上门维护服务规范、备件库管理规范、运维档案管理规范等；网络运维服务规范又包括网络设备日常维护规范、网络安全运维规范等；资产普查工作规范又包括普查工作组织架构、普查人员上门服务要求、普查准备工作、普查工作注意事项、普查数据检查标准、普查数据录入和统计规范等。

　　具体应当包括哪些服务规范和管理制度，也没有统一规定，主要根据具体项目的实际情况和服务管理需要而制定，制定者需要具备一定的项目管理、服务管理和质量管理的基本知识和经验。

　　3) 相关数据表单的格式设计主要是根据各运维服务管理流程的需要，如果在某些服务管理流程的某些环节需要工作人员填写相应的数据表单，则根据该环节和整个流程的需要，以及后期统计报表采集数据的需要进行表单内容和格式的设计。本例中的数据表单包括常用数据表单、备件管理表单、桌面运维表单、网络运维表单、资产普查表单和其他表单等六大类。其中常用数据表单包括服务单、用户投诉处理单、收款服务单等；备件管理表单包括备件借用登记表、备件清单、备件出入库登记表等；桌面运维表单包括设备采购验收单、设备采购汇总表、设备采购明细表、资产报废登记表、资产报废意见书、供应商维修设备回执单、设备维修回执单、设备维修报价单、设备采购报价单、升级换件登记表、用户入网申请单等；网络运维表单包括网络故障报告、网络系统端口登记表、配线间钥匙借用登记表、网络巡检报告表等；资产普查表单包括资产登记表、资产普查汇总表、资产普查明细表、资产标签等；其他表单包括知识库表单、配置变更登记表、日报检查问题记录表等。

4）相关统计报表的格式设计主要是根据 IT 运维服务管理的各种管理需要，从各服务管理流程和相关数据表单及数据库等数据源中采集数据，从而对需要生成的相关统计报表的格式和数据来源进行设计，其主要目的是供运维服务团队的管理者和客户方管理人员了解运维服务状况，并据此进行服务管理。本例中的统计报表主要包括服务单统计报表、故障报修统计报表、硬件故障统计报表、网络故障统计报表、软件故障统计报表、服务质量统计报表、资产统计报表、服务费用统计报表、运维服务周报和月报表九大类，在每个大类中又包括多种具体的统计报表，本例中共计有 45 种统计报表需要进行格式设计和说明。

然后，对本单位目前的服务管理流程平台需求和基础设施监控管理需求展开梳理评估工作，明确被管理对象，定义管理架构，设计管理与监控的关键衡量指标，同时按照体系规范的要求，完成 IT 服务管理体系流程平台和监控平台的架构设计和集成。

在完成上述技术实施方案的评估和设计工作后，对项目组相关人员开展三个层面的培训工作，即 ITIL 理念和最佳实践的培训、ISO 20000 培训、实施过程和方法论的培训，以及 IT 服务管理体系本身的内容培训和推广所需要的用户培训，另外，还要总结项目相关文档，与本单位相关人员进行知识转移工作。

最后，在项目正式验收后，本着持续改进，不断优化的思路，在一定时间范围内进行定期评估，经验总结，提出改进建议和服务质量提高的计划。

7.5 IT 运维服务管理体系优化

随着企业的发展，需要解决 IT 运维效率与传统运维流程僵化、流程管控要求更加严格、IT 运维向端到端延伸等问题。因此，在传统运维流程的基础上，企业应根据自身信息系统特点及发展目标，对运维流程进行优化。运维流程的优化是企业为信息系统及 IT 运维转型的着力点，是实现精细化运维的突破口，是构建企业一体化运维、运营的驱动力。优化运维流程的方式可以从提升流程效率、加强流程管控力度、改善流程完整性和流程可视化四个角度进行理解。

1）提升流程效率可以通过缩短时间、降低人工干预占比以及解决瓶颈问题等方式来实现。

一是通过去除无效、多余或重复的流程及流程节点，可以实现流程的缩短，达到快速发现并解决问题的目的。二是将流程中的部分人工环节自动化，引入如 CMDB 配置信息自动采集、CMDB 与流程以及云管平台集成、持续集成、持续交付中事件驱动的方式，降低人工干预的占比，缩短响应时间。三是引入智能化技术辅助人员决策，例如故障定位、故障关联分析、资源变更影响分析、运维知识自动收集与推荐、RPA 机器人流程自动化等。四是通过协同手段突破"组织深井"，提升信息分享效率，进而提升流程效率。例如通过企业私有即时通信工具结合智能机器人与知识图谱，可以在运维事件发生时自动将相关成员组件讨论群组，通过智能机器人辅助决策，事件处理结束后自动建立关联工单并积累运维知识。

2）优化传统运维流程设置关键控制点，加强对系统、人员的有效管控。

企业可根据自身业务特性需求及 IT 运维发展程度，通过设置关键控制点对传统流程进行优化。一是增加质量门禁，提升流程执行质量，例如通过在变更流程中加入代码检查、安全检查环节，检查代码设计合理性，实现对所提交代码质量的有效管控；通过在新服务交付流程中加入演练与技术或服务验收环节，有效降低服务交付风险，确保所交付的服务保质保量、符合业务需求。二是加强事前准备，提前建立应对预案，例如在事件管理流程中，预先对事件进行分类，并规定对应的升级流转机制、负责人员，能对不同等级事件进行及时响应和有效处理；在故障应急处理流程中，针对不同故障设置相应预案，并保证按预案执行，必要时进行故障升级，可以实现故障的有效处理与修复，及时止损。三是强调事后总结，从多角度分析统计，改善优化改进，例如完善的质控介入，分为研发的全生命周期（产品需求变更度量），灰度、变更等环节都有覆盖；基础端和应用端定期开展事故模拟演习和压力测试以检测改善是否达标和执行评估止损意识包含临时修复的意识。

3）改善流程的完整性需从横向、纵向周全考虑。

从横向看，IT 运维流程应打通贯穿跨部门、跨职能间的流程，通过流程规范标准化各环节的输入输出，关注管理流程与自动化流程结合时的流程完整性，如对自动化流程异常情况的处理，消除壁垒，调动起团队间、组织间的协作能力。从纵向看，IT 运维流程应打通各层级工具链，做到端到端覆盖。除一线流程外，间接影响 IT 运维的环节，如采购、支付、验收等，也应纳入运维流程管理中，实现整体效率提升与管控。

4）流程可视化促进企业 IT 运维活动透明，信息共享提升效率与体验。

流程操作可视化简化了运维工具的使用，将工作进展、任务滞留时间、每个人的贡献和能力等都清晰地呈现出来，极大地降低了管理和沟通成本，提高了人员操作效率，提供了操作的可审计性，让过程更加安全规范。流程状态可视化提高过程的透明度，基于度量驱动流程优化，帮助评估现状、找到瓶颈，通过可视化的趋势分析提前进行风险防范。统一运维服务门户与大屏展示能够在运维团队与开发团队、客户、相关部门、供应商、下游合作伙伴之间建立信任关系，从而建立具有高效协作、高度信任、高度授权和持续改进的组织文化。

企业通过成熟的技术来实际执行与实现 IT 运维管理。IT 运维技术可以从自动化运维能力、平台化运维能力、数据化运维能力和智能化运维能力四个阶段循序渐进地落地实践。反之，实现智能化运维能力的前提是具备自动化、平台化、数据化的能力，企业应根据自身运维发展阶段和实际运维需求，分阶段实现相关技术能力。

1. 自动化运维能力

在日常 IT 运维工作中存在着大量重复的工作任务，这些任务有的复杂烦琐数量大，有的严重依赖执行次序，有的需要等待各种条件具备之后方可执行。目前许多企业的系统开启和关闭、系统更新升级、应急操作等绝大多数工作都是手工操作的。即便简单的系统变更或软件复制粘贴式的升级更新，往往都需要运维人员逐一登录每台设备进行手工变更。尤其是在云平台、大数据和海量设备的情况下，工作量之大可想而知。而这样的变更和检查操作在 IT 运维中往往每天都在发生，占用了大量的运维资源。通过自动化的作业工具，将运维人员从简单重复的工作中解放出来，减少误操作风险，带来了系统的稳定、安全与效率提升。

目前运维的自动化应用场景主要有以下几种。

（1）日常巡检自动化　日常巡检工作内容简单却占用了 IT 运维人员的大量时间。日常巡检自动化可以将硬件状态、设备负载、系统时间、磁盘空间、线路流量、数据库表空间使用率、网络设备的端口状态、流量等进行自动巡检，并生成符合用户要求的巡检报告。

（2）配置管理自动化　自动从生产环境中提取配置库信息，自动更新到配置库中，保持配置库和生产环境的一致性。

（3）应用部署自动化　使用自动化平台图形化流程编辑器创建组件流程。根据平台提供的插件，实现与流行工具的集成，不需要任何编程就能快速定义部署逻辑。可以使用相同的流程，将相同的应用程序部署到多个环境。这将进一步帮助节约时间并提高效率，且对应用程序和部署流程进行尽早验证。自动化平台的分布式代理模型可以在数千台机器上同时运行部署流程。

（4）容灾切换操作自动化　以容灾作业流程的方式实现容灾切换流程批量自动执行。通过双活数据中心为业务系统建立双活模式，实现自动化切换，尽可能减少宕机时间。

2. 平台化运维能力

面对日益复杂、庞大的企业 IT 架构，IT 运维工作相当烦琐，需要在不同架构、不同平台之间实现对 IT 资源的优化配置和高效管理，实现整个系统的稳定运行，并在满足相应企业业务场景需求时，应对用户量及数据量的迅速膨胀。因此，运维平台化的目标是依据业务形态不同，对企业 IT 架构进行针对性的管控和融合化的管理，借助大数据、PaaS 化的平台能力对运维技术和业务能力进行底层封装，将重量级的运维技术工具系统轻量化为运维 APP 场景应用，进行运维工具的逐步集成。

目前运维的平台化应用场景主要有以下几种。

（1）日志采集平台　收集各应用产生的本地日志数据，进行汇总。一方面，方便查看，定位问题；另一方面，通过平台可以挖掘数据潜在价值，并为重要指标的趋势分析提供依据，有效规避风险故障和指导决策。

（2）应用性能监控平台　包含多级应用性能监控、应用性能故障快速定位以及应用性能全面优化三大模块。它可以借助事务处理过程监控、模拟等手段实现点到点应用监测，对应用系统各个组件进行监测，迅速定位系统故障，并进行修复或提出修复建议，精确分析各组件占用系统资源的情况,及时了解库存、产品生产进度,使效益最大化。

(3) 统一资源配置管理平台　能够集中管理应用不同环境和不同集群的配置,并对配置修改进行实时推送,通过资源与配置的统一管理,确保底层数据配置项准确无误。

(4) 应用部署平台　能够进行容器、物理机部署,支持在线和离线服务、定时任务以及静态文件的部署,提供部署资源管理、运行环境搭建、部署流程定义和部署执行跟踪,可以进行金丝雀发布及蓝绿部署。应用部署平台可以加快业务迭代速度、规避故障发生,加快产品发布节奏。

3. 数据化运维能力

IT 运维的数据化是借助数据采集、数据存储、数据处理、可视化等全量的数据体系来评价运维过程,以确认 IT 运维目标的达成情况与程度。通过运维数据化,IT 运维能为企业决策提供有力支撑,实现稳定、安全、效率的提升,和对成本的合理把控。

目前运维的数据化应用场景主要有以下几种。

(1) 知识图谱　使用统一的语言来定义运维数据,将运维对象通过实体与实体间的关系来表达,整合运维领域内的实体关系形成知识图谱。运维领域的关系包括但不限于产品、服务、集群、服务器、网络、IDC 等。

(2) 数据仓库　这是一个面向主题的、集成的、相对稳定的、反映历史变化的数据集合,用于支持管理决策。数据仓库为用户提供了用于决策支持的当前和历史数据,这些数据在传统的操作型数据库中很难或无法得到。数据仓库技术是为了有效地把操作型数据集成到统一的环境中,以提供决策性数据访问的各种技术和模块的总称。目的是使用户更快、更方便地查询所需要的信息,提供决策支持。

(3) 数据中台　建立面向运维域的数据中台,统一纳管如资源数据、告警数据、性能数据、业务数据、日志数据、工单数据、指标数据、拨测数据等,面向上层运维分析场景提供统一的数据访问路由、数据服务目录、数据接入管理、数据可视化等功能,以期打破"数据孤岛",通过整合关联和对外开放来深度挖掘运营数据的价值。识别前台数据需求,整合后台数据,对数据进行加工和输出,建立数据中心级的数据服务共享平台。通过对数据的梳理,数据源的规划,数据流程的整合,对存量数据进行加工整合,达到以数据服务化的方式来实现数据监控,资源使用率分析。

(4) 数据可视化　通过对数据的可视化呈现,帮助运维人员直观、便捷、快速地进行问题分析,还可以提供一系列的工具组件让运维人员根据自己的业务情况对海量数据快速进行视图编辑、多层下钻分析、多维度关联分析、报表编排、横向纵向大盘数据对比等,将传统的运维经验进行数字化转变,大大提升了问题排查、风险发现和知识沉淀的能力。

4. 智能化运维能力

由于 IT 运维所支撑的业务规模不断增长,越来越多的运维场景和问题无法用传统运维方式解决。同时,IT 运维的效率也逐渐难以满足系统需求。因此,如何解放运维本身效率、解决传统运维方式无法解决的问题成为企业发展、转型的重大挑战。运维的智能化能力是指将人的知识和运维经验与大数据、机器学习技术相结合,开发成一系列智能策略,从而融入运维系统中，通过智能运维平台完成运维工作。

目前运维的智能化应用场景主要有以下几种。

（1）故障预测　主动容错技术能够基于对系统历史状态以及当前行为的分析，生成告警预测的结果模型，判断系统是否即将产生故障，协助系统规避故障或尽早采取故障恢复措施。同时，告警信息经过智能关联分析模块的训练，能够发现告警之间的联系以及故障的发生概率，对告警进行预测。故障预测可以使运维人员在日常工作中变被动响应为主动响应，从而提升系统的整体运行质量。

（2）故障自愈　故障自愈流程包括感知、止损决策、止损三个阶段。其中感知阶段依赖于监控系统的故障发现能力，止损阶段依赖于流量调度系统的调度能力。故障自愈可提升企业的服务可用性并降低故障处理的人力投入，实现故障从人工处理到无人值守的变革。

（3）自动扩缩容　可以根据应用的负载情况自动调整集群容量以满足需求。当集群中出现由于资源不足而无法调度的 Pod 时自动触发扩容，从而减少人力成本。当满足节点空闲等缩容条件时自动触发缩容，节约资源成本。

（4）智能问答知识库　这是知识库的最新形态，具有知识挖掘、知识管理、知识关联、知识推理与建模、智能检索、自主学习和训练等功能。智能知识库改变了故障处理模式，既提高了故障上报的准确性，又简化了信息交互的中间环节，有效降低了故障处理时间，提升了工作效率。

（5）智能发布变更　能够管理海量规模的发布变更过程，具备自动化部署、分级发布和智能变更策略等功能。用户通过 UI/API 配置整个变更过程的执行策略，由专门的执行系统解析策略并自动执行批量变更。分级发布将变更过程以实力组为单位划分成多个阶段，每个阶段引入自动化的检查用例，只有检查通过才能执行下个阶段的变更，有效增强了对变更过程的管控，降低了异常影响，加快了异常恢复速度。除此之外，通过引入智能模板生成、智能变更检查等智能策略，降低了使用门槛，提升了复用性，降低了人为操作的失误率。

第 8 章

IT 运维服务外包

在一些大型企业中,将企业职能划分为业务部门和 IT 部门,成立专门的 IT 服务部门,保证 IT 对业务的支持,不使业务为 IT 所累。但是对于大多数企业来说,将 IT 服务进行外包比企业自己成立 IT 服务部门的工作更为高效、专业;可以更好地实现节省资源,减少投入,节约时间;不必组织公司资源来完成目标项目,而可以直接通过外包服务的方式马上获得。

1. IT 服务外包介绍

IT 服务外包(IT Outsourcing Managed Service)就是把企业的信息化建设工作交给专业化服务公司来做。它可以包括以下内容:信息化规划(咨询)、设备和软件选型、网络系统和应用软件系统建设、整个系统网络的日常维护管理和升级等。IT 服务外包是企业迅速发展数字化,提高数字化质量,提高企业工作效率,节约信息化成本的一种途径,也为个人用户提供了巨大的帮助。

IT 服务外包有以下优势:

1)多品牌服务能力,解决了原厂商服务技术覆盖面窄的问题。

2)专业技术强,解决了用户自我维护技术力量不足的问题,使用户从技术复杂、整合难度高的基础设施运维中脱身出来,专注于自身业务发展。

3)运维成本低,使用户减少了高昂的服务费用,同时也可以将用户的 IT 系统风险转移到 IT 服务商。

2. IT 服务外包类型

根据客户的不同需求,IT 服务外包公司可以为客户提供以下四种 IT 外包服务:

1)IT 资源整体外包:为客户提供全套的 IT 系统规划、采购、实施、运维、咨询、培训的整体服务,适用于不想成立 IT 部门或雇用 IT 工程师,并迫切希望降低运营成本的公司。

2)单项 IT 技术外包服务:大多数企业、公司只有少量的 IT 人员,难以应付日常的各种繁杂事务,可以把棘手的事情交给外包公司,如网络建设、硬件设备维护、单项软件开发,外包公司可以按项目、时间、设备量等各种方式计费,提供服务。

3)维护外包:当系统已经建设好,维护人员日常工作不多,有了问题又忙不过来时,外包公司可以提供随机的维护外包服务，使用外部服务的企业在遇到问题时可以享受到团队技术力量的服务，保障已建系统的正常运行。

4）IT行业信息咨询，目的是帮助客户找到正确的价格比并及时、准确了解IT行业前沿技术动态。

前面介绍了如何在一个组织内，从无到有地进行IT运维服务管理体系的建设。一个运维组织在完成运维管理体系的建设，甚至是通过相关标准认证后，总体运维服务管理会达到一定水准，更重要的是，整个体系将进入一个不断自我完善和持续改进的状态，实现不断的提升。在此基础上，一些原先面向内部提供服务的运维组织可能会结合内部的条件和外部的机会，开始向外部提供运维服务。因此，IT运维服务方式包括仅面向内部提供IT服务、仅面向外部提供IT服务和同时面向内部及外部提供运维服务三种形式。

本章将结合具体案例，主要介绍服务提供商如何开展对外IT运维服务。

8.1 服务内容及标准

对外提供服务时首先需要与服务使用方明确提供哪些服务，以及对应的服务要求或标准。这个过程需要与服务使用方进行沟通协商，最终一般以服务级别协议（SLA）的形式体现，主要过程如下。

8.1.1 明确服务内容及标准

与服务使用方确认服务内容及标准时，一般需要双方进行沟通协商确定，该过程需要考虑的因素包括：

1）是否高层已有明确的策略性安排；
2）服务使用方是否有具体的需求；
3）服务提供方能够提供哪些服务。

沟通协商服务的过程是一个明确外部服务需求，以及外部服务需求与内部提供服务能力相匹配的过程。沟通协商后需要双方在以下两个方面达成一致：

1）服务内容：即具体提供哪些服务。
2）服务标准：即对各项服务的具体要求，可以是具体的文字要求，也可以是服务指标。

在以上内容确定后，一般需要通过相对正式的途径（如公函、邮件）再进行双方确认。

举例：以下为某IT运维服务商（以下简称A公司）为IT运维服务使用方（以下简称B公司）提供运维服务，经过沟通协商后确定的服务内容及服务标准（经过精简）。在进行沟通之前，高层已明确了将B公司所有应用信息系统全部托管至A公司的整体策略，服务主要内容包括：

（1）信息系统运维服务 为信息系统提供正常运行及升级所需的所有运维服务，主要包括但不限于：日常软硬件巡检、日常监控及批处理操作、事件及应急处置、变更及发布的部署实施、系统性能容量规划等。

（2）场地及环境服务　提供应用系统运行所需要的生产主机房、同城灾备机房、异地灾备机房基础环境及网络环境，相应环境应符合监管要求。

（3）系统运营服务　提供 7×24 小时的服务台服务、对高级别生产事件提供专题分析报告、每月提供月度服务报告，报告内容应包括但不限于：当月服务情况及指标达成情况、服务中存在的问题、后续改进措施。

8.1.2　签署服务级别协议

上述需求确定后，将作为服务级别协议（SLA）的一部分予以确定，服务级别协议是围绕服务相关内容所制定的文件，服务级别协议本身不具备法律效力，但一般会作为双方签署服务合同的附件而产生法律效力。

服务级别协议由服务提供方与服务使用方协商确定，其内容会根据服务的内容与标准、服务使用方对服务的相关要求不同而不同。以下为本案例中 A 公司与 B 公司提供运维服务的 SLA 目录示例（经过精简，具体内容不再赘述）：

1）定义与解释；
2）服务内容及服务水平；
3）数据所有权与处理；
4）保密条款；
5）审计；
6）承诺与保证；
7）附件。

8.2　服务交付

在确定服务内容、标准，以及其他相关内容，签署服务水平协议（SLA）后，就进入了服务交付阶段。在这个阶段，需要将在 SLA 内与服务相关的内容条款在服务提供方内部进行分解落实，以实现服务内容的交付。在进行服务分解时，需要将 SLA 中与服务相关的内容抽取出来，重点是服务内容及标准，之后分解为内部工作安排，包括：需要进行的工作、负责团队、完成标准等。以下为上述案例中对信息系统运维服务的服务分解示例。

1．SLA 的内容

信息系统运维服务：为信息系统提供正常运行及升级所需的所有运维服务，包括但不限于日常软硬件巡检、日常监控及批处理操作、事件及应急处置、变更及发布的部署实施、系统性能容量规划。

涉及信息系统见表 8-1。

表 8-1　所涉及的信息系统

序号	应用系统名称	可用率目标	恢复时间目标（RTO）	可容忍数据丢失时间（RPO）
1	××××系统	99.99%	30 分钟	1 分钟
2	××××系统	99.99%	30 分钟	1 分钟
3	××××系统	99.99%	2 小时	24 小时
……	……	……	……	……

2. 服务分解内容

服务分解内容见表 8-2。

表 8-2　服务分解内容

序号	应用系统名称	工作内容	负责团队	完成标准
1	××××系统	系统巡检	应用维护部门	系统可用率达到 99.99% 以上，RTO 不高于 30 分钟，RPO 不高于 1 分钟
		硬件巡检	机房管理部	
		日常监控及批处理操作	运行操作部	
		事件及应急处置	应用维护部门	
		变更及发布部署实施	应用维护部门	
		性能容量规划	应用维护部门	
……	……	……	……	……

服务分解之后，可在组织内部进行沟通确认后安排落实。完成时间不能晚于向服务使用方承诺的服务开始时间。

8.3　服务评价

为了保证实际交付的服务满足 SLA 中的要求，需要对日常服务情况进行监控与总结，识别需要改进的内容，并定期向服务使用方提供服务情况报告。

8.3.1　服务跟踪

进行服务跟踪的目的是能够及时掌握所提供服务的实际表现，并与 SLA 中的服务要求进行对照，发现存在的问题或不足，并提前采取措施，保证所提供服务满足 SLA 要求。

服务跟踪一般为针对某项服务设立一个或数个监控指标，通过对监控指标的跟踪来实现对服务的跟踪。监控指标一般需要包括以下方面的内容：

1）指标名称；
2）指标定义，即指标的计算规则；
3）指标计算周期，即多长时间进行一次指标的计算；
4）指标阈值，指标值达到某一数值时需要引起关注，到达某一个数值时需要马上采取措施等。具体阈值的设置可视指标而定。

对服务的监控指标可以人工采集计算，也可以通过工具自动采集计算，具体视管理体系的发展水平、组织的信息化水平等因素而定。以上述信息系统运维服务的服务监控指标为例，见表8-3。

表8-3 信息系统运维服务的服务监控指标

序号	应用系统名称	服务监控指标	指标定义	监控阈值举例	计算周期
1	×××系统	可用率	可用率＝实际对外提供服务时间/(应对外提供服务时间－计划停机时间－非计划停机时间)	关注：≤99.995% 严重：≤99.992%	月
		平均故障恢复时间	平均故障恢复时间＝所有故障从发生到恢复的总时长/故障次数	关注：≥20分钟 严重：≥28分钟	月
……	……	……	……	……	……

确定监控指标后，即可按照指标周期进行数据采集和计算，并与指标监控阈值进行对比，以掌握服务的表现，并通过对指标趋势、指标异动情况进行分析，发现影响或可能影响服务的问题或隐患，并安排改进。

8.3.2 服务总结与报告

在SLA中，一般会约定服务提供方定期向服务使用方提供服务报告。服务报告的作用主要是对一定周期内服务的各方面情况进行总结，使服务使用方了解服务的达成情况，以及服务提供方为了达成服务要求或提升服务所采取的措施。服务报告的内容一般是对SLA中规定的服务内容的情况进行描述，并根据双方协商结果确定最终内容。下面以上述A公司为B公司提供的运维服务报告为例（经过精简）。

IT服务水平月报

20××年××月

一、整体运行情况

本月×××相关系统整体运行稳定，未发生有业务影响故障事件，各系统月度可用率××%，交易量趋势平稳，无需关注事项。

二、生产事件情况

本月未发生有影响业务的生产事件。

三、重要系统稳定运行情况

系统名称	当月系统可用率（%）	当月计划停机时间/分	当月故障影响时间/分	本年累计计划停机时间/分	本年累计计划停机次数	本年累计故障影响时间/分	本年累计故障次数	全年可用率－故障（%）	全年可用率－全部（%）
×××系统	100	0	0	0	0	0	0	100	100
…	…	…	…	…	…	…	…	…	…

四、关键系统交易量情况

1. 关键系统交易量变化趋势

系统名称	×××系统	×××系统	×××系统	…
日均交易量（11月）	××××	×××××	××××	…
日交易量峰值（11月）	××××	×××××	××××	…
峰值日	11月7日	11月28日	11月28日	…

说明：交易量统计范围为工作日的交易量。

2. 业务数据变化情况

类　　型	类　　别	年初数量	当前数量	增长量（%）
客户	××客户	×××	×××	××
	××客户	×××	×××	××
账户	××账户	×××	×××	××
	××账户	×××	×××	××

五、变更情况

本月共实施变更××××个，其中版本发布×××个，服务请求变更×××个，基础设施变更×××个。本月变更后引发对业务有影响的事件×个。

参 考 文 献

[1] 张俊伟. 极简管理：中国式管理操作系统［M］. 北京：机械工业出版社，2012.
[2] 弗雷德里克·泰勒. 科学管理原理［M］. 马风才，译. 北京：机械工业出版社，2014.
[3] 杨文士，张雁. 管理学原理［M］. 北京：中国人民大学出版社，2003.
[4] 陈宏峰，刘亿舟. 中国IT服务管理指南：理论篇［M］. 2版. 北京：北京大学出版社，2012.
[5] 云计算开源产业联盟. 企业IT运维发展白皮书（2019年）［R］. 2019.
[6] 孙强，左天祖，刘伟. IT服务管理：概念、理解与实施［M］. 北京：机械工业出版社，2004.
[7] 陈宏峰. ITIL v3白皮书［R］. 翰纬IT管理者研究咨询中心，2007.